typo du 20e siècle

LEWIS BLACKWELL

NOUVELLE ÉDITION AUGMENTÉE

Flammarion

Sommaire

1

'	k		MID	1	2	3	4	5	6	£	( )	&	ffi	fi	fl	ffl
! / j	b	c	d	e	i	s	f	q	7 8 / 9 0	A	B	C	D	E	F	G
THIN / q	l	m	n	h	o	y	p	w	,	NUT	EM	H	I	J	K	L M N
x / z	v	u	t	THICKS	a	r	. ; / - :		QUADS	O P Q R S T U
										V W X Y Z
										ct st l

2

fl	ff	( )	:	;	'
ff / fi	b	c		d	
& / q	l	m		n	
z / x	v		u		t	TH

3

/	]	)	k	j	q	fi	ff	fl	ffi	ffl	w	p			
X	Y	Z	Æ	Œ	U	J	!	?	'		u		s	i	c
A	B	C	D	E	F	G	£	;	:	v	m	n			
H	I	K	L	M	N	O	1 2 3 4 5 / 6 7 8 9 0		,	e	f	o	r
									t	b			
P	Q	R	S	T	V	W	z – / x ...	&	QUADS	EM	EN	MID THIN	THICK	a n d
														g l y

4

ff	!	?
fi	b	c
ffi	l	
fl		m
z		
x	v	u
q		

5

fl	[	(	;	'	j	THIN SPACES	1	2	3	4	5	6		ffi	ffl	Æ	Œ
ff / fi	b	c	d	e	i	s	f	g	7 8 / 9 0			_			æ / ?	œ / !
HAIR / q	l	m	n	h	o	y	p	,	W	EN	EM	A B C D E F G / H I K L M N O
z / x	v	u	t	THICK SPACES	a	r	k	:	QUADS	P Q R S T V W / X Y Z £ & U J

6

A	B	C	D	E	F	G	$	H	I
P	Q	R	S	T	V	W	&	X	Y
ffi	fl	u	u	'	k			1	2
j / ?	b	c	d		e			i	
! / z	l	m	n		h			o	
x / q	v	u	t	3 EM SPACE		a			

7

£	[ ]	æ	œ	'	j		ENS	( )	!	?	;	...	fl	1	2	3	4	5	6	7
& / ffl	b	c	d	e		i	s	f	g		—	ff	8	9	0	*		/
ffi / HR	l	m	n	h	o	y	p	fl	fl	THN	MID	k fi / A B C D E F G / H I K L M N O / P Q R S T V W
z / x	v	u	t	THICKS	a	r	q		EMS	X Y Z Æ Œ J U

8

A	B	C	D	E	F	G
H	I	K	L	M	N	O
P	Q	R	S	T	V	W
X	Y	Z	Æ	Œ	U	J
1	2	3	4	5	6	7
8	9	0	£	$		

La typographie, sujet de ce livre, englobe ici à la fois les polices de caractères, leur création et leurs applications.

L'art de disposer des caractères sur une page est un centre d'intérêt qui reste mystérieux et qui n'a favorisé l'ascension sociale d'aucun typographe au cours des siècles : s'il faut en croire leurs biographies, ils furent au mieux honorés un temps, mais ils ont rarement joui d'un prestige ou de revenus comparables à ceux des créateurs et des industries dépendant de leur travail. Il a fallu du temps pour que John Baskerville trouve une sépulture respectable.

Pourquoi alors tant de gens s'y intéressent-ils ? Il faut peut-être chercher la réponse dans la fascination qu'exerce la typographie : elle entraîne ses adeptes aux confins de l'esthétique et de l'ingénierie, de l'art et des mathématiques, là où le décoratif et l'éphémère côtoient la quête de valeurs intemporelles et d'un fonctionnalisme transparent. Elle devient ainsi un objet de croyance. Les typographes ne perdent pas totalement l'espoir de gagner leur vie, mais ils restent sceptiques devant le nombre de leurs prédécesseurs dont l'unique réussite fut de s'attirer le respect de quelques-uns de leurs pairs. Cette situation perdure ; c'est donc que cela peut suffire : la typographie est peut-être une noble vocation, ou un aveuglement.

La typographie se développe comme un domaine d'étude plus que comme un métier, et c'est peut-être ce qui explique l'intérêt confinant à la dévotion que beaucoup lui accordent. C'est un secteur en expansion – du moins dans la mesure où la quantité de travail est croissante ; en revanche, on peut se demander quelle valeur ajoutée – en termes financiers du moins – apporte le fait que la typographie nous est devenue si familière. Si autrefois elle était un artisanat, presque exclusivement réservé aux compositeurs, elle a, au cours du dernier siècle, quitté les imprimeries pour évoluer parallèlement à l'art, à la technologie et à l'alphabétisation. Elle est désormais associée aux aspects les plus avant-gardistes de la communication et de l'innovation, aux dimensions les plus expressives du graphisme, ce qui la rend *a priori* plus attirante pour de jeunes graphistes désireux de se faire un nom. Ce n'est pas en tout cas, pour nous, un sujet désuet, mais un moyen de connexion de la pensée qui peut se prétendre l'architecture de notre langage écrit. Peut-être donc la typographie est-elle ésotérique, mais elle n'est pas sans importance. On peut même dire qu'elle est au cœur de la culture.

Ce livre est la deuxième édition d'un ouvrage qui a vu le jour en 1990. Notre enthousiasme, partagé avec notre éditeur, coïncida avec les rapides mutations qui s'opéraient dans l'univers de la communication numérique. Nous entendions alors beaucoup parler de PAO (publication assistée par ordinateur) et de la « révolution » qui allait sous peu transformer les méthodes de travail. À l'époque, le fonctionnement et la production de cette PAO laissaient beaucoup de place à l'imagination. Les spécialistes parlaient de WYSIWYG (« what you see is what you get », « ce que vous voyez est ce que vous obtenez ») pour l'affichage à l'écran comme pour l'impression sur papier, mais, les processus étaient très lents, les taux d'erreur élevés et la qualité des résultats de qualité souvent inférieure à celle obtenue avec les techniques qui étaient sur le point d'être supplantées.

p.7

1 Casse / Talbot Press, Essex (fin des années 1960).
2 Bas-de-casse / Southward : *Modern Printing* (6ᵉ éd., 1933).
3 Casse / Caslon & Co. : *Printing Types and Catalogue of Materials* (1925).
4 Casse / Dorset House School of Occupational Therapy, Oxford (1976).
5 Casse / Atkins : Art & Practice of Printing (1930).
6 Casse Yankee Job / American Type Founders : American Line Type Book (1906).
7 Casse / The Curwen Press (1968).
8 Haut de casse / Heffer & Sons of Cambridge (années 1970).

Le temps a rapidement effacé cette période transitoire. Seuls les défenseurs des techniques d'impression traditionnelles peuvent encore envisager de se passer du numérique pour la conception graphique et l'impression. Nous sommes tellement immergés dans l'environnement qu'annonçaient les débuts de la PAO que nous avons tendance à oublier ces changements profonds. Pour ceux d'entre nous qui sont aujourd'hui typographes, graphistes ou directeurs artistiques, cette mutation technologique était déjà effective lorsqu'ils sont entrés dans la carrière. Tous les bureaux et de nombreux foyers des pays industrialisés sont équipés d'appareils avec lesquels il est possible d'imprimer des mises en page réalisées sur écran. Les particuliers en possèdent souvent au moins deux (PC, ordinateur portable, assistant personnel), dont la configuration permet de travailler avec des éléments typographiques.

Voici un rapide exemple pour appuyer ce dernier point : ce texte a été écrit grâce à un logiciel équipé de toute une série d'outils typographiques et permettant de partager le fichier créé avec de nombreuses applications graphiques avant de le sortir sur différents supports. Il y a vingt ans, seuls les experts les plus fous auraient pu l'envisager. Pour passer des idées aux caractères puis aux pages que vous êtes en train de lire, il a d'abord fallu fusionner des fichiers de notes et de textes créés sur différents appareils : non seulement un PC, un ordinateur portable et un assistant personnel, mais aussi un Mac et un portable équipé de Windows. Les fichiers ont circulé sans problème et des copies ont été conservées en différents endroits ; le fichier maître pouvait aussi bien se trouver sur un « serveur distant » difficilement localisable que dans la machine sur laquelle je travaillais. Des utilisateurs autorisés ont eu accès aux fichiers par le biais d'Internet depuis le stockage distant, qui était aussi bien à Londres que dans les faubourgs de Seattle (j'ai quelque raison de penser qu'il s'agit de l'un de ces deux centres de stockage des données, mais il peut avoir été transféré n'importe où ailleurs dans le monde). Le texte définitif a été transmis au maquettiste et à l'éditeur par e-mail, a été édité et mis en page grâce à d'autres logiciels et sur d'autres ordinateurs, puis visualisé et vérifié avec des outils encore différents, avant d'être envoyé à l'imprimerie sous forme de fichiers verrouillés. Aucune contribution graphique n'a été demandée à l'imprimeur : l'imprimerie est devenue une unité de production ; elle n'est plus propriétaire des caractères ni en charge de leur disposition, comme c'était le cas à la fin du XIXᵉ siècle.

Le problème de l'exécution sur écran numérique a en grande partie été résolu. La science-fiction est devenue réalité. Quelle sera la prochaine étape ?

Il est temps de comprendre ce qui se passe aujourd'hui. La situation actuelle comporte de grandes similitudes avec celle d'il y a environ un siècle : une nouvelle technologie prenait alors son essor pour répondre à une explosion de la demande de documents imprimés, mais on manquait d'une vision d'ensemble et des compétences nécessaires pour concevoir et réaliser au mieux ces communications écrites. Les partisans d'une esthétique de la typographie étaient épouvantés par son niveau de qualité déplorable ; de l'artiste-écrivain William Morris à l'imprimeur et historien de la typographie Daniel Berkeley Updike, ils n'avaient tous que des critiques à formuler. Depuis une dizaine d'années, de nombreux graphistes et spécialistes de la typographie expriment de la même façon leur accablement devant les travaux graphiques actuels.

Notre environnement médiatique s'est récemment transformé et continue à évoluer rapidement. De toutes parts, les tenants de la tradition typographique s'élèvent contre la mauvaise qualité de nombreux documents de communication et contre les horreurs qu'on fait passer pour de la « typographie ». Ces protestataires de 2003 ne sont pas tous des réactionnaires : comme en 1903, ce sont souvent des progressistes ; il en est même qui proposent des solutions alternatives. Parallèlement, les meilleurs travaux sont souvent réalisés au cœur du capitalisme mondial, là où sont élaborées les technologies qui génèrent les outils typographiques vendus au niveau planétaire. La société Microsoft possède probablement le plus important studio de typographie au monde – et le plus compétent. On ne s'étonne pas de la voir occuper cette position quand on sait qu'elle est à l'origine de la mise au point et de la fabrication de l'immense majorité des appareils à contenu typographique. Le fait que la plate-forme Apple Macintosh est plus appréciée et plus largement défendue par les graphistes créatifs fait oublier la prédominance de la technologie Microsoft dans le paysage typographique mondial, même si on ne lui doit pas les idées les plus ingénieuses.

Nous nous trouvons donc dans un contexte où la typographie est, au stade de sa création, dominée par une technologie qui la considère comme secondaire par rapport à sa volonté de contrôle du système d'exploitation des ordinateurs modernes. Une position bien peu propice à la promotion de normes élevées de qualité typographique, d'autant que ces dernières représentent un enjeu dérisoire dans la guerre technologique.

Peut-être pourtant, allons-nous voir les typographes organiser leur défense. Comme en 1903, à l'époque où les toutes nouvelles machines faisaient disparaître les détails les plus fins de la composition traditionnelle, nous déplorons les défauts dus à l'indifférence des entreprises de logiciels et de matériel informatique pour le contrôle typographique. Chaque fois qu'elles s'y intéressent, chaque fois qu'elles entrevoient un intérêt financier dans l'amélioration des outils typographiques présents dans leurs appareils, elles ont tendance à les mettre en accès libre. Tant à l'époque de la composition chaude, au début du XXᵉ siècle, qu'à l'époque numérique, à la fin du même siècle, les caractères ont été mis au point de façon sommaire pour s'adapter aux capacités des machines.

La conjoncture n'est donc pas très favorable pour les spécialistes de la typographie, dont la compétence est traitée au rabais. Mais elle va peut-être permettre de transformer ces problèmes en solutions. Pour dire les choses simplement, on n'a jamais eu autant besoin de l'aide de spécialistes. Le fait que de plus en plus de gens ont accès aux outils typographiques implique qu'ils sont d'autant plus nombreux à pouvoir envisager d'améliorer leurs connaissances dans ce domaine. La question n'est pas de demander à quelques entreprises de modifier leurs pratiques, mais d'amener tous les utilisateurs d'ordinateurs, aujourd'hui typographes potentiels, à un meilleur niveau dans cette discipline – ou du moins à un certain niveau. La typographie était une matière importante du cours préliminaire de l'école du Bauhaus ; ne pourrait-il en être de même aujourd'hui dans toutes les écoles spécialisées, qui

Ci-contre Illustration: Cases de caractères défaites

intègrent déjà des cours de graphisme dans leur enseignement général ? L'étude de la typographie touche à la fois aux questions de langage, de technologie, d'art et de philosophie, comme elle est liée à la maîtrise pratique des claviers, des logiciels et des notions graphiques de base.

Voilà pour un avenir plus lointain, où la typographie serait considérée comme une compétence « à vie ». Cette perspective n'est pas totalement fantaisiste, si l'on considère que nombre de jeunes qui se présentent sur le marché du travail auront à prendre un jour des décisions en rapport avec la typographie, qui rendront (ou non) leur communication avec les autres plus efficace. La typographie n'est pas réservée aux professionnels, même si le fait que beaucoup de gens s'y intéressent, permet d'imaginer un accroissement de la qualité et de la quantité des travaux professionnels. L'interface informatique et le réseau Internet regorgent déjà de conseils, d'amateurs comme de spécialistes, sur l'usage de la typographie. Il existe aujourd'hui une culture de l'« entraide typographique » tout à fait nouvelle.

À court terme, la situation est plus sombre, mais plus facile à analyser. Certaines questions fondamentales doivent être réglées dès à présent si l'on veut éviter que la typographie, et notamment le dessin de caractères, perde du terrain – ou, si l'on est pessimiste, perde *encore plus* de terrain :
- la prédominance du choix sur la qualité, qui a constitué un obstacle à la compréhension et à l'évolution de la typographie ;
- la perte de contrôle du processus typographique ;
- le faible potentiel d'investissement de la typographie en tant que propriété intellectuelle.

Choix et/ou qualité ?

Qui oserait dire qu'il n'est pas formidable de pouvoir choisir ? Qui oserait même penser, dans cette époque d'économies libérales postcommunistes, que la possibilité d'exercer un choix n'est pas pour ainsi dire un droit sacré ? Est-ce pourtant si excitant de se trouver confronté à un choix infini avec peu de besoins ou d'envies ? Tel est peut-être aujourd'hui l'état d'esprit des graphistes confrontés à l'éventail de polices existantes, voire des typographes amateurs ou des utilisateurs d'ordinateur de bureau cherchant à améliorer leur présentation sur Powerpoint. Comment vont-ils utiliser ces menus déroulants de polices et d'effets ? Qui leur a expliqué ce qu'ils pouvaient faire de toutes ces options et touches qui permettent de déplacer et de déformer les caractères en un clin d'œil ?

Le choix est immense, mais on ne sait que faire de tous ces « trucs » typographiques. Les polices de caractères sont traitées comme des produits de première nécessité, vendues en gros et pour un prix modique, voire négligeable, si bien qu'on ne connaît pas bien leur véritable valeur. Pour donner un exemple, l'interface Windows et l'ordinateur Macintosh, qui ont été utilisés pour composer ce livre, sont livrés avec respectivement 27 et 120 polices de caractères (aussi appelées « fontes » dans le jargon informatique). Elles n'ont pas été choisies parce qu'on les considérait indispensables à l'utilisateur : pourquoi dans ce cas aurait-on proposé Wingdings ?

Cette sélection est un moyen de promouvoir le catalogue de caractères disponible. Nous vivons dans la culture du choix plus que dans celle de la fonctionnalité. Dans le même logiciel Windows standard, le menu « Aide » ne contient qu'une seule rubrique sur les modalités d'embarquement des polices TrueType. On n'y trouve aucun conseil sur ce que l'on peut faire de la multitude d'attributs et de fonctions typographiques qui y sont entassés.

« Il vous en faut plus » : tel est le message sous-jacent des nouvelles versions successives des logiciels, qui ajoutent des éléments souvent obscurs et de valeur discutable. Toute une série d'« effets » modifiant les caractères (contour, ombré, relief ou empreinte) sont fournis, qui devraient être accompagnés du conseil suivant : « À manipuler avec soin, peut se révéler toxique. » Au lieu de cela, ils sont offerts comme des éléments standard que l'on peut appliquer à la va-vite et n'importe où. Sur le plan visuel, les résultats de ces petits jeux peuvent être encore plus redoutables si l'on possède les options d'animation. Combien de documents ou de présentations témoignent de façon accablante de ce qui se passe lorsque ces outils sont mis entre des mains inexpérimentées ?

Là encore, il n'est pas inutile de jeter un regard en arrière et d'observer les catalogues de spécimens du début du XXᵉ siècle. On y note d'importantes variations de qualité, nées des demandes extravagantes en matière de caractères d'affiche au XIXᵉ siècle, qui laissaient penser que les caractères des nouveaux procédés mécaniques pouvaient toutes les satisfaire. Il serait rassurant de dire que ces gadgets finiraient par disparaître et que les qualités intrinsèques du « bon » dessin de caractères finiraient par l'emporter, ce qui expliquerait la survie de l'Akidenz Grotesk, alors qu'il n'existe pas de nouvelle version du Cheltenham éclairé et ombré. Mais ce serait relire l'histoire dans un esprit partisan. La réalité de l'interface Windows est que les choix rudimentaires et expressifs évoluent, et se réaffirment. Cela a été le cas avec toutes les techniques de création de caractères précédentes.

Ce qui évoluera peut-être, ce sont les contrôles et les objectifs déterminant l'usage. D'où les raisons de s'inquiéter de la façon dont des gens de plus en plus nombreux cherchent à prendre le contrôle.

Prendre le contrôle

À l'époque où les imprimeurs et les compositeurs, puis les graphistes, maîtrisaient l'utilisation des éléments typographiques, certaines règles furent intégrées dans les équipements avec lesquels on choisissait les caractères et leur application. L'expérience professionnelle s'appuyait sur un certain niveau de formation théorique, fondée sur les contrats d'apprentissage et un enseignement pratique assez long. De ce fait, quand on examine la production d'une imprimerie de labeur dans les années 1950, on se rend compte que les règles typograpiques de base étaient bien appliquées. Bien sûr, la « stratégie de communication » du document n'était pas forcément efficace, mais les questions d'approche et d'interlignage étaient réglées grâce à un savoir-faire accumulé au fil des générations. La photocomposition bouleversa cet ordre des choses, puis le numérique et l'espace de liberté qu'il ouvrit. Ensuite, le nombre des professionnels maîtrisant les techniques traditionnelles – qui sont au cœur de la typographie – diminua ; les principes fondamentaux régissant la juxtaposition des caractères et la superposition des lignes furent pratiquement tous abandonnés. Le grand public célèbre

Ci-contre : de la case de caractères au clavier.

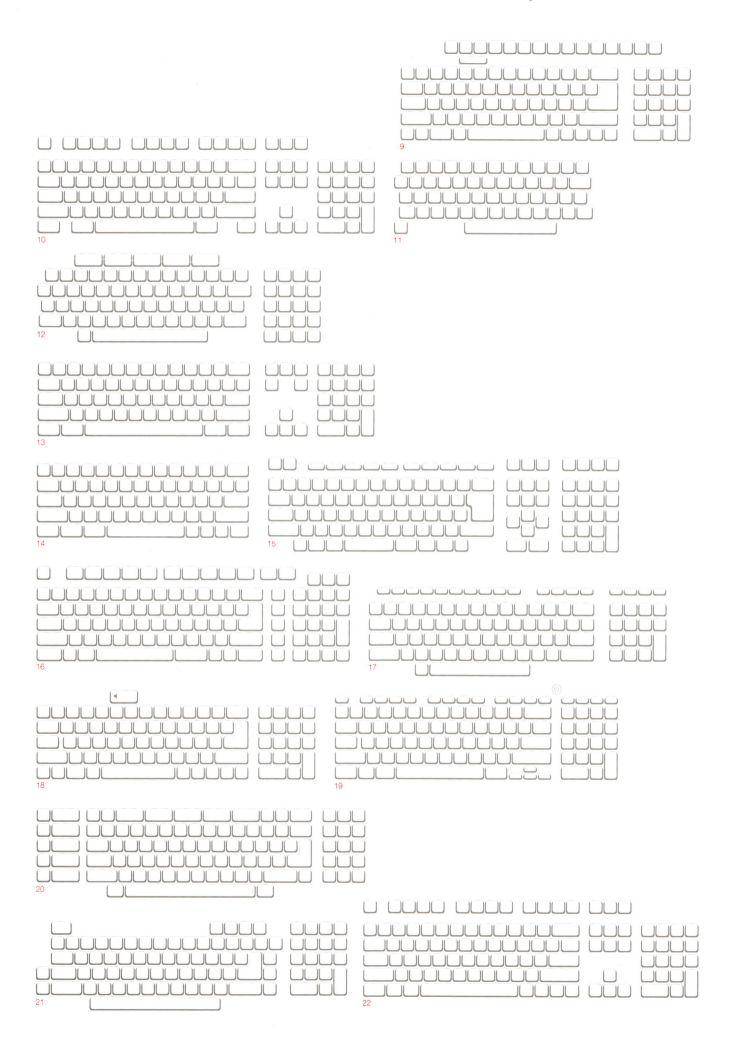

aujourd'hui les graphistes *designers* au point que ce mot est devenu synonyme de raffinement et de style ; souvent, le « graphiste » est en fait la personne qui a installé les paramètres dans QuarkXPress, et les clients savent qu'ils ont la possibilité d'intervenir comme jamais auparavant. Avec une si grande liberté et si peu d'attention portée aux principes essentiels, il n'est pas surprenant de voir des pages où les mots et les paragraphes « s'effondrent » littéralement parce que l'on n'a pas fait appel aux compétences requises.

Les clients des graphistes ne se contentent pas de leur demander d'agrandir la taille du logo, ils leur suggèrent de le centrer au lieu de le mettre au fer à gauche, de le placer en réserve dans une couleur, ou en gras, ou de faire en sorte que le texte « ressorte » mieux. Aujourd'hui, nous pouvons tous « faire » de la typographie, modifier les corps et la disposition ; nous savons tous qu'il est désormais facile d'obtenir ce qui auparavant aurait pris un temps considérable et coûté cher est facile ; et cette liberté montre l'absence de considération qu'on accorde à ce qui n'est pas onéreux. Tout cela n'a pas libéré les professionnels des tâches fastidieuses, mais a souvent réduit leur statut à celui de simples exécutants, le manque de connaissances des uns et des autres aboutissant à une confusion générale. Il faut en fait être très méfiant lorsque le graphiste et le client ont quelques connaissances du moteur typographique dont ils disposent car ils peuvent mal le maîtriser.

Quoi qu'il en soit, nous ne pouvons revenir à l'état antérieur, qui n'était d'ailleurs pas exempt de difficultés. L'ère numérique a incontestablement apporté d'immenses bienfaits aux graphistes et à leurs clients. Mais pour accompagner ces nouvelles libertés, nous avons à l'évidence besoin de nouveaux types de formation. Les connaissances accumulées par des générations de compositeurs ont disparu. Il n'est pas question de pleurer sur le travail du compositeur, qui était certes qualifié, mais souvent répétitif et monotone, mais nous devons tenir compte des savoir-faire que possédait cette corporation et admettre que leur valeur doit aujourd'hui être intégrée dans les apprentissages de base, utiles tout au long de la vie. En effet, ils peuvent, dans une certaine mesure, servir à tous ceux qui savent écrire : nous avons tous besoin d'une formation en typographie, parallèlement aux notions essentielles du langage ; c'est, après tout, l'un des fondements du langage visuel, qui est de plus en plus notre langue commune.

Le « retour sur investissement » de la typographie

Le principal obstacle auquel se heurtent les professionnels du dessin de caractères et de la recherche typographique est la remise en question du principe de la licence. Pour dire les choses crûment, s'installer aujourd'hui comme dessinateur de caractères indépendant revient à encourager le vol de sa propriété intellectuelle. Il en découle que le « retour sur investissement » est le moins intéressant qu'il soit possible. La profession attend des dessinateurs des créations dignes de ce nom, puis les promeut et les distribue sans rien faire (ou presque) pour empêcher qu'on les leur dérobe. Cette appropriation est parfois accidentelle, parfois délibérée. Et, surtout, on ne sait jamais quand elle se produit.

Les choses se passent ainsi : vous dessinez un caractère et vous le commercialisez par l'intermédiaire de votre propre société ou vous le cédez sous licence à un distributeur qui le

met sur le marché. Si vous avez de la chance, quelqu'un se rend compte que vous avez créé le caractère le plus exploitable depuis l'Helvetica et le Times Roman réunis, et commence à s'en servir. Il l'achète dans toutes les graisses disponibles. Sur cette lancée, vous pourriez devenir riche. Et cela semble continuer : vos fans l'emploient pour tous leurs travaux et en parlent à leurs amis ; tous les imprimeurs avec qui ils travaillent le reçoivent avec les fichiers bons à imprimer. De temps en temps, des amis moins scrupuleux le récupèrent. Il finit par se retrouver dans une école de graphisme. Beaucoup l'utilisent et bientôt une multitude de gens le possèdent. Souvenez-vous de Napster, des utilisateurs de MP3 et de l'immense vague de piratages qui a affecté l'industrie musicale. Seulement dans notre cas, il n'y a aucune instance pour faire obstacle au vol de la propriété intellectuelle.

L'art est peut-être sa propre récompense, mais même les artistes ont besoin de manger. À l'heure actuelle, il est très difficile de gagner sa vie en dessinant et en commercialisant ses propres caractères, même s'ils ont du succès. Erik Spiekermann, l'un des plus brillants dessinateurs de caractères des années 1990, fondateur de FontShop International et du groupe MetaDesign, FSI estime que « chaque fois qu'une police de caractère est vendue, au moins dix autres sont utilisées sous forme de copies illégales effectuées sur les disques durs d'amis, de collègues ou d'employeurs ». Spiekermann a créé un caractère, FF Meta, qui est très apprécié, et il perçoit des droits de 20 % sur toutes les ventes au détail dans le monde. Cela représente une jolie somme, mais si les droits qu'il touche ne correspondent qu'à un dizième de son utilisation réelle, cela fait du dessin de caractères et de sa distribution une activité commerciale beaucoup moins attirante que son impact culturel pourrait le laisser croire.

En conséquence de cette incapacité à assurer un retour sur investissement fiable, il n'est donc pas étonnant que le dessin de caractères demeure une activité artisanale (qui aurait en outre besoin d'être consolidée et redynamisée par des investissements). Rares sont les dessinateurs qui font toute leur carrière dans la typographie appliquée. L'enseignement, le graphisme au sens large et d'autres domaines créatifs sont des secteurs attirants, voire vitaux si l'on veut s'assurer quelques revenus et s'épanouir un peu.

Le problème est en partie lié à la nature de la propriété intellectuelle. Ce concept est à peine admis par la majorité des gens, dont les dessinateurs eux-même, qui ne comprennent pas toujours très bien en quoi il s'applique à leur propre travail ; et il est difficile de respecter quelque chose dont on apprécie mal la valeur. Ainsi voit-on des créatifs se plaindre amèrement que leurs idées sont copiées ou leur travail insuffisamment rémunéré, et n'avoir aucun scrupule à voler une police de caractères ou à participer à sa diffusion illégale. De nombreux organismes très sérieux, parfois clients de ces graphistes ignorants, entretiennent cet état de fait, sans paraître sans apercevoir, en continuant à utiliser des polices non vendues sous licence.

L'ignorance qui entoure la notion de propriété des polices de caractères se double d'un problème culturel. L'apparition des nouvelles technologies et d'Internet, à la fin des années 1990, a plus ou moins encouragé le dénigrement de la propriété intellectuelle : ainsi, par exemple, les attaques

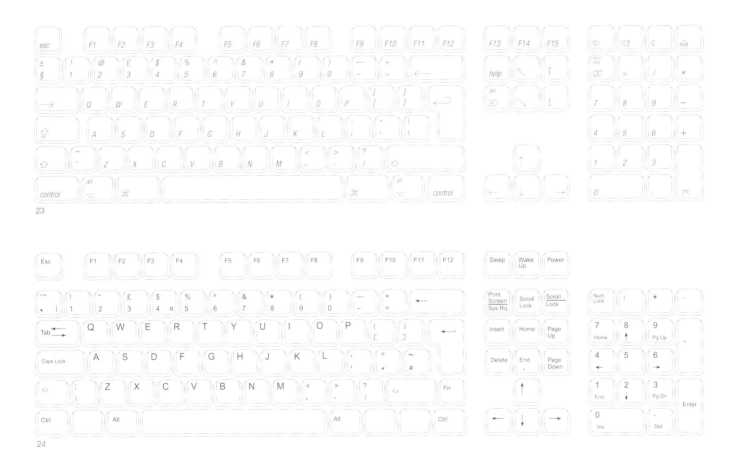

23 Clavier du Pro / Apple 2002.
24 Clavier PC / date inconnue.

dirigées contre les défenseurs de la propriété privée par les *hackers* et les partisans de la « musique gratuite ». Cette situation est totalement paradoxale : tandis que ces derniers prétendaient s'en prendre aux grandes maisons de disques, les victimes étaient en fait les artistes qui eux ne percevaient aucun droit d'auteur. Les jeunes entreprises qui commercialisaient les outils permettant le vol de la propriété intellectuelle d'autrui étaient les véritables méchants loups capitalistes, mais elles furent souvent saluées comme si elles agissaient pour le bien de tous. Pendant toute une période, les journalistes économiques préféraient écrire des articles sur le potentiel d'une société comme Napster (qui était en 1999 et 2000 le principal fournisseur de logiciels permettant « d'échanger » des fichiers musicaux) plutôt que d'écouter les plaintes des « propriétaires », dont la valeur d'investissement était de plus en plus dépréciée. Tout ce débat était mené au nom d'une prétendue « liberté » – celle de s'approprier le bien d'autrui. À cette époque, un courtier spécialisé dans les nouvelles technologies alla jusqu'à déclarer que, dans le domaine artistique, le concept de propriété intellectuelle était dépassé. Son point de vue était largement répandu, ce qui expliquait en partie la chute des titres liés à la valorisation de la propriété intellectuelle. « À l'avenir, les artistes seront rémunérés par leurs représentations et la vente de leurs produits, et non par les droits générés par la vente sous licence de leurs créations », ajoutait-il. Les compositeurs, les dessinateurs de caractères et tous les artistes transmettant leur travail sous forme numérique devaient donc se résoudre à accepter de voir baisser leurs droits d'auteur et à continuer de travailler pour le bien commun. Pour gagner leur vie, il leur fallait trouver d'autres moyens que la vente sous licence.

Les représentations « en public » et les objets de collection constituent un ensemble trop restreint, semble-t-il, pour rémunérer les dessinateurs de caractères, même si leur seule façon de s'enrichir est en effet d'utiliser leurs compétences pour la « représentation » spécialisée qui consiste à créer un caractère pour l'image de marque d'une entreprise.

Les droits d'auteur tirés de la vente d'une police représentent la seule source de revenus pour les dessinateurs de caractères, et donc la seule chose qui puisse les inciter à passer du temps à renouveler et à approfondir leur travail créatif. Heureusement, il semble que la notion de propriété intellectuelle, socialement admissible et défendable, soit actuellement revalorisée. Si le copiage illicite de différents types d'œuvres qui vont de la musique aux films et même à des bases de données entières se poursuit à un rythme rapide, il n'est plus de bon ton de le considérer comme plus ou moins normal et allant de soi.

La question n'est donc plus « pourquoi » mais plutôt « comment » protéger les fichiers qui sont si facilement diffusés. L'industrie musicale a apporté une première réponse : les ayants-droit ou leurs représentants (les grandes compagnies de disques) travaillent en concertation avec les nouveaux réseaux de distribution en ligne pour faire payer les téléchargements. Le secteur de la typographie doit aller dans le même sens. Ses actions, par le biais d'organismes professionnels comme la FAST (Federation Against Software Theft, « Fédération de lutte contre le vol des logiciels »), ont permis de gagner certaines batailles, mais peu de choses sont faites pour empêcher le piratage quotidien.

Ces obstacles à une rémunération correcte constituent un problème qui va bien au-delà du compte bancaire des dessinateurs de caractères et des comptes d'exploitation des nombreuses entreprises de vente de polices qui sont en difficulté. C'est un problème culturel et économique plus large.

Si la typographie est une activité peu valorisée, elle trouvera peu d'investisseurs – qu'il s'agisse des graphistes de talent, des financiers ou des fabricants de logiciels. Le dessin de caractères va donc perdre du terrain et les ressources permettant de développer et de défendre la propriété individuelle vont encore diminuer. Après une période d'enthousiasme pour le sujet au cours des années 1990, on peut s'attendre à un temps d'arrêt lorsque les graphistes et les entreprises se rendront compte que ce secteur n'est pas rémunérateur à long terme. Peut-être sommes-nous déjà dans cette situation, car ils semblent se tourner vers d'autres activités. Alors qu'il n'a jamais été aussi facile de monter une société pour commercialiser ses polices de caractères *via* Internet, il n'a jamais été plus difficile de s'assurer des revenus suffisants à long terme avec un caractère innovant et fiable. L'absence de perspective d'un marché durable et croissant est contraire à la logique qui devrait prévaloir : le public est plus important, plus diversifié, consommateur de médias plus fragmentés, en demande de communications plus nombreuses et plus variées, d'une plus grande diversité dans l'expression des mots... et donc de plus de typographie. Mais il ne semble pas en découler que des fonds supplémentaires devraient être attribués au dessin de caractères.

Voilà où nous en sommes aujourd'hui : ce secteur économique génère apparemment au niveau mondial moins de 100 millions de dollars de chiffre d'affaires, et pourtant il fait partie intégrante de tous les médias sans exception et de toutes les actions de communication. Le dessin de caractères est pour l'essentiel un produit dérivé d'autres activités. La plupart des graphistes et des vendeurs de polices, en même temps qu'ils se battent pour accroître leur activité dans le secteur de la typographie, cherchent des débouchés dans d'autres domaines pour gagner leur vie. De nombreuses entreprises se diversifient dans la vente de logiciels ou d'autres types de propriété artistique, telles les images.

Que conclure de tout cela ? Il existe une demande concernant la typographie, mais cette dernière doit être revalorisée. Il n'a jamais été aussi facile d'y avoir accès, elle n'a jamais provoqué autant d'intérêt, la demande en produits et en connaissances typographiques n'a jamais été aussi grande (même si cela n'a pas été pris en compte par les systèmes éducatifs ou les organismes de vente de licence) : on peut donc en déduire que tôt ou tard elle se structurera et trouvera la reconnaissance qu'elle mérite.

Telles sont les perspectives de la typographie en ce début de xxie siècle et les défis qu'elle doit relever. Ce texte plaide en faveur d'une meilleure connaissance de la typographie, mais s'efforce aussi de chercher d'où elle pourra venir. Nous avons beaucoup à apprendre du siècle dernier, qui a connu une véritable révolution typographique. Ce siècle est encore suffisamment proche pour que nous puissions connaître sa production, sentir son énergie, résoudre ses problèmes.

Ce n'est pas dans le but de rétablir d'anciennes règles ou d'en ériger de nouvelles que ces fac-similés ont été reproduits. Autant essayer de fournir des modèles pour une mode immuable dans l'habillement, l'architecture domestique, le mobilier ou la décoration. Aussi plaisante qu'une nouvelle mode puisse être, ce plaisir ne supprime pas entièrement le désir de changement, et ce désir n'a jamais été aussi grand qu'aujourd'hui. [25]/ *Less is more* (« Moins, c'est plus »)[26]/ Catalogues, affiches, réclames de toutes sortes : croyez-moi, ils contiennent la poésie de notre époque.[27]/ Construisez un livre comme un corps se mouvant dans l'espace et le temps, comme un relief dynamique dans lequel chaque page est une surface contenant des formes, et chaque page tournée une traversée vers la prochaine étape d'une structure unique.[28]/ Un photographe ne ment ni ne dit la vérité. [29]/ La couleur est un élément créatif, et non une garniture.[30]/ Les mots sur la surface imprimée sont captés par le regard, non par l'ouïe.[31]/ Plus une lettre est inintéressante, plus elle est utile au typographe.[32]/ Pour l'interprète moderne de la forme, la " touche personnelle " de l'artiste n'est absolument d'aucune importance.[33]/ La typographie doit être une communication claire dans sa forme la plus précise... La clarté est l'essence de l'impression moderne.[34]/ Le contraste est la marque de notre époque.[35]/ Je suis l'armée de plomb qui conquiert le monde : JE SUIS LE CARACTÈRE.[36]/ Tous les anciens ont volé nos meilleures idées.[37]/ La production de caractères est devenue folle, avec ce déversement insensé de nouveaux caractères... C'est seulement dans les époques dégénérées que la « personnalité » (opposée aux masses anonymes) peut devenir le but du développement humain.[38]/ Le contraste est peut-être l'élément le plus important de tout le graphisme moderne.[39]/ Un maquettiste devrait agir avec simplicité avec les bonnes photographies, et faire des acrobaties quand elles sont mauvaises. [40]/ La simplicité de la forme n'est jamais une pauvreté, c'est une grande vertu. [41]/ L'art est un nom, *design* est un nom et un verbe.[42]/ La typographie est un art, la bonne typographie est de l'art. [43]/ L'art sous toutes ses formes est une émotion projetée à l'aide d'outils visuels. [44]/ ...une étude de la typographie doit inclure l'étude du sens du « texte ». [45]/ La typographie a favorisé l'idée moderne d'individualité mais elle a détruit la notion de communauté et d'intégration, qui remontait au Moyen Age. [46]/ Les caractères peuvent être un outil, un jouet et un professeur.[47]/ Tout ce qui est sous le soleil est de l'art ! [48]/ La communication devrait être divertissante. [49]/ Ce qu'on lit le mieux est ce qu'on lit le plus. [50]/ Pour que le langage fonctionne, il faut que les signes soient isolables les uns des autres (sinon ils ne seraient pas répétables). A chaque niveau (phonétique, sémantique, syntaxique, etc.), le langage possède ses propres lois de combinaison et de continuité, mais son matériau de base est fait d'atomes irréductibles (les phonèmes pour le langage parlé, les signes pour le langage écrit...) [...] Le langage est une combinaison hiérarchique de bits. [51]

Citations

25 Theodore Low De Vinne, préface de
 A Treatise on Title Pages, 1902.
26 Ludwig Mies van der Rohe, 1912.
27 Guillaume Apollinaire, 1913.
28 El Lissitzky, 1920.
29 John Heartfield, 1921.
30 Piet Zwart, 1922.
31 El Lissitzky, 1923.
32 Piet Zwart, 1924.
33 El Lissitzky, 1926.
34 László Moholy-Nagy, 1926.
35 Theo Van Doesburg, 1926.
36 Frederic Goudy, 1927.
37 Frederic Goudy, date inconnue.
38 Jan Tschichold, *La Nouvelle Typographie*, 1928.
39 Jan Tschichold, 1928.
40 Alexeï Brodovitch, 1930.
41 Jan Tschichold, 1930.
42 Paul Rand, 1960.
43 Paul Rand, 1960.
44 Lest Beall, 1964.
45 Wolfgang Weingart, 1972.
46 Neil Postman, *Amusing Ourselves to Death*, 1985.
47 Bradbury Thompson, 1986.
48 Joseph Beuys, 1988.
49 Neville Brody, 1991.
50 Zuzana Licko, 1995.
51 Yves Alain-Bois, *Formless*, Zone Books, 1997.

Monogrammes

52 Piet Zwart
53 Max Burchartz
54 El Lissitzky
55 Herbert Bayer
56 Max & Walter Huber
57 Wolfgang Weingart
58 Antonio Boggeri
59 Hans Neuburg
60 Alexander Rodchenko
61 Joost Schimidt

52

53

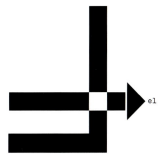

54

55

56

57

58

61

59

60

Les points de repère dans le temps – quelle que soit la date choisie comme référence (2000, 2001, 1990, 1900...) – suscitent une réflexion sur le passé et l'avenir. Comme les Grecs de l'Antiquité, nous nous représentons le futur s'approchant silencieusement derrière nous, tandis que le passé s'estompe devant. Nous imaginons ce qui est à venir à partir des connaissances accumulées dans le présent.

Le tournant du XXᵉ siècle fut une période de changements – attendus ou provoqués – où les techniques typographiques subirent un bouleversement profond. Les points de vue des intellectuels et des artistes allaient du regret des valeurs perdues aux thèses totalement radicales sur la forme que devait prendre ce siècle nouveau. Ces rêves (d'un futur hérité du passé) projetaient sur l'avenir des craintes autant que des espoirs. Tous ces courants contradictoires constituèrent les ferments du modernisme, mouvement aux multiples facettes qui toucha de nombreuses disciplines, de la psychanalyse à l'architecture, et qui est aussi au cœur de l'histoire que retrace ce livre.

Une période de paix relative entre les grandes nations avait permis plusieurs vagues d'industrialisation et de réformes sociales. En 1914, le déclenchement de la Première Guerre mondiale mit un terme à cette phase de croissance et de prospérité sans précédent des principales puissances économiques du monde. Dans les toutes premières années du siècle, les techniques d'impression connurent des changements cruciaux, et des questionnements esthétiques surgirent qui allaient sous-tendre la conception de la typographie au cours des décennies suivantes.

L'opposition entre techniques anciennes et nouvelles prit différentes formes. Certains suggéraient de revenir aux valeurs et modes d'expression du passé, une nostalgie dont témoigne par exemple la production des petits imprimeurs anglo-saxons et des groupements d'artistes-artisans des courants sécessionnistes autrichiens et allemands. D'autres définissaient de nouvelles méthodes de travail à partir des contraintes inhérentes aux techniques d'impression récentes (notamment les progrès dans la lithographie en couleur et dans la typographie mécanique). Certaines pressions étaient liées aux techniques en mutation et à la production en série. La quête de nouveauté était évidente ; on la retrouve dans la démarche de certains mouvements, comme la Neue Sachlichkeit (la « nouvelle objectivité »). Elle incluait également une remise en question de la typographie, ainsi qu'une mise en valeur de l'importance du graphisme dans les méthodes industrielles par rapport à la situation antérieure, où il faisait partie des pratiques artisanales.

La typographie avait un sens très différent de celui qu'on lui donne maintenant : elle comprenait alors des tâches qui sont aujourd'hui du ressort de l'imprimeur ou qui tout simplement ont disparu. Personnage prépondérant, l'imprimeur prenait en charge les différentes étapes de fabrication de l'objet imprimé. Le graphisme n'était pas encore devenu un métier distinct ; le compositeur et le typographe ne faisaient qu'un.

Le mouvement anglais Arts & Crafts fut l'une des premières manifestations de cet intérêt pour le retour aux pratiques artisanales, et contribua à la prise de conscience de la place à accorder au graphisme. Il déplorait la piètre qualité de l'imprimerie et l'esthétique qui semblait aller de pair avec

la société industrielle moderne. Le travail de William Morris (1834-1896) à la Kelmscott Press dans les années 1890 fut très influent. Son associé, Emery Walker, partit en 1900 fonder la Doves Press avec Thomas Cobden-Sanderson. Ensemble, ils dessinèrent le Doves, seul caractère que possédait leur imprimerie. Ce romain en un seul corps, gravé par Edward Prince (qui avait travaillé avec Morris), s'inspirait, comme le Golden, le Troy et le Chaucer de Morris, d'un modèle de Jenson datant du XVᵉ siècle. La façon dont Cobden-Sanderson concevait la typographie est illustrée par sa recherche d'une forme qui soit à la fois fonctionnelle et interprétative des caractères, annonçant la future pensée moderniste. Le seul devoir de la typographie, disait-il, est de « transmettre à l'imagination, sans altération en cours de route, la pensée ou l'image que l'auteur veut communiquer ». Le Doves eut une existence courte mais glorieuse : il fut utilisé par la Doves Press pour certains des plus beaux ouvrages des imprimeries privées, et notamment la bible Doves. Ses matrices connurent néanmoins une fin dramatique : à la suite d'une violente querelle avec Walker – ils se disputaient la paternité de ce caractère –, Cobden-Sanderson les brisa et les jeta dans la Tamise.

La façon dont ces imprimeries privées concevaient la mise en page de leurs ouvrages – les éléments étaient considérés comme les parties d'un tout – trouva un écho dans le travail du groupe d'artistes et de créateurs viennois qui formèrent la Sécession en 1897 (et dont certains fondèrent ensuite les Wiener Werkstätte en 1903). L'interprétation caractéristique que fit ce groupe des thèmes Art nouveau et Arts & Crafts est notable dans les exercices typographiques de Koloman Moser. Sa calligraphie illustrative pour la revue sécessionniste *Ver Sacrum* et ses monogrammes résultent d'une remise en question de la forme des lettres, dépassant la rigidité des caractères de fonderie habituels. À l'origine, ses travaux étaient assez ornementés, organiques, influencés par l'Art nouveau, mais il leur donna un tour de plus en plus géométrique. On considère généralement comme l'œuvre maîtresse de la production imprimée de la Sécession et des Wiener Werkstätte le luxueux ouvrage commémoratif réalisé en 1904 pour l'imprimerie royale austro-hongroise. Il fut composé dans un caractère de Rudolf von Larisch ; la page de titre et les lettrines étaient de Moser et les gravures sur bois de Czeschka. Sa parenté avec les ouvrages de la Kelmscott Press et d'autres imprimeries privées anglaises est évidente : le graphisme s'inspire des caractères vénitiens du XVᵉ siècle et le texte est entouré de larges bordures décoratives.

On trouvait chez les graphistes allemands un mélange analogue d'éléments appartenant au style Art Nouveau (qui correspond en Allemagne au Jugendstil) et d'un dessin moins décoratif. Le plus original des caractères Art nouveau fut dessiné en 1900 par Otto Eckmann pour la fonderie allemande Klingspor, qui le proposait en deux graisses, toutes deux assez épaisses. Il réunit les références organiques du Jugendstil et la tradition des gothiques allemandes, et rappelle la calligraphie médiévale par l'aspect pansu de ses lettres. Ce caractère particulier, probablement intéressant pour les titres, est peu lisible en raison du style très marqué la forme des lettres. La gravure en métal de ces caractères inhabituels représentait un investissement considérable en temps et en argent. L'Eckmann a pourtant dû être rentable pour la fonderie

ECKMANN
Initialen·u·Vignetten

Geſetlich
geſchützt!

Rudhard'ſche Gießerei
in Offenbach am Main

Page extraite de *Schriften und Ornamente* (Caractères et vignettes), publié en Allemagne par la fonderie Klingspor en 1900 pour présenter le caractère auquel Otto Eckmann donna son nom et qui est l'un des plus célèbres caractères Art nouveau. Ses formes douces ne s'inspirent pas tant de la calligraphie que du mouvement naturel d'un pinceau reproduisant des formes organiques, comme les plantes et les arbres. Dédaigné par les générations ultérieures qui le trouvaient trop décoratif, il resta associé à la période et au style Art nouveau. Il illustre parfaitement la référence de ce mouvement à la nature, qui inspire de façon quasi spirituelle la forme de ses lettres. Après avoir commencé sa carrière comme peintre, Eckmann pratiqua tous les arts appliqués. **p.21**

Klingspor car il devint pour ainsi dire emblématique de l'Art nouveau. Otto Eckmann en tira peu de bénéfices : il fut emporté par la tuberculose en 1902, à l'âge de 37 ans.

Peter Behrens (1868-1940) est le graphiste allemand dont les idées connurent la plus grande diffusion au cours de cette décennie. Il s'intéressa aussi bien à l'architecture qu'au dessin de caractères et fut à l'origine du concept d' « image de marque ». En mélangeant des gothiques allemandes traditionnelles (dites *textur*) et des illustrations Art nouveau, il entreprit une remise en question en profondeur de l'ornemental pour créer des œuvres dont la logique découlait de son intérêt pour les méthodes industrielles modernes. Sa conception de la typographie au tout début du siècle s'incarna dans le caractère qu'il dessina pour Klingspor, le Behrens romain. C'était,

comme l'Eckmann, un romain imitant l'écriture à la plume, mais moins ornementé et plus nettement lié aux gothiques allemandes traditionnelles. À la même période, il conçut un livre entièrement composé en caractères bâtons, *Feste des Lebens* (*La Fête de la vie*), en rupture complète avec la gothique *textur* attendue. On peut considérer cet ouvrage comme un précurseur de l'évolution qui se produisit alors en Allemagne : les gothiques furent abandonnées au profit des linéales grasses. Le plus célèbre travail de Behrens date de 1907 : on lui demanda de redéfinir l'image de marque d'AEG (Allgemeine Elektrizitäts Gesselshaft). Cette firme est depuis devenue une multinationale, mais son logo actuel est issu de celui que conçut Behrens. Il travailla non seulement sur l'image graphique et son application mais aussi sur les produits et

À gauche : La contribution de Behrens au Jugendstil s'illustre par les lettrines qu'il dessina en 1900, mais il est surtout connu pour les travaux qu'il réalisa pour la société Allgemeine Elektrizitäts Gesellschaft, plus connue sous le nom d'AEG. Son rôle d'architecte supervisant tout, des plans de l'usine à l'application du logo (dont on voit les versions successives ci-dessus), fit de lui un pionnier qui influença les chefs de file modernistes, dont Gropius.

Ci-dessus : Le logo des Wiener Werkstätte (Ateliers viennois), probablement dessiné par Koloman Moser en 1903, reprend en l'inversant un signe typographique qu'il avait employé en 1896 pour représenter un double M sur la reliure d'un livre.
À gauche : Une brochure publiée en 1905 présentait les monogrammes des artistes et artisans de l'atelier ; de haut en bas, les signatures de Friedrich König, Adolf Böhm et Gustav Klimt.
À l'extrême gauche : Dans ce caractère qu'il dessina en 1900, Adalb Carl Fischl souhaitait rationaliser la forme des lettres à partir d'une série de lignes angulaires et courbes. Ce faisant, les caractères perdent en netteté car ils ne se distinguent pas suffisamment pour pouvoir être lus.

même, en 1909, sur le bâtiment où ils étaient fabriqués : l'usine à turbines qu'il dessina prit une place symbolique dans l'évolution de l'architecture en raison de l'importante utilisation du verre. La méthode de travail de Behrens montre à quel point la typographie va bien au-delà du simple souci de lisibilité et donne à la « personnalité » d'un caractère une mission beaucoup plus large.

Le nouvel intérêt des Allemands pour les linéales et leur abandon progressif des gothiques grasses trouva un écho dans la volonté de créer un caractère bâton représentatif de l'époque, qui viendrait remplacer les nombreuses gravures très similaires réalisées au cours du xixe siècle. Dans son premier catalogue, le groupe de firmes qui composaient American Type Founders proposait environ cinquante linéales, qui allaient de l'étroitisé à l'extra-large. C'est pourtant encore

une linéale que ATF demanda, parmi ses premières commandes, à Morris Benton, responsable du studio de dessin. Ce caractère s'inspirait des caractères traditionnels et répondait à la nouvelle demande du marché, car il était destiné à répondre aux besoins de la publicité naissante. Le caractère que Benton dessina en 1902, le Franklin Gothic, réunissait effectivement les caractéristiques des modèles du début du xixe siècle ; il diffère beaucoup de l'Akzidenz créé par Stempel en 1896 (une autre gothique qui allait être employée pendant tout le xxe siècle). Au lieu d'une ligne régulière et austère, il possède certaines particularités tel l'affinement du trait là où les courbes rejoignent les jambages inférieurs, qui lui confèrent une sorte de dynamisme et le distinguent d'autres linéales grasses. Il fut présenté en 1905 et fut reçu favorablement puisque Benton grava d'autres

Franklin Gothic *24pt*

**ABCDEFGHIJKLMN
OPQRSTUVWXYZ
abcdefghijklmn
opqrstuvwxyz**

News Gothic *24pt*

ABCDEFGHIJKLMNOPQRSTUVWXYZ
abcdefghijklmnopqrstuvwxyz

graisses après l'extra-gras initial. La fabrication par ATF d'une famille complète de linéales (l'Alternate Gothic et le News Gothic n'étant que deux variantes de graisses) montre que, progressivement, les fonderies prirent en considération la demande des imprimeurs d'une gamme complète de graisses et de corps pour chaque caractère, plutôt que des corps et des graisses hétéroclites de caractères différents.

Un autre dessinateur de caractères très prolifique de l'époque, Frederic Goudy (1865-1947), dessina aussi pour ATF le Copperplate Gothic. Il ne s'agit pas vraiment d'une gothique ; c'est soit un caractère bâton gras soit une gothique grasse (le qualificatif « gothique », dans la description des caractères, est donné à un si grand nombre d'entre eux qu'il perd son utilité). Il s'inspire en fait des lettres gravées dans la pierre, que l'on appelle glyphes ou incises. Il ne se rattache

pas à une catégorie précise : ses empattements sont si réduits qu'ils deviennent presque invisibles dans les petits corps et servent simplement à conserver une bonne définition aux lettres et à lui donner l'aspect d'un caractère bâton net. Ce caractère stylisé était destiné aux titres et aux cartes de visite (ce qui est encore le cas aujourd'hui), ainsi qu'à l'emballage, car il était à la fois visible et original. Il comporte une très légère inflexion de l'épaisseur des traits, visible par exemple dans le C majuscule, qui crée un dynamisme généralement absent dans les linéales à traits réguliers.

Parallèlement à l'évolution du dessin des caractères et de la typographie, le rôle crucial que la composition chaude allait bientôt jouer se dessinait peu à peu. À la fin du XIXe siècle, l'apparition de la composition mécanique, avec le lancement des machines à composition chaude Linotype (en 1886) et

Page ci-contre : Parmi les nombreux caractères que Morris Fuller Benton dessina pour American Type Founders, le Franklin Gothic (esquisses dès 1902, lancement en 1905) et le News Gothic (1908) étaient destinés à répondre à la demande croissante de caractères de titrage pour la publicité. Ils rappellent les lettres d'affiches en bois gravé à la main du XIXe siècle et conservent une forme calligraphique singulière et dynamique, même si l'unité géométrique en pâtit. À droite : Le Cheltenham, créé par Bertram Goudhue en 1896, fut un caractère très utilisé pour les titres. Il ne se distinguait pas par sa beauté mais par sa robustesse et la facilité de son emploi car il était gravé en de nombreuses graisses et corps.

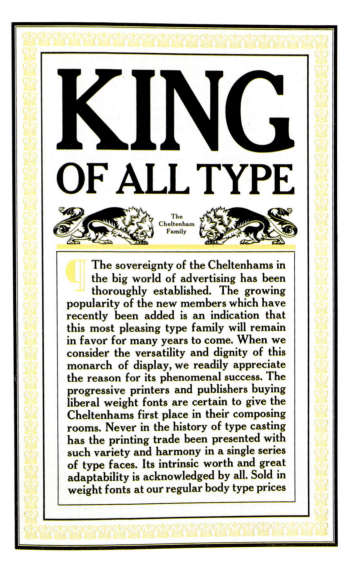

Monotype (dans les années 1890), fut à l'origine de l'expansion considérable de la production de documents imprimés, qui entraîna un accroissement important du rendement de la composition. Ces machines devaient être équipées de polices de caractères spécialement gravées pour les matrices servant à former les caractères en plomb (sous forme de lignes de caractères pour la Linotype ou de caractères séparés pour la Monotype, d'où le nom donné à ces machines). Si la Linotype avait été accueillie avec enthousiasme pour les quotidiens et les magazines à gros tirages (6000 machines étaient en fonction en 1900), la Monotype commençait à la concurrencer sérieusement car elle était plus proche de la composition froide manuelle. En 1905, il devint possible pour la fondeuse Monotype de

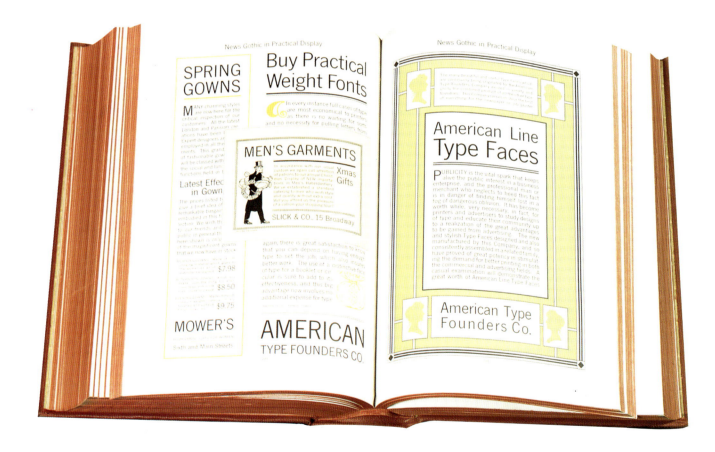

fondre jusqu'au corps 24 (alors qu'elle ne pouvait composer que jusqu'au corps 12). En 1907, la composeuse Monotype fut équipée d'un clavier plus rapide, analogue à celui des machines à écrire.

En marge de ces progrès techniques, on cherchait à fixer des unités de mesure cohérentes. En Angleterre et aux États-Unis, un accord fut trouvé sur l'utilisation des points. En Europe, en revanche, on employait un système différent, ce qui posait quelques problèmes de compatibilité de caractères et de matériel. Le système de mesure par points avait été proposé pour la première fois par Fournier à Paris en 1737, puis affiné par Didot, qui fixa la longueur d'un point à 0,3759 mm. En 1886, les fonderies américaines statuèrent quant à elles sur une longueur de 0,3513 mm.

Malgré son absence de logique décimale, ce système s'applique encore et cohabite avec les systèmes métrique et impérial, ce qui témoigne de l'inertie de ce secteur. Cette dernière représente une force parfois aussi puissante que les thèses révolutionnaires plus fréquemment décrites dans ces pages.

Copperplate *24pt*

A B C D E F G H I J K L M N O P Q R S T U V W X Y Z

Page ci-contre : L'American Type Founders Company, créée en 1892 à partir du regroupement de nombreuses fonderies de caractères, finit par dominer le marché américain de la typographie grâce à son choix important de caractères et à sa politique commerciale dynamique. Ses imposants catalogues ne se contentaient pas de présenter les polices dans les styles graphiques de l'époque, ils montraient aussi la diversité d'expressions que permettait une famille importante de gravures, afin d'inciter les imprimeurs à acheter différentes graisses et corps. Ici, tous les usages possibles du News Gothic sont exposés.

À gauche : Frederic Goudy dessina en 1901 le Copperplate Gothic (qui fut commercialisé par ATF), mais il ne l'appréciait guère. Il s'inspire en effet de diverses traditions ; s'il rappelle les lettres gravées dans la pierre par ses minuscules empattements, il n'a pas le charme des anciennes glyphes. Il n'empêche qu'on le retrouve dans le monde entier sur les cartes de visite et dans les titres en raison de l'impression de netteté qu'il donne dans les petits corps grâce à ses empattements presque invisibles.

1910

All a poet can do today is warn.

Wilfred Owen 1893-1918

« Nous sommes entrés dans une période révolutionnaire qui durera peut-être un demi-siècle. La Révolution sera ensuite victorieuse dans toute l'Europe puis dans le monde entier. »

Ainsi s'adressait en 1919 Nikolaï Boukharine, théoricien et économiste communiste russe, à l'écrivain anglais Arthur Ransome. Il fut exécuté en 1938, lors des purges qu'ordonna Staline pour supprimer ses opposants. Ransome devint un grand auteur de littérature enfantine. Quant à la révolution politique dont ils s'entretenaient, elle prit fin plusieurs fois : à la mort de Lénine, lors de la montée au pouvoir de Staline, et, petit à petit, avec chacun des dirigeants qui se succédèrent à la tête du Parti entre les années 1950 et les années 1980 et 1990, lorsque Gorbatchev et Eltsine mirent un terme à la Russie communiste. Mais la période révolutionnaire et ses conséquences demeurent.

À l'époque de la Grande Guerre et de la Révolution soviétique, ce genre de mouvement social violent ne pouvait plus être une éruption isolée comme cela avait été le cas à la fin du XVIIIe siècle et au XIXe : les communications par le télégraphe, la presse et bientôt la radio, d'une part, et le développement de l'alphabétisation, d'autre part, assuraient une diffusion rapide et étendue des informations d'actualité. La révolution sociale provoquée par la Première Guerre mondiale, à laquelle il faut ajouter le remodelage des nations européennes, laissèrent des cicatrices qui ne se sont jamais effacées. Il suffit de penser à Sarajevo entre 1992 et 1996 : une nouvelle version de 1914.

Si l'on applique la prophétie de Boukharine sur les soubresauts de l'histoire à la révolution des arts graphiques qui s'est produite au cours de cette décennie, elle peut tout à fait être lue au premier degré.

Le cubisme et le futurisme prirent place au-devant de la scène artistique ; le suprématisme et le constructivisme poussèrent la révolution esthétique jusqu'à l'abstraction pure et, d'une façon générale, les « ismes de l'art » se succédèrent à un rythme rapide. Depuis, ces expressions idéalistes des « temps qui changeaient » ne nous ont pas quittés. Elles ont entraîné la remise en question des principes de base de la production graphique et de la réflexion typographique et, qu'on y ait adhéré ou non, elles ont contribué à définir le modernisme mais aussi la signification du mot « moderne » au XXe siècle, tant dans l'art que dans la communication. Cette révolution a mis moins d'un demi-siècle pour se propager dans le monde entier. La prédiction de Boukharine, qui fut rédacteur en chef des deux principaux quotidiens communistes, la *Pravda* et les *Izvestia*, s'était donc fondée au moins pour ce qui concernait l'internationalisation et le pouvoir des médias.

Autour de 1910, les conceptions de la vision et du langage furent profondément remises en question dans toute l'Europe. Dans les beaux-arts, le cubisme et sa violente dislocation du réalisme en est le meilleur exemple. Les œuvres cubistes de Braque et de Picasso comprimaient et décomposaient les plans des formes tridimensionnelles en ajoutant à l'espace la quatrième dimension – le temps. Les objets d'une seule et même image pouvaient être vus simultanément dans plusieurs perspectives. Dans les expériences de papiers collés qu'ils réalisèrent en 1911 et 1912, Picasso et Braque introduisirent des fragments d'imprimés et des éléments typographiques abstraits. Les peintres futuristes italiens Balla, Carrà et Severini réagirent à cela en intégrant des matériaux typographiques, extraits de journaux et autres documents. Le manifeste futuriste prônait l'expression des forces dynamiques en jeu dans la société moderne, et les documents imprimés en série – populaires et éphémères par nature – étaient une manifestation quotidienne de cette énergie.

L'objectif des futuristes, qui était de remettre en question et de choquer, était clairement énoncé dans les écrits et les travaux de leur chef de file, Filippo Tommaso Marinetti (1876-1944). Celui-ci préconisait comme moyen de communication le principe des « mots en liberté » et l'abandon des règles usuelles du langage, tant verbal que visuel. Son ouvrage publié en 1914, *Zang tumb tumb*, illustre sa théorie de façon saisissante par le biais de la typographie, avec des histoires/poèmes en guise d'exercices visuels/verbaux. Il faisait avec le texte imprimé ce que les autres futuristes tentaient de faire avec la peinture, les collages ou la sculpture.

Les fondements de ce travail sont exprimés dans le manifeste qu'il écrivit en 1913 : *Destruction de la syntaxe – L'Imagination sans fils et les mots en liberté*. Il tire à boulets rouges sur la tradition culturelle italienne puis annonce son propre programme de bataille pour insuffler une nouvelle force au mot :

« J'entreprends une révolution typographique, dirigée surtout contre la conception idiote et nauséeuse du livre de vers d'annunzien et passéiste, avec son papier à la main, genre XVIIe siècle, orné de galères, de minerves, d'apollons, de grandes initiales et de parafes, de légumes mythologiques, de rubans de missel, d'épigraphes et de chiffres romains. Le livre doit être l'expression futuriste de notre pensée futuriste. Mieux encore : ma révolution est dirigée en outre contre ce qu'on appelle harmonie typographique de la page, qui est contraire au flux et au reflux du style qui se déploie dans la page. Nous emploierons ainsi dans une même page trois ou quatre encres de couleurs différentes et vingt caractères différents s'il le faut. Par exemple : italiques pour une série de sensations semblables et rapides, gras pour les onomatopées violentes, etc. Par cette révolution typographique et cette diversité multicolore, j'ai l'intention de faire redoubler la force expressive des mots[1]. »

Dans un autre texte, Marinetti s'exprima sur le rôle de la typographie dans le tout nouveau média du cinéma :

« Les mots en liberté filmés en mouvement (tables synoptiques de valeurs lyriques – drames de lettres humanisées ou animées – drames orthographiques – drames typographiques – drames géométriques – sensibilité numérique, etc.)[2]. »

Cet entrechoquement de mots est l'équivalent des éléments conflictuels et désintégrés des toiles futuristes ou de la « musique » discordante des machines à bruits employées par Marinetti, Soffici et Carlo Carra (1881-1966). La revue *Lacerba*, qui publia en 1914 « Tipografia in libertà », une série d'expériences sur les mots en liberté de Carrà, fut un important outil de propagande d'une typographie purement expressive et déstructurée qui dut peut-être attendre jusqu'à l'ère numérique pour trouver sa véritable

Page précédente :
Manifestazione interventista,
collage de papier et peinture sur
bois du peintre futuriste Carlo
Carra, 1914. Il explore les
principes futuristes du
dynamisme, de la vitesse et du
conflit avec des techniques qui
mettent les mots en mouvement
par le biais de superpositions
de plans, de rotation et de
juxtaposition violente des
éléments pour se libérer des
conventions.

Ci-dessus : Cette affiche
publicitaire pour des prêts de
guerre par Lucien Bernhard
(1915) est caractéristique de la
simplicité brutale du Plakatstil
allemand : des couleurs fortes,
une seule image et un texte qui
se limite au nom de l'annonceur
et à une exhortation brève. Autant
de principes qui allaient devenir
courants dans la publicité.

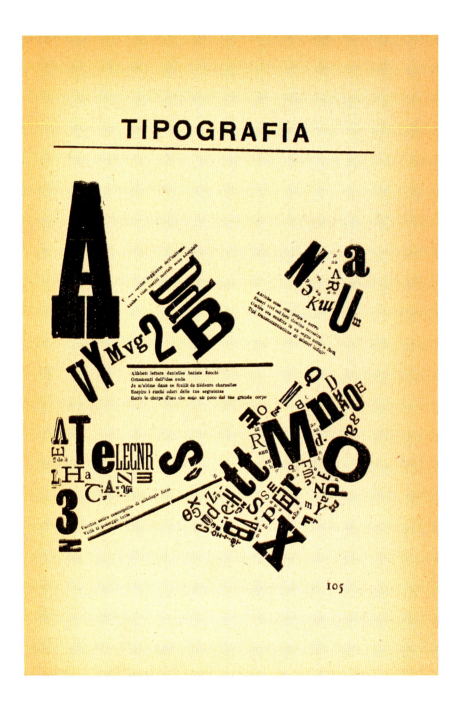

Page ci-contre à droite : Page extraite de *BIF & ZF + 18* du peintre et écrivain Ardengo Soffici, 1915. Cet ouvrage d'expérimentations typographiques cherchait, à partir d'images existantes ou créées, un nouveau mode de communication littéraire. À l'époque où il publia ce livre, Soffici (1879-1964) avait rompu avec le courant futuriste italien. Ci-dessous : Couverture et page intérieure du roman *Zang tumb tumb* du chef de file futuriste Filippo Marinetti, 1914. Marinetti applique sa théorie des « mots en liberté » pour retracer un épisode véridique de la guerre des Balkans en 1912 par le biais de mises en page libérées, où les nombreux jeux avec les mots et la typographie empêchent une lecture linéaire.

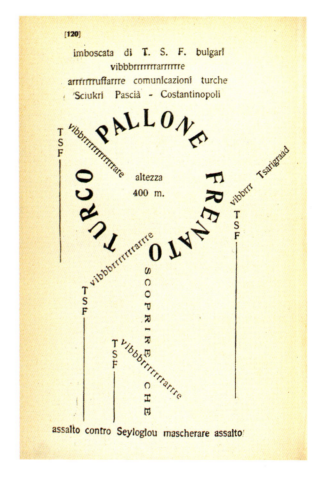

expression. Le « dynamisme » qu'elle cherchait à représenter était celui de l'âge industriel, mais il ne pouvait pas facilement être rendu par les techniques typographiques mécaniques de l'époque. En fait, le recours à la composition manuelle traditionnelle était encore nécessaire pour réaliser ces œuvres de « mots en liberté » : l'esthétique de l'ère de la machine ne trouvait sa forme qu'à travers l'artisanat.

Les futuristes russes étaient assez éloignés de leurs homologues italiens ; les origines de leur mouvement étaient différentes, comme le fut leur production, mais leur influence n'en fut pas moins grande. Ils puisèrent leur inspiration dans la rupture apportée par le cubisme avec la représentation traditionnelle, mais sans lien avec les manifestes italiens. En fait, ils se définissaient surtout en réaction contre l'art symboliste russe et la culture tsariste, et ils prônaient le retour à des formes plus élémentaires. Entre 1912 et 1916, les différents artistes regroupés sous cette bannière assez vague s'associèrent pour créer toutes sortes d'œuvres, dont de nombreux livres et objets imprimés.

Même si cela peut paraître surprenant étant donné notre sujet, ces ouvrages se caractérisent souvent par une absence de typographie : ils étaient imprimés en lithographie et les textes étaient écrits de la main même des artistes qui réalisaient aussi les dessins. Ils « peignaient » en effet la page du livre et se passaient des éléments typographiques et de leurs contraintes. Les expériences graphiques, permises initialement par la technique plus libre de la lithographie pour les affiches, s'étendirent aux livres. Dans *Mirskontsa* en 1912 et *Vzorval* en 1913, Alexei Kroutchenykh employa également d'autres techniques pour imprimer ses poèmes, comme des tampons en caoutchouc, des lettres au pochoir ou à la pomme de terre. Le futurisme russe semblait aller à l'encontre de son équivalent italien : il rejetait les méthodes modernes au lieu de les célébrer.

Le plus influent des livres futuristes russes contenait cependant de la typographie. Dans *Tragedie* (*Une tragédie*) de Vladimir Maïakovski, conçu par Vladimir et David Burljuk – qui réalisèrent également les dessins –, on trouve en effet des jeux de graisses, des capitales insolites et un usage impressionnant des blancs qui constituent une métaphore visuelle de la réaction affective que la pièce de Maïakovski cherchait à provoquer. Aleksandr Rodtchenko (1891-1956) et El Lissitzky (1890-1941) admiraient beaucoup cet ouvrage, qui préfigure en quelque sorte le graphisme postérieur à la guerre et à la Révolution.

Le groupe des futuristes russes fut à l'origine de mouvements qui poussèrent encore plus loin les limites de la typographie. Dès 1916 apparurent les audacieuses toiles suprématistes, non figuratives et géométriques de Kasimir Malevitch, qui proposaient une nouvelle conception du plan bidimensionnel et de ses relations formelles. Cela eut un impact direct sur El Lissitzky, qui trouva un lien entre les principes suprématistes et la communication typographique : la toile qu'il exécuta en 1919, aux débuts du constructivisme, *Avec le coin rouge, bats les blancs*, peut être mise en relation directe avec son livre pour enfants *Pro 2 kvadrata* (*À propos de deux carrés*), réalisé en 1920 et publié en 1922, qui explore la construction typographique et ses notions de narration en utilisant très peu d'éléments typographiques conventionnels.

Le mouvement anglais du vorticisme, lié aux cubistes-futuristes, est une autre référence de l'œuvre typographique d'El Lissitzky, dont les travaux et la pensée allaient avoir tant d'influence dans les années 1920. La revue *Blast*, créée et éditée en 1914 par Percy Wyndham Lewis (1882-1957), chef de file des vorticistes, avait été probablement une importante source d'inspiration pour l'ouvrage *Vzyal : baraban futuristov*, publié en 1915 par Burljuk et Maïakovski, qui utilisait le même principe d'un mot déclamatoire unique, imprimé de façon grossière sur la couverture.

Le mouvement dada emprunta d'autres pistes d'expérimentation typographique. Apparu vers le milieu de la Première Guerre mondiale à Zurich, il se répandit rapidement dans plusieurs villes allemandes, à Paris et à Moscou. Les poèmes de Hugo Ball mêlaient différents caractères de façon délibérément illogique et absurde, dans une parodie de la forme poétique. Son principe – « le mot et l'image ne font qu'un » – exprimait son souhait d'un support libéré des contraintes mécaniques et culturelles inhérentes au texte imprimé. Un autre dadaïste, Kurt Schwitters (1887-1948), travailla sur le contenu humoristique et structurel de documents imprimés. Dès 1919, il présenta dans sa série *Merz* des images extraites de documents choisis au hasard. Raoul Hausmann publia en 1919 le premier numéro de la revue *Der Dada*, dont la couverture à la typographie expressive mettait en œuvre des principes futuristes. Les photomontages de Hausmann, de Hannah Hoech, et surtout de John Heartfield à partir de 1917, étaient des œuvres dadaïstes caractéristiques de la remise en question de la relation entre la représentation de la surface et celle de l'espace, les images bi et tridimensionnelles.

Le groupe De Stijl naquit aux Pays-Bas pendant cette décennie. Il se forma autour de la revue du même nom, fondée en 1917 par le peintre et théoricien Theo van Doesburg (1883-1931). La couverture du premier numéro présentait un logo bâti à partir d'une toile de Vilmos Huszár (1884-1960), où les mots et les caractères s'inscrivaient dans des combinaisons de rectangles. On peut y voir les précurseurs des caractères de signalisation électronique qui apparaîtront plus tard ; on peut y lire aussi une prise de position théorique sur la pureté et la réduction des formes.

Si les pionniers du cubisme, Picasso et Braque, ne relièrent pas directement leur travail artistique à l'art de la communication et à la typographie, le poète et critique Guillaume Apollinaire (1880-1918), ardent défenseur des cubistes, vit lui-même dans leur démarche artistique novatrice et le potentiel visuel de l'écriture dans ses calligrammes – poèmes dont la disposition des vers figure les sujets. On connaît des exemples antérieurs de cette technique, en particulier les « jeux de mots » typographiques de Lewis Carroll dans *Alice au pays des merveilles* (1865), ou les mises en pages de Stéphane Mallarmé dans *Un coup de dés* (1897). Ils s'inscrivaient dans une tradition de non-conformisme littéraire et de jeux visuels qui remonte au moins jusqu'au roman parodique de Laurence Sterne, *Vie et opinions de Tristram Shandy* (1760). L'écrivain Blaise Cendrars montra également en 1913 l'exemple d'un auteur/graphiste/typographe au travail avec son livre « simultané », *La Prose du Transsibérien et de la Petite Jehanne de France*. Ce recueil poétique long de deux

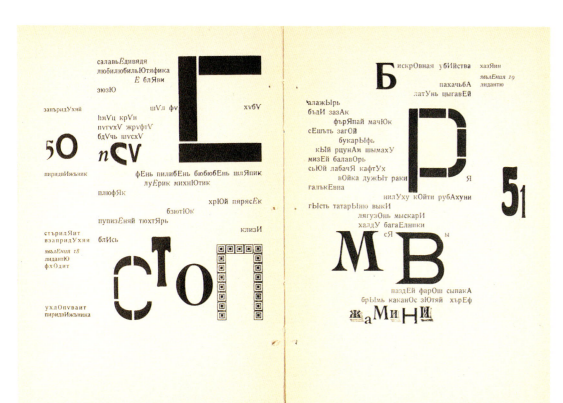

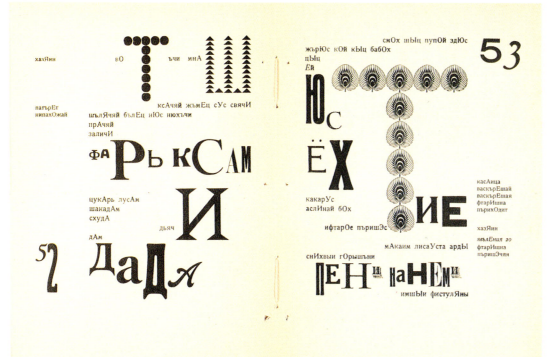

Deux doubles pages consécutives de *Ledentu Faram* (*Ledentu le Phare*) d'Ilia Zdanevitch, dit Iliazd, Paris, 1923. Cette pièce de théâtre sur le thème de l'art mettait en scène deux peintres et pouvait se lire à différents niveaux, avec notamment des phrases à double sens obscène. Le futuriste russe Zdanevitch (1894-1975) participa dès 1910 au développement de la théorie du *zaum*, un « langage transrationnel » qui entraîne les mots et les formes d'expression artistique au-delà de leur rôle conventionnel. Dans la pièce telle qu'elle est imprimée, chaque double page peut avoir plusieurs lectures. Zdanevitch commença ses œuvres dramatiques à Tbilissi, en Géorgie, mais ce volume ne fut publié qu'en 1923 à Paris.

mètres, imprimé avec des couleurs et des corps de caractères différents, abandonnait le principe du fond neutre : il se superposait à une peinture abstraite spécialement réalisée par Sonia Delaunay.

Ces différents mouvements artistiques n'eurent pas d'effet direct sur la communication au sens large : ils créaient simplement des œuvres d'art. Néanmoins, les questions qu'ils soulevaient finirent par gagner l'activité commerciale au cours de la décennie. Leur remise en question de la forme typographique conservatrice, où les mots sur une page étaient présentés de façon convenue ou destinée à plaire au lecteur, les amena à mettre au point des méthodes qui répondaient aux besoins grandissants de la publicité, où la capacité de frapper le regard et de provoquer était essentielle.

Alors que ces concepts révolutionnaires commençaient à se propager, on assistait dans le domaine de la typographie commerciale à une volonté collective d'améliorer le niveau de qualité en faisant revivre les caractères classiques par la gravure de versions modernes. D'une certaine façon, ce retour au passé est un thème central de la typographie de ce siècle, les caractères redécouverts ajoutant à chaque fois de nouvelles références historiques à la culture typographique.

Le rythme des mutations technologiques continua à s'accélérer, notamment avec le perfectionnement des composeuses. En 1911, la Linotype fut équipée de trois magasins de matrices ; on pouvait ainsi changer de police simplement en appuyant sur un levier. La même année, on passa à quatre magasins, et d'importantes améliorations furent annoncées presque tous les ans (premiers exemples

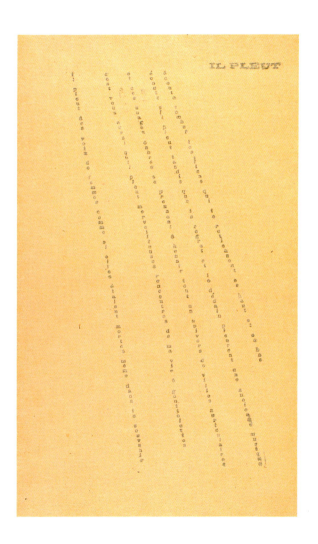

IL PLEUT

BLAST First (from politeness) ENGLAND

CURSE ITS CLIMATE FOR ITS SINS AND INFECTIONS

DISMAL SYMBOL, SET round our bodies,
of effeminate lout within.

VICTORIAN VAMPIRE, the LONDON cloud sucks
the TOWN'S heart.

A 1000 MILE LONG, 2 KILOMETER Deep

BODY OF WATER even, is pushed against us

from the Floridas, TO MAKE US MILD.

OFFICIOUS MOUNTAINS keep back DRASTIC WINDS

SO MUCH VAST MACHINERY TO PRODUCE

THE CURATE of "Eltham"
BRITANNIC ÆSTHETE
WILD NATURE CRANK
DOMESTICATED
            POLICEMAN
LONDON COLISEUM
  SOCIALIST-PLAYWRIGHT
DALY'S MUSICAL COMEDY
GAIETY CHORUS GIRL
TONKS

de ces mises à jour si courantes aujourd'hui pour les logiciels et les matériels). L'évolution de la Linotype était motivée par une concurrence plus forte, et la Monotype n'était pas sa seule rivale : la licence de Mergenthaler sur le procédé de fonte de lignes venant d'expirer, on présenta en 1912 la machine Intertype, qui proposait elle aussi un système de fonte de lignes. En 1918, le *New York Times* en commanda un nombre important, ce qui permit à la firme Intertype d'asseoir sa position. On ne pouvait composer les titres avec les machines Linotype et Monotype, et l'on avait encore recours pour cette tâche aux caractères en bois. Mais le lancement de la Ludlow, une fondeuse fonctionnant avec des matrices de grands caractères assemblés à la main, marqua un progrès dans ce sens et annonça le déclin des caractères en bois et de la gravure manuelle.

Van Doesburg *40pt*

De gauche à droite : « Il pleut » de Guillaume Apollinaire, extrait de *Calligrammes*, 1918. Apollinaire puisait les références de son style de poèmes graphiques dans des textes antiques mais également dans les expérimentations de son temps.
Premier numéro de *Blast*, 1914, dirigé et conçu par Percy Wyndham Lewis. Avec cette revue, le mouvement vorticiste cherchait à libérer les mots (en utilisant des caractères en bois du XIXᵉ siècle).
Ci-contre : Alphabet expérimental de Theo Van Doesburg (1919), basé sur un carré de 25 parties égales. The Foundry en fit une police dans les années 1990.

p.37

Pendant ce temps, Monotype renforçait son emprise sur la composition mécanique en améliorant les capacités de sa machine qui, à partir de 1914, permit de composer des caractères jusqu'au corps 24. Mais la principale évolution fut la réalisation du premier caractère original destiné à la composition mécanique, l'Imprint, gravé en 1913 pour une nouvelle revue du même nom consacrée à la typographie. Ses fondateurs et éditeurs, Gerard Meynell et J.H. Mason, le dessinèrent avec F. Ernest Jackson et Edward Johnston. Il possédait un grand œil et une italique épaissie et très régulière, deux caractéristiques destinées à répondre aux contraintes de la composition et de l'impression mécaniques.

La revue *Imprint*, malgré son existence éphémère, et la fondation de l'American Institute of Graphic Arts, en 1914, confirmèrent l'évolution du statut du graphiste, qui se distinguait désormais du compositeur ou de l'imprimeur. C'est aussi pendant cette période que s'affirma la renommée d'éminents dessinateurs de caractères, comme Frederic Goudy et Bruce Rogers (1870-1957) aux États-Unis, ou Rudolf Koch (1876-1934) et Edward Johnston (1872-1934) en Europe. Dorénavant, le dessinateur de caractères n'était plus obligatoirement lié à un imprimeur ou à une fonderie, même s'il avait encore besoin d'une commande ou de débouchés pour les faire fabriquer. Parmi les nombreux travaux que réalisa Goudy pour ATF, il faut noter ses réinterprétations de formes anciennes auxquelles il donna une originalité particulière, prenant parfois en compte certaines exigences commerciales du fabricant (par exemple les jambages supérieurs courts du Goudy Old

À droite : Le Centaur, dessiné par Bruce Rogers en 1914 pour le Metropolitan Museum de New York, fut appelé ainsi pour servir à composer le texte de l'édition anglaise du *Centaure* de Maurice de Guérin, publié par la Montague Press en 1915. Interprétation du Jenson du XVe siècle, ce caractère raffiné a été très admiré mais peu employé, peut-être parce qu'il ralentit la lecture. Il fut lancé par Monotype avec une italique en 1929.

Ci-dessous à droite : L'Imprint fut le premier caractère original pour la composition mécanique. Ce caractère Monotype rappelle le Caslon du XVIIIe siècle, mais possède un œil plus grand et des traits plus épais.

Page ci-contre en haut : Le Plantin, nouvelle version du caractère créé par l'imprimeur flamand du XVIe siècle, fut commercialisé en 1913 par Monotype.

Page ci-contre : L'Underground, d'Edward Johnston (1916) est toujours utilisé dans le réseau du métro londonien. Serait-il le premier caractère bâton moderne ? La largeur uniforme des traits est mise en valeur par certains éléments, comme le point en forme de losange au-dessus du i et du j et la barre décalée du t.

Centaur *24pt*

ABCDEFGHIJKL
MNOPQRSTUVWXYZ
abcdefghijklmnop
qrstuvwxyz

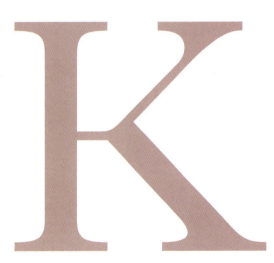

Imprint *18pt*

ABCDEFGHIJKLMNOPQRSTUVWXYZ
abcdefghijklmnopqrstuvwxyz

Style de 1914, un compromis souhaité par ATF).

L'association d'un immense talent de calligraphe et d'une sensibilité typographique innovante était indéniable dans les travaux de Koch (qui dessina, parmi d'autres, le Frühling et le Maximilian au cours de cette décennie) et de Johnston, dont l'œuvre typographique maîtresse est le remarquable caractère bâton qu'il dessina pour le métro londonien en 1916. Il se démarquait des linéales du XIXe siècle en appliquant aux caractères le principe rigoureux de la simplicité géométrique. Le caractère qui en résulta annonçait le graphisme moderne des années 1920. Il existe aujourd'hui sous une forme numérisée et il est toujours utilisé pour la signalisation du métro londonien. Il n'a jamais été commercialisé directement, mais son influence est évidente dans des caractères « phares » comme le Futura et le Gill, tandis que la maîtrise de la calligraphie de Johnston fut une source d'inspiration pour le jeune Jan Tschichold.

On notait une prise de conscience plus nette du besoin de faire revivre l'héritage typographique pour les nouvelles techniques. À partir de 1912, commença le chantier de la nouvelle version du Garamond, présentée d'abord par Deberny & Peignot à Paris, puis par toutes les grandes fonderies au cours des années suivantes. Lorsqu'on les compare, ces polices présentent des similitudes mais aussi de notables différences. En effet, le Garamond était à la fois une référence et une ambition pour toute une série de nouvelles gravures, un idéal à atteindre ou une « étiquette » à exploiter plutôt qu'une simple reproduction à l'identique.

Plantin 18pt

ABCDEFGHIJKL
MNOPQRSTUVWXYZ
abcdefghijklmnop
qrstuvwxyz

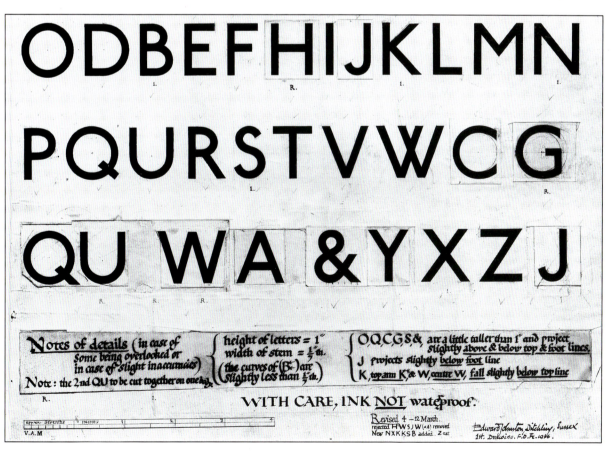

FUT

URE

C'est pendant les années 1920 que furent écrits et publiés les manifestes qui orientèrent en grande partie l'activité graphique du XXᵉ siècle. Cette décennie vit également s'affronter des points de vue radicaux et conservateurs sur la typographie. Les démarches expérimentales provoquèrent l'apparition du concept de la « modernité », qui allait rapidement gagner la publicité et les autres activités commerciales. Parallèlement, les adeptes du passé tentaient de faire revivre les fleurons de la tradition typographique qui, à leurs yeux, représentaient des valeurs qu'il importait de restaurer. Enfin, les typographes virent évoluer l'importance de leur métier, qui prenait place dans le mouvement créatif entre les beaux-arts et l'architecture et devenait un rouage politique et commercial indispensable.

Le Bauhaus joua un rôle essentiel dans l'émergence d'une nouvelle typographie. Les travaux que réalisèrent ses enseignants et ses étudiants, ainsi que ceux qui étaient proches d'eux ou subissaient leur influence, exprimaient une synthèse des nouvelles conceptions de l'art. Cette école d'un genre radicalement nouveau – l'architecture et les arts appliqués y étaient enseignés comme des matières interdisciplinaires – fut fondée à Weimar en 1919. Das Staatliches Bauhaus naquit de la fusion de deux écoles, dont l'une avait été dirigée avant la guerre par l'architecte belge Henry Van de Velde, célèbre pour son importante contribution à l'Art nouveau. Le premier directeur de l'école, l'architecte Walter Gropius, ancien assistant de Peter Behrens, proposait pour sa part de mettre en pratique et d'élargir la philosophie moderniste naissante, qui visait à réunir l'art et la technique ainsi qu'à développer une esthétique liée à la production en série. L'évolution de l'école entre 1919 et 1933 suivit celle de la République de Weimar, et les difficultés qu'elle rencontra reflétèrent celles de l'époque : le Bauhaus dut se battre pour obtenir des fonds, déménagea trois fois en quatorze ans et fut régulièrement attaqué pour ses idées socialistes.

Au départ, la typographie ne faisait pas officiellement partie du programme de l'école. Le premier responsable du cours préliminaire, Johannes Itten, y fit enseigner le lettrage et réalisa quelques travaux typographiques personnels influencés par l'esthétique dada, mais c'est avec l'arrivée en 1923 de László Moholy-Nagy (1895-1946) à la direction de ce cours préliminaire que le Bauhaus commença à accorder une véritable place au graphisme. Ce fut d'ailleurs le point de départ de l'enseignement du graphisme en tant que matière distincte. Pendant les cinq ans où Moholy-Nagy donna des cours au Bauhaus, un remarquable ensemble de travaux graphiques fut produit, dont les principes se propagèrent ensuite dans le monde entier. Conséquence directe de l'enseignement de Moholy-Nagy, le graphisme, la photographie et le cinéma acquirent dans la production du Bauhaus une importance encore inégalée. Le postulat à partir duquel Gropius avait organisé la structure pédagogique de l'école posait l'architecture comme objectif suprême. La construction constituait donc l'objet du cours final, à la suite des autres arts appliqués. Alors que ses successeurs – Hannes Meyer en 1928 puis Ludwig Mies van der Rohe en 1930 – renforcèrent le contenu architectural du programme, Gropius, lui, avait pris des distances avec sa formation d'architecte pour créer une école qui contribua de façon majeure au développement des arts graphiques, du mobilier,

de l'art et de l'architecture. Ses enseignants (Paul Klee, Wassily Kandinsky et Lyonel Feininger pour la peinture) et certains artistes (tels van Doesburg et El Lissitzky, qui exerçaient une réelle influence sur l'école) contribuèrent brillamment et à différents titres au renouvellement de l'art bidimensionnel.

En 1923, Moholy-Nagy appelait à une « clarté absolue dans tout travail typographique ». Il écrivait :

« La communication ne doit pas s'encombrer de préjugés esthétiques. Les lettres ne doivent jamais être comprimées dans une forme arbitraire, comme le carré. [...] Un langage typographique nouveau doit être créé, qui associe la souplesse, la diversité et une nouvelle approche des matériaux d'impression ; un langage dont la logique repose sur l'application appropriée des techniques d'impression[1]. »

La collection de livres du Bauhaus, qui furent publiés dès 1923, occupe une place de choix dans la production graphique de Moholy-Nagy. Les publicités qu'il réalisa pour ces ouvrages s'inspirent à la fois du constructivisme et du groupe De Stijl : les éléments de la page – filets, points, pavés de textes, couleurs et blancs – sont organisés de façon asymétrique sur une grille modulaire (par opposition au traditionnel centrage sur une grille linéaire) et évoquent les toiles de Van Doesburg et de Mondrian. Sur les couvertures de ces livres, déclinés en collection mais avec des maquettes différentes, n'ont été conservés comme éléments graphiques que ceux qui sont purement typographiques, et dont l'audace de la formule renforce la puissance des mots choisis.

Malgré leur non-conformisme et leurs liens avec des mouvements artistiques connexes, ces ouvrages sont parmi les premiers exemples d'une typographie nouvelle, commercialement pertinente, s'éloignant des prises de position provocatrices de la typographie futuriste, dada, De Stijl et constructiviste. Plus que des manifestes idéalistes, les livres du Bauhaus – ainsi que les travaux réalisés plus tard dans les ateliers d'imprimerie et de publicité – étaient une passerelle entre la théorie et le concept de communication de masse.

Dans un essai datant de 1925, *Zeitgemasse Typographie – Ziele, Praxis, Kritik* (« *Typographie contemporaine – objectifs, pratique, critique* »), Moholy-Nagy prévoyait qu'une grande partie de la communication typographique serait à terme remplacée par les enregistrements sonores et les images filmées. Pour répondre à cela, la typographie devait, selon lui, atteindre un pouvoir d'expression et d'efficacité nouveau, ce qui impliquait d'accepter et de développer la mécanisation de la production imprimée. Il fallait donc passer d'une typographie expérimentale employant des techniques anciennes pour exprimer des idées neuves (cette critique visait peut-être les futuristes et les membres du groupe De Stijl) à une connaissance réelle des techniques et des expériences visuelles contemporaines. Il souhaitait que les pages de texte gris se transforment en narrations colorées, organisées en séquences un peu comme les images d'un film, pour constituer un ensemble visuellement frappant. En cela, il annonçait les débats qui se tiendraient dans les années 1990 à propos des nouveaux médias.

Dans cet essai, Moholy-Nagy soulignait également certains principes des nouvelles pratiques typographiques :

DER OFFSET-VERLAG·G·M·B·H·LEIPZIG

ENTWURF: JOOST SCHMIDT·BAUHAUS IN DESSAU

HOFBUCHDRUCKEREI VON C. DÜNNHAUPT·G·M·B·H·DESSAU

BAUHAUS-HEFT

OFFSET

BUCH UND WERBEKUNST

HEFT **7**

1926

Couverture du numéro 7
de *Offset Buch und Werbekunst*,
1926, conçue par Herbert Bayer.
Le fait que cette revue
professionnelle de l'imprimerie
a choisi de consacrer un numéro
spécial au Bauhaus témoigne
de l'intérêt grandissant
que provoquaient les travaux
de l'école.

il fallait introduire une tension très forte dans les mises en pages, en faisant contraster les éléments visuels – vide/plein, clair/sombre, multicolore/gris, vertical/horizontal, droit/oblique ; ces effets devaient être obtenus essentiellement par la disposition des caractères. Les signes typographiques étaient également utilisés, mais pas comme des bordures décoratives et autres fioritures caractéristiques des documents traditionnels qu'employaient alors les imprimeries. Il évoquait à ce propos la nécessité d'une écriture standard, abandonnant les deux alphabets de capitales et de bas de casse. Il manquait, selon lui, un caractère bien proportionné, dépouillé et purement fonctionnel. Plusieurs étudiants du Bauhaus dessinèrent des caractères cherchant à répondre à ces critères, notamment en 1925 Herbert Bayer, un ancien étudiant du Bauhaus.

Bayer (1900-1985) fut le premier directeur de l'atelier de typographie du Bauhaus, créé en 1925 lorsque l'école s'installa à Dessau. Il occupa ce poste jusqu'en 1928, année où il démissionna, en même temps que Gropius et Moholy-Nagy. Les travaux qu'il réalisa alors qu'il était encore étudiant dénotaient une certaine hardiesse, de la clarté, et reprenaient les thèses des constructivistes et du groupe De Stijl. En 1923, il dessina des billets de banque pour l'État de Thuringe, qui annonçaient le style graphique caractéristique du Bauhaus. Cette notion de « style » consternait Gropius, qui la considérait superficielle. Elle était pourtant inévitable, tant était grand le contraste entre la démarche novatrice du Bauhaus et la tradition de la forme typographique, notamment le conservatisme des imprimeries allemandes, qui la plupart du temps n'employaient que des gothiques grasses.

Albers *24pt*

La linéale minimaliste de Bayer répondait au projet d'un alphabet de caractères réduits à l'essentiel. On peut citer également l'alphabet de Van Doesburg de 1919 ou le caractère universel de Tschichold créé quelques années plus tard. Celui de Bayer eut comme avantage d'être préconisé pendant toute la formation du Bauhaus. Les arguments en faveur d'un alphabet unique se fondaient sur le fait que les capitales ne sont pas prononcées, mais seulement lues, qu'elles rendent la présentation des textes plus complexe et plus coûteuse, et qu'elles exigent du compositeur plus d'effort. À partir de cette période, elles furent abandonnées dans les publications du Bauhaus. L'alphabet unique de Bayer a ceci de particulier que les lettres sont formées à partir d'un nombre volontairement réduit d'angles, d'arcs et de lignes, ce qui lui donne une grande simplicité : le m et le w sont la même lettre inversée et le x un o coupé en deux et retourné. Bayer dessina plusieurs caractères expérimentaux entre 1925 et 1927, qui pour la plupart valaient seulement pour l'affichage, comme par exemple un caractère ombré semi-abstrait dans lequel seule l'ombre avait été conservée : Bayer avait retiré le tracé de base, qu'il considérait comme inutile pour suggérer la forme. Ses théories sur le dessin de caractères trouvèrent un débouché pour les travaux strictement commerciaux avec le Bayer Type, lancé par Berthold en 1935. Il s'agissait cependant d'un caractère très conservateur, une didone étroitisée avec des jambages inférieurs courts et un dessin lourd, très éloigné des principes expérimentés au Bauhaus.

Paradoxalement, malgré toutes les aspirations du Bauhaus à une esthétique digne de l'ère industrielle, l'atelier

Bayer *48pt*

abcdefghijk lmnopqrstu vwxyz

Page ci-contre : Dessin de lettres-pochoir (1925) par Josef Albers (1888-1976), qui enseigna au Bauhaus de 1923 jusqu'à sa fermeture en 1933. Albers réduisit son alphabet à des formes géométriques s'inscrivant dans une grille ; ses unités de base étaient le carré, le triangle et le cercle (plus le double filet pour les barres). Sous le dessin original, on peut voir une version numérisée du caractère, réalisée dans les années 1990 par The Foundry. À gauche : Alphabet unique de Herbert Bayer, 1925. La réduction géométrique des lettres fait qu'une arcade uniforme devient un élément dominant des caractères. Seul le T a conservé sa forme de capitale.

d'imprimerie que dirigea Bayer avait recours pour l'essentiel aux techniques manuelles traditionnelles (à l'image des architectes modernistes de l'époque, qui simulaient parfois dans leurs édifices le relief de formes en béton, en acier ou en verre par des enduits sur la brique ou la pierre). Les étudiants avaient à leur disposition un caractère bâton, dans un certain nombre de corps, qu'ils composaient à la main et qu'ils imprimaient sur une presse à plat ou une presse à épreuves rotative. Tous les documents imprimés de l'école – formulaires, brochures et affiches – étaient fabriqués par l'atelier d'imprimerie d'après des maquettes de Bayer ou de ses étudiants.

L'enseignement de Bayer n'était pas formel ; il préférait superviser et diriger le travail des étudiants à partir de commandes réelles passées à l'atelier. La publicité le

requérait tout particulièrement ; il mena des recherches et avança des théories sur la psychologie de la publicité et sa relation avec la conscience. L'intérêt de placer des éléments frappants et symboliques à l'intérieur d'une composition typographique fut démontré. La priorité accordée au rouge et au noir dans l'impression en bichromie, la force des blancs dynamiques (en remplacement des bordures statiques), l'emploi de corps de caractères très contrastés pour exprimer la hiérarchie des informations et l'usage accru du photomontage et du collage furent rapidement reconnus comme des concepts clés. Bayer étant convaincu que la production de l'atelier devait s'intégrer dans une ère de fabrication en série, toutes les commandes étaient réalisées sur des formats de papier DIN standard (A0, A1, A2, A3, A4, A5, etc.).

En 1928, Joost Schmidt (1893-1948) succéda à Bayer. Sous sa direction, l'atelier d'imprimerie prit le nom d'atelier de publicité. Ce changement était révélateur de l'importance que prenait cette nouvelle discipline pour le Bauhaus, quand partout ailleurs il était impossible de l'enseigner. L'apport de projets extérieurs fut encouragé. Schmidt approuvait certains des principes de Bayer et de Moholy-Nagy, comme l'incorporation de la photographie ou les contrastes de formes et de couleurs. En revanche, il incita les étudiants à employer une gamme de caractères plus large et fit évoluer les grilles de mise en page, qui s'éloignèrent des constructions strictement modulaires. Il s'intéressa à la superposition de motifs simples pour créer des complexités dynamiques. Sous sa houlette, la typographie, enseignée pendant deux trimestres du cours préliminaire, vit son

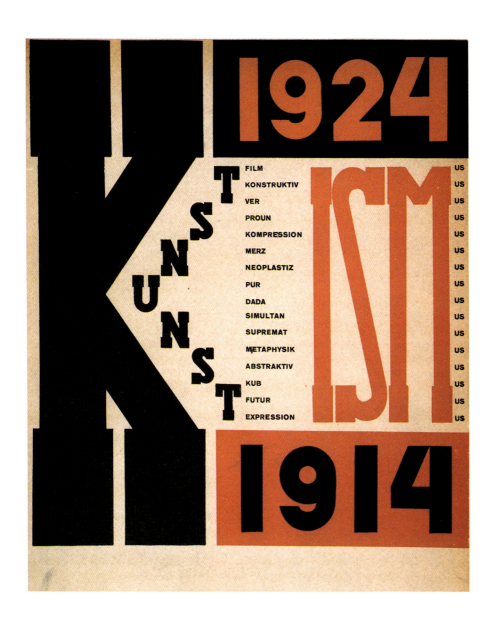

Page ci-contre : Couverture et double page intérieure de *Pro 2 kvadrata* (*À propos de deux carrés*). Ces « peintures » typographiques furent réalisées par El Lissitzky en 1920 et imprimées sous forme d'un ouvrage de 24 pages en 1922. El Lissitzky produisit ces œuvres suprématistes, intitulées *Prouns*, à l'époque où il enseignait avec Kazimir Malevitch à l'École des beaux-arts de Vitebsk : dès 1919, ils proposèrent un programme d'études radicalement novateur à partir des thèses suprématistes réunissant les pensées cubiste et futuriste, et donnèrent à l'école un nouveau nom : Unovis. Ce livre pour enfants reprend l'idée de Malevitch du carré générateur de formes pour raconter l'histoire de deux carrés qui arrivent sur terre et entrent en collision avec des formes noires. Le rouge, bien entendu, triomphe.
A gauche : Couverture de *Die Kunstism* (*Les « ismes » de l'art*) par El Lissitzky et Hans Arp, 1925. Ce panorama des nombreux mouvements artistiques de la période 1914-1924 est un intéressant travail graphique. Les pages, maquettées par El Lissitzky, sont structurées par une grille stricte de trois colonnes par page, chacune étant consacrée à une langue différente. L'Akzidenz Grotesky gras est employé, avec peu de changements de corps. **p.47**

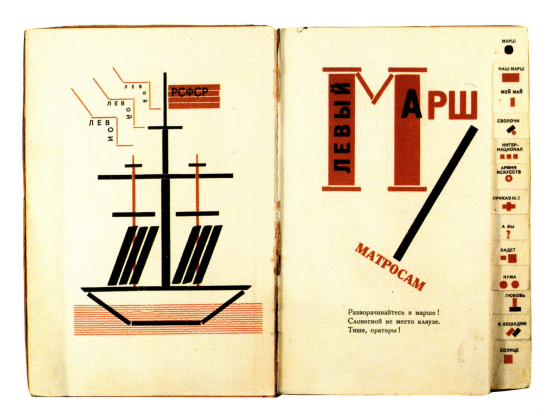

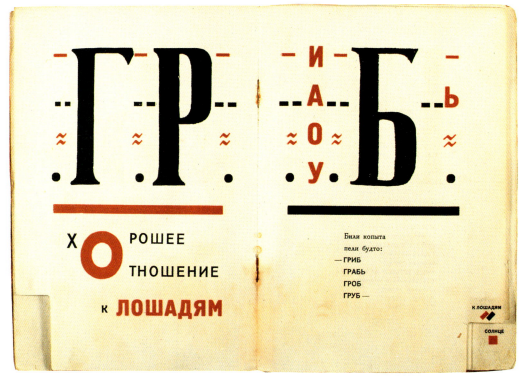

importance confirmée dans le programme du Bauhaus.

Avant que le Bauhaus s'intéressât à la typographie et même entre 1923 et 1930, lorsque l'école fut très active dans ce domaine, le graphisme moderniste se développa de façon notable en Union soviétique, aux Pays-Bas, dans d'autres villes allemandes, en Pologne, en Tchécoslovaquie et en Hongrie. Dans l'Union soviétique récemment créée, un groupe d'artistes, dont les chefs de file étaient El Lissitzky et Aleksandr Rodtchenko, explorait de nouvelles utilisations du photomontage et des éléments typographiques pour les documents politiques ou commerciaux.

El Lissitzky eut une influence sur d'autres artistes, tels que Moholy-Nagy et Van Doesburg, qu'il rencontra régulièrement au début des années 1920. Ses travaux très divers vont des pages encombrées de *Die Kunstism* (*Les « ismes » de l'art*)

en 1925 à la maquette dépouillée des poèmes de Maïakovski *Dlia Golossa* (*Pour la voix*) en 1923, ou à son livre pour enfants *Pro 2 kvadrata* (*À propos de deux carrés*). Ce dernier ouvrage, de style suprématiste, approfondit la relation entre la quatrième dimension – le temps –, les trois dimensions du livre et les deux dimensions de la page. La réflexion d'El Lissitzky évolua et se propagea par le biais des mouvements d'art soviétiques avant-gardistes (le groupe Vkhumetas et l'École des beaux-arts de Vitebsk) où il fut introduit par Kandinsky et Chagall. C'est là que les apports novateurs du graphisme et des beaux-arts se mêlèrent avec le plus d'harmonie. Les questions de couleur, d'abstraction, de forme et d'espace s'appliquaient à ces deux domaines, tout comme la réflexion sur la pertinence sociale d'un tel débat. Les formes typographiques et illustratives qui naquirent de

Page ci-contre : Deux doubles pages de *Dlia Golossa* (*Pour la voix*), recueil de poèmes de Vladimir Maïakovski mis en page par El Lissitzky et publié à Berlin en 1923. Chaque poème est placé sur une double page. Les onglets permettent au lecteur de les retrouver rapidement car ils se succèdent par ordre alphabétique, avec un symbole pour chacun. Seul le matériel de composition disponible à l'époque fut utilisé dans la maquette : ainsi, les illustrations comme le bateau et même la forme de certains grands caractères sont créées à partir de filets, barres et autres garnitures. Outre la construction, les propriétés dynamiques des blancs sont l'un de ses aspects les plus frappants.
À droite : Publicité pour le grand magasin d'État moscovite Goum, conçue en 1923 par Aleksandr Rodtchenko avec un texte de Vladimir Maïakovski. Cette image constructiviste, constituée de pavés de texte et d'illustrations du produit, représente un « personnage » qui déclare que les montres Mozer sont les seules valables et qu'on les trouve au Goum.

son enseignement se retrouvent dans les nombreuses affiches réalisées à Moscou dans les années 1920.

Aleksandr Rodtchenko préconisait l'association de la photographie et de la typographie : sa maîtrise de ces deux techniques donne à ses affiches une force immédiatement perceptible. Son originalité de photographe lui conférait un sens de l'enrichissement des caractères, sur lesquels il faisait en quelque sorte une « mise au point » : des pavés de texte imbriqués, où la couleur intègre le mot et l'image, obligent le lecteur à trouver des liens ou à interpréter les associations entre les illustrations ou les éléments typographiques.

Les mouvements De Stijl et dada continuèrent à évoluer dans les années 1920. Theo van Doesburg, personnage clé de l'un et de l'autre, vécut à Weimar entre 1921 et 1923 et donna des conférences auxquelles assistaient principalement des étudiants du Bauhaus. Elles étaient à ses yeux un acte subversif visant à influencer les étudiants et à infiltrer le système de Gropius. En 1922, il publia le premier numéro d'une revue dadaïste, *Mecano*. Son éclectisme contraste avec la forme plus épurée du magazine *De Stijl*, qu'il édita et qui constitue, avec l'œuvre d'El Lissitzky, l'empreinte la plus évidente sur le travail de Moholy-Nagy au Bauhaus. Comme El Lissitzky puis Moholy-Nagy, Van Doesburg fut l'un des premiers à rechercher une nouvelle plasticité dans l'impression. Ces trois hommes pressentaient le potentiel des technologies nouvelles et l'importance de la communication filmée et télédiffusée.

Kurt Schwitters était proche d'El Lissitzky et de Van Doesburg au début des années 1920. Il proposait une synthèse différente des idées dada, De Stijl et

constructivistes. Les assemblages qu'il réalisa à partir de
1919, intitulés *Merz*, évoluèrent vers une revue portant le
même nom, qui parut entre 1923 et 1932, et à laquelle
participèrent de nombreuses personnalités artistiques de
l'époque. Il édita par exemple en 1924 un numéro avec El
Lissitzky et consacra un peu plus tard un numéro à la
typographie publicitaire. Ses travaux sont plus imprégnés
d'humour que ceux de ces contemporains. Il mêle la forme
et l'utilisation de l'espace, caractéristiques d'El Lissitzky, et le
principe dadaïste de remise en question et
d'expérimentation. En arrière-plan à son œuvre, on décèle un
sens de la dislocation utile pour l'effet produit par les
couvertures et les affiches. On peut le rapprocher du
concept de « défamiliarisation » qu'adopta le théoricien du
formalisme Viktor Chklovski comme élément central de la

Ci-contre : *Kleine Dada Soirée* (*Petite
Soirée dada*), affiche de Theo Van
Doesburg et Kurt Schwitters, 1922.
Les lettres écrites à la main, dans des
corps et des graisses très contrastés,
mélangées à des caractères
typographiques et à des signes
d'imprimerie (la main, la bordure) donnent
l'impression d'une disposition anarchique,
mais on voit émerger de nouvelles
règles : la diagonale comme dispositif
dynamique, la création d'une tension
entre divers éléments, les pavés de
lettres placés contre les titrages,
le mot « DADA » en rouge créent
une hiérarchie claire de la
communication typographique.
À gauche : Dans l'alphabet unique qu'il
dessina en 1927, Schwitters cherchait
à trouver un lien entre la forme des
lettres et leurs sons ; il choisit pour
les voyelles des caractères plus gras
et dessina plusieurs versions. L'alphabet
complet présenté ici est une version
numérique réalisée dans les années 1990
par The Foundry, avec des variantes.
En bas : Couverture de la revue *Merz 8/9*
par Schwitters, 1924.

MeJSTER

Schwitters *28pt*

AAbCdEeFGhIJKLMNDOPQRSSTUÜVWXYYZ

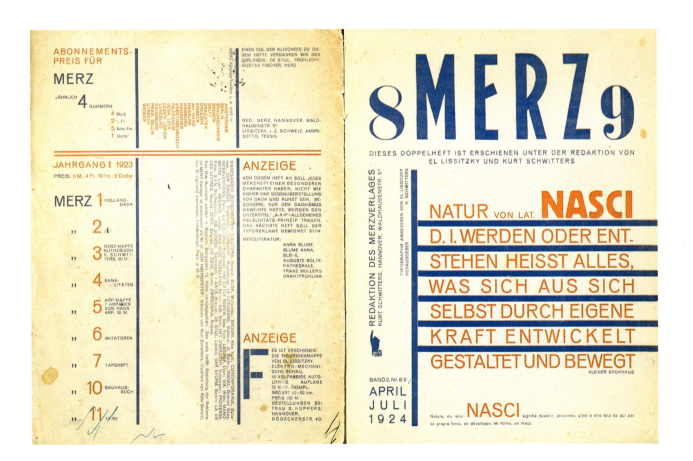

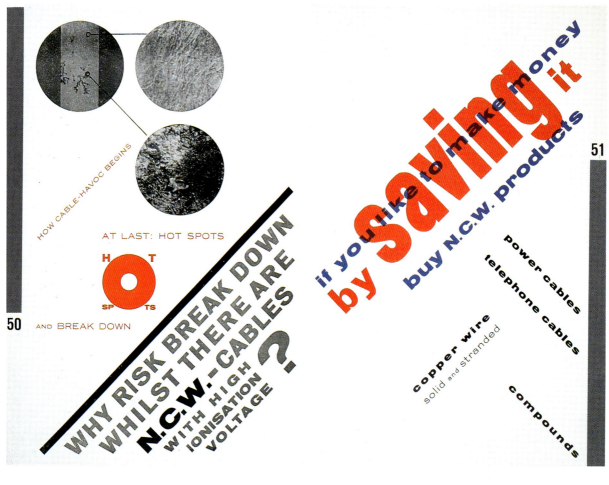

HOW CABLE-HAVOC BEGINS

AT LAST: HOT SPOTS

H   T
O
SP   TS

AND BREAK DOWN

WHY RISK BREAK DOWN
WHILST THERE ARE
N.C.W.-CABLES
WITH HIGH
IONISATION
VOLTAGE ?

if you like to make money
by **saving** it
buy N.C.W. products

power cables

telephone cables

copper wire
solid and stranded

compounds

prise de conscience moderniste de l'art. En superposant les caractères sur les filets gras qui structuraient le document, en coupant des pavés de texte par d'autres filets et en insérant des images dans une mise en page apparemment déséquilibrée et asymétrique, Schwitters reprenait les idées de la Nouvelle typographie mais commençait à les subvertir, un peu comme les formes traditionnelles avaient été bouleversées auparavant.

L'imprimeur-typographe hollandais Hendrik Werkman (1882-1945) fut aussi un novateur, plus solitaire encore. Après avoir découvert les nouveaux modes expressifs du début des années 1920, il réalisa à partir de 1923 sa propre revue, *The Next Call*. En 1926, neuf numéros avaient paru et la revue avait pris une orientation nettement expérimentale dans ses recherches sur la nature de l'impression. Les

différents éléments du processus d'impression – l'encre, le papier, la pression, les caractères en bois ou en métal, les garnitures ainsi que la couleur et la forme – y étaient tous révélés de diverses façons. Werkman incorporait dans les documents graphiques des éléments insolites, qui faisaient ressortir les matériaux et la construction de la page. La couverture du premier numéro, par exemple, comportait un motif abstrait qui n'était autre qu'une pièce de verrou intégrée dans le graphisme.

Un autre Hollandais, Piet Zwart (1885-1977) apporta également sa marque à la typographie moderniste naissante. Après une formation d'architecte, il réalisa vers 1920 et 1921 ses premiers exercices typographiques, qui dénotent l'influence du groupe De Stijl. Dès 1925, la typographie fut sa principale activité et sa démarche devint beaucoup plus

Tschichold *44pt*

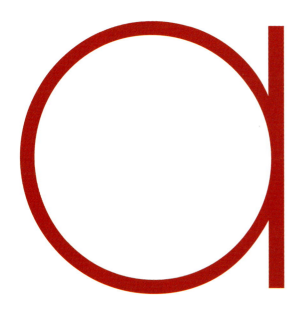

abcdɛƒghijklmn
opqrstuvwxyz

Page ci-contre, en haut à gauche : *The Cylinder Press*, 1925. A droite : Couverture du premier numéro de *The Next Call*, 1923. Ces deux travaux sont dus à l'imprimeur hollandais Hendrik Werkman, qui utilisait pour ses compositions typographiques des éléments de presse typographique et d'autres matériaux : l'élément insolite de la couverture de *The Next Call* est une pièce de verrou. Werkman renversa le processus usuel d'impression en plaçant le papier sur le marbre de la presse puis en pressant les caractères et autres objets dessus, et non en faisant passer le papier dans la presse.

Page ci-contre, en bas : Double page du catalogue d'une usine de câbles hollandaise (NCW), conçue par Piet Zwart, 1927-1928. À partir de 1925, Zwart réalisa des centaines de travaux graphiques pour cette firme et appliqua les principes de la Nouvelle typographie aux documents commerciaux : l'emploi spectaculaire de la diagonale, les blancs impressionnants, les formes abstraites et les contrastes extrêmes de corps de caractères sont typiques de son travail novateur.

À gauche : La question de l'alphabet universel fut un débat récurrent, et Jan Tschichold apporta sa contribution en 1929 avec un caractère qui rappelle les travaux antérieurs de Bayer. Une version réalisée dans les années 1990 par The Foundry présente ici la série entière de lettres.
p.53

personnelle. Il conçut un grand nombre de documents publicitaires et promotionnels, avec d'impressionnants contrastes de corps de caractères, employés jusqu'aux limites permises par les dimensions des affiches. Les caractères étaient si grands qu'ils devenaient des formes abstraites, tout en restant partie intégrante des mots. Il écrivait souvent le texte lui-même, afin de renforcer le jeu entre les mots et l'image, et affectionnait les couleurs primaires (rouge, bleu et jaune), également appréciées au Bauhaus. À la fin des années 1920, il incorpora plus fréquemment des photographies, travaillant à partir de négatifs, avec des surimpressions et des cadrages formalisés (souvent un cercle, comme s'il utilisait un télescope). À ses yeux, plus le caractère était simple et géométrique, plus il était utile.

Ces diverses expériences et expressions d'une nouvelle démarche de communication graphique trouvèrent un apôtre et un théoricien dans l'auteur du livre phare *Die Neue Typographie* (« La Nouvelle typographie »), Jan Tschichold (1902-1974). Ce jeune Autrichien enseignait la typographie et le lettrage à Munich. Il avait étudié avec attention l'œuvre d'El Lissitzky, celles des membres du Bauhaus et d'autres graphistes, tout en restant un graphiste moderne à part entière. En 1925, il avait publié, dans un numéro spécial de la revue *Typographische Mitteilungen*, un essai intitulé « Elementare Typographie ». Dans cet article, Tschichold présentait pour la première fois le travail d'El Lissitzky aux imprimeurs. Il énonçait les principes sous-tendant la typographie asymétrique, l'emploi des linéales et le choix limité de caractères, la relation entre le texte imprimé et les blancs, dans l'intention de proposer de nouvelles règles aux imprimeurs. Sa critique portait sur le sujet habituel de l'abandon des normes de l'impression du XIXᵉ siècle. Il exprimait un jugement sévère sur le gris des pavés de texte standardisés, où peu de choses stimulent le regard, et déplorait la confusion de la typographie publicitaire. Tout en s'attaquant à la tradition, il rejetait les mises en pages aux caractères et aux dispositions typographiques fantaisistes, qu'adoptaient dans les années 1920 les imprimeurs à la recherche de nouvelles formes décoratives.

Tous les arguments de Tschichold allaient dans le sens d'un fonctionnalisme élémentaire et plus pur de la typographie. On pouvait résumer sa thèse à deux mots : asymétrie, linéale. Quelques mots de plus et on en arrivait aux aspects les plus candides de son texte, sur lesquels il revint d'ailleurs plus tard. Cette publication fut néanmoins très importante car elle clarifiait certains thèmes récurrents dans le travail des typographes modernistes. Ce fut aussi, à de nombreux égards, le premier traité considérant la typographie comme la disposition graphique et le choix des caractères, et non comme un terme général servant à décrire certains aspects plus pratiques de l'impression.

L'homme qui avait proposé à Tschichold son poste d'enseignant à Munich, Paul Renner, dessina pour la fonderie Bauer le caractère emblématique des années 1920, le Futura – au nom particulièrement bien choisi. Commercialisé dès 1927, il s'apparente à la linéale Erbar, apparue quelques années plus tôt et également très populaire. Il s'en distingue

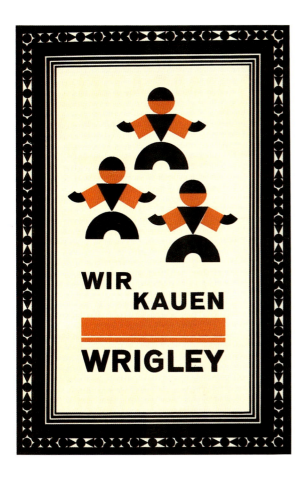

Documents de promotion pour le Futura, dessiné par Paul Renner et présenté par la fonderie Bauer en 1927. Le Futura répondait au besoin de caractères sans empattement géométriques correspondant à l'esprit de la Nouvelle typographie. Sa commercialisation par une fonderie importante assura sa diffusion rapide. Différentes vignettes était également proposées (à gauche) pour inciter les graphistes et les imprimeurs à utiliser des garnitures géométriques assorties au style du caractère. Les esquisses que Renner réalisa pour cette police ont été reprises dans les années 1990 par The Foundry sous le nom d'Architype Renner. Le g et le r se distinguent par un dessin fantaisiste qui fut abandonné lorsque Renner dessina le Futura.

Renner *28pt*

ABCDEFGHIJKLMNOPQRSTUVWXYZ
abcdefghijklmnopqrstuvwxyz

par certains éléments : la queue du Q commence dans le cercle, et le j n'en possède pas. Renner avait commencé par dessiner un caractère encore plus élémentaire, parfois presque abstrait (avec un r constitué d'un simple fût et d'un point non collé là où devrait se trouver l'ergot). Si on le compare aux linéales antérieures, le Futura se caractérise par des formes géométriques nettes, un a à boucle unique et un g à boucle ouverte. Il fut pendant vingt-cinq ans le principal caractère bâton et joua un rôle prééminent dans la publicité grâce à ses nombreuses variantes.

En dehors de l'Allemagne et des Pays-Bas, c'est en Tchécoslovaquie que le concept de Nouvelle typographie fut d'abord mis en pratique dans les travaux commerciaux. Le groupe d'artistes et de graphistes du Devetsil comptait deux importants typographes, le poète et artiste Karel Teige et Ladislav Sutnar. Teige (1900-1951) exposa en 1927 sa conception des nouveaux principes de la typographie dans un essai intituté *Moderní typo* (*La typographie moderne*). Il préconisait le dynamisme des formes et le rejet de la tradition, point de vue que partageait Sutnar (1897-1976), professeur de graphisme et directeur artistique d'une maison d'édition. Ses travaux de la fin des années 1920 et du début des années 1930 associaient de façon originale les influences du groupe De Stijl, celles du constructivisme et celles du Bauhaus. Il juxtaposait des photomontages audacieux et une typographie dépouillée, et joua avec la perspective et la couleur pour créer de la profondeur et mettre en valeur certains éléments. Son influence se renforça après son exil aux États-Unis en 1939.

Ballmer *28pt*

abcdefghijklmnopqrstuvvwxyzz
0123456789

kunstgewerbe-
museum zürich

die norm
in industrie und
gewerbe
schweiz.wander
ausstellung
14. okt.-11.nov. 1928
10-12 u. 14-18 uhr

norm

À gauche : Le graphiste helvétique Theo Ballmer (1902-1965) réalisa cette affiche en 1925 pour une exposition de normes industrielles. Il s'inspire du travail du groupe De Stijl et du Bauhaus. Son goût pour une grille de mise en page visible annonce le « style suisse » d'après-guerre. Il n'utilise que deux graisses du même caractère : une pour le titre et une pour le texte, entièrement composé au fer. L'alphabet que Ballmer mit au point pour la série d'affiches qu'il conçut au cours de cette période est également bâti sur une grille, avec des caractères dont la forme se rapproche du carré. En haut, l'Architype Ballmer est la version numérisée proposée par The Foundry dans les années 1990. Page ci-contre : Affiche de Vilmos Huszár pour une exposition d'art industriel, 1929. D'origine hongroise, Huszár vécut aux Pays-Bas et participa au premier numéro de la revue *De Stijl*, mais quitta le groupe en 1923. On voit dans cette affiche que les lettres originales, les pavés de couleur et le motif géométrique créent une image dynamique évoquant le tridimensionnel et le figuratif. Elle réunit les origines expérimentales de la Nouvelle typographie et les travaux Art déco.

En Pologne, Henryk Berlewi (1894-1967) suivit un itinéraire différent à partir des principes constructivistes d'El Lissitzky. Sa recherche d'une nouvelle communication fonctionnelle le conduisit à créer le *Mechano Faktur* (*art mécanique*). Cette systématisation de la créativité visait à réduire le travail typographique (entre autres choses) à une série d'éléments fonctionnels que l'on pourrait combiner comme des éléments de construction. Rejetant avec force l'individualisme et les formes traditionnelles, selon lui dignes d'une époque révolue, il mit ses théories en pratique dans l'agence de publicité qu'il créa et dans d'autres domaines des arts appliqués.

Malgré la révolution que constituait l'apparition d'une typographie nouvelle liée à la pensée moderniste, la grande majorité des documents imprimés à cette époque continuaient à se conformer aux valeurs traditionnelles, pour le meilleur et pour le pire. Et c'est leur consternation devant les exemples du pire qui poussa les partisans de la tradition à prôner la restauration de valeurs qui, selon eux, s'étaient dégradées au cours du passage à la communication de masse.

La publication en 1930 du septième et dernier numéro de la revue consacrée à la typographie *The Fleuron*, représente une étape cruciale dans la consignation et l'examen des valeurs typographiques traditionnelles. En sept numéros, en 1 500 pages et en huit années, *The Fleuron* se donna comme objectif d'étudier les problèmes soulevés par la recherche de normes d'excellence typographique en Europe et aux États-Unis.

Sur cette page : Ligature du caractère Fournier.
Page ci-contre : L'atelier de dessin de la branche anglaise de la firme Monotype bénéficia à partir de 1922 des conseils de Stanley Morison, ardent défenseur de la tradition. Il réalisa dans les années 1920 une vague de nouvelles versions élégantes du Bembo, du Baskerville, du Fournier et du Bodoni. Le Bembo (1929), comme le Poliphilus (1923) avant lui, s'inspiraient du travail du graveur Francesco Griffo pour l'imprimeur vénitien Alde Manuce l'Ancien (1449-1515). Ses empattements effilés lui donnent une certaine « intensité ». Ce caractère est encore aujourd'hui apprécié pour les travaux éditoriaux. Le Baskerville (1924) est une réinterprétation du travail de l'imprimeur anglais du XVIIIᵉ siècle John Baskerville. Le Bodoni (1921) est la révision du caractère « moderne » que l'on associe à Giambattista Bodoni (1740-1813), de Parme, qui avait déjà été regravé par la fonderie italienne Nebiolo en 1901 et par l'ATF en 1911, mais dont les gravures les plus admirées sont probablement celles que réalisa, à partir du milieu des années 1920, Giovanni Mardersteig (1892-1977) pour son imprimerie privée, l'Officina Bodoni. Le Fournier (1925) naquit de l'intérêt de Stanley Morison pour le romain maigre de l'imprimeur français du XVIIIᵉ siècle Pierre Simon Fournier.

Dans le dernier numéro, l'éditeur Stanley Morison (1889-1967) énonçait les principes sur lesquels reposait la tradition, sujet d'étude de la revue. Ses *Premiers Principes de la typographie* concernaient avant tout la conception de livres, mais il en profitait pour exprimer son opinion sur les innovations dans d'autres secteurs. Dans la postface, il s'attaquait directement à ceux qui ne souhaitaient pas appliquer ses règles :

« Les apôtres de la "civilisation industrielle" feront bien de s'adresser à leurs disciples dans un caractère classique et de réserver les caractères bâtons aux pages de titre, voire aux titres courants. Pour le reste, à part les expérimentations délibérées, nous dépendons tous, que cela nous plaise ou non, des lois optiques et des coutumes nationales. »

En un sens, les objectifs de Morison rejoignaient la recherche du Bauhaus : des formes typographiques simples et non décoratives dans lesquelles chaque élément a son importance pour la communication. Néanmoins, les moyens de mettre en œuvre ces principes étaient bien différents :

« Il ne conviendrait pas qu'un imprimeur s'avise de dire : "Moi, je suis un artiste et personne n'a à me dire ce que je dois faire. Je veux créer mon propre alphabet. " Car dans son modeste métier, aucun imprimeur n'est un artiste en ce sens-là. De même, il n'est plus question à présent, comme il le fut pendant quelque temps dans les tout débuts du métier, de faire adopter par la société des caractères fortement marqués d'une empreinte personnelle parce qu'une société littérairement évoluée constitue une masse

Bembo *24pt*

ABCDEFGHIJKLMNOPQRSTUVWXYZ
abcdefghijklmnopqrstuvwxyz

Baskerville *24pt*

ABCDEFGHIJKLMNOPQRSTUVWXYZ
abcdefghijklmnopqrstuvwxyz

Fournier *24pt*

ABCDEFGHIJKLMNOPQRSTUVWXYZ
abcdefghijklmnopqrstuvwxyz

Bodoni *24pt*

ABCDEFGHIJKLMNOPQRSTUVWXYZ
abcdefghijklmnopqrstuvwxyz

beaucoup plus considérable et par conséquent beaucoup plus lente à changer. Aussi un bon dessinateur de caractères se rend-il compte que, pour être réussie, une nouvelle fonte doit être telle que fort peu de gens distingueront ce qu'elle apporte de neuf. »

Les écrits de Morison apportaient une importante contribution aux usages du métier traditionnel et aux superbes publications qu'avait permis le renouveau des imprimeries privées. Pour les jeunes compositeurs-typographes des ateliers d'imprimerie, ou pour les étudiants des cours du soir, cet essai constitua un repère important. Morison adressait son texte aux amateurs, même si en le publiant dans The Fleuron il touchait un public d'élite (avec un très petit tirage de 1000 exemplaires sur vélin anglais et 210 sur vélin fabriqué à la main). En 1936, le texte fut

cependant réimprimé pour des éditions anglaises, américaines et hollandaises ; après la guerre, il fut traduit en plusieurs langues et réimprimé plusieurs fois.

Lorsqu'on parcourt l'index du Fleuron, on remarque qu'aucune place n'est accordée aux artistes du Bauhaus ni à d'autres modernistes. Les Anglais Edward Johnston et Eric Gill (1882-1940) sont néanmoins présents, avec un long article sur Gill dans le dernier numéro. Le Gill Sans, premier caractère que dessina Eric Gill pour Monotype, devint rapidement très populaire. Il avait la simplicité et les lignes géométriques que préconisait la Nouvelle typographie tout en conservant une certaine vivacité qui porte l'empreinte de son créateur et donne de la fluidité au texte en lecture continue. Au départ, on le considérait surtout comme un caractère de titrage (Gill s'était inspiré pour son dessin d'une enseigne

Broadway *24pt*

ABCDEFGHI
JKLMNOPQ
RSTUVWXYZ
abcdefghij
klmnopqrst
uvwxyz

de librairie qu'il avait peinte) et il était à de nombreux égards une variante commercialisée de la linéale que Johnston avait dessinée pour le métro londonien (Gill avait collaboré avec Johnston sur cette création). Il fut pourtant utilisé plus largement en raison de sa diffusion commerciale et de ses caractéristiques, qui le différencient légèrement du caractère de Johnston : la courbure imperceptiblement concave du R, les diagonales à mi-hauteur du M, qui évitent l'ombre optique que l'on note dans certains M gras, et l'abandon d'une graisse uniforme des traits pour les bas de casse.

On qualifie souvent d'« Art déco » certains documents de l'entre-deux-guerres, très marqués par une typographie ou une calligraphie particulière, notamment les élégantes annonces publicitaires des affiches et des magazines. Ce style Art déco naquit à Paris en 1925 lors de l'Exposition

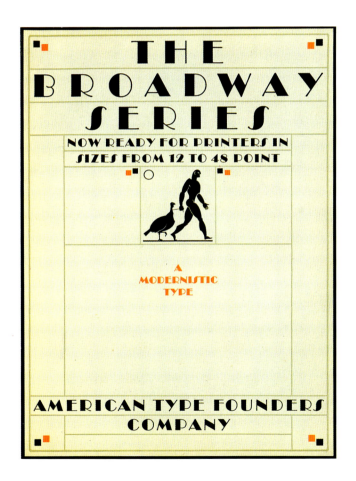

Page ci-contre : Page de une du *New Yorker* en 1925, après l'adoption d'une nouvelle maquette utilisant l'Irvin – dont le style avait été harmonisé à celui du logo – comme caractère de titre (il n'a d'ailleurs pratiquement pas changé depuis). En 1991, Gert Wiescher dessina le FF New Yorker Type, un alphabet complet qui, avec ses angles légèrement décalés et ses pleins et déliés, est typique du style Art déco. La référence à cette période est immédiate avec le Broadway, illustré page ci-contre et sur cette page avec le spécimen d'origine. Dessiné par Morris Fuller Benton pour l'American Type Founders en 1929, ce caractère associe les traits de deux familles : les normandes et les linéales. Depuis sa création, on l'a vu sur des milliers de publicités de restaurants et de bars. **p.61**

internationale des Arts décoratifs et industriels modernes, qui préconisait le retour à l'artisanat dans la décoration moderne. En réalité, le label Art déco s'appliqua à de nombreux domaines de la création artistique, de l'architecture à la publicité. Le mouvement prit des orientations différentes selon les pays ; très présent à l'origine en France, il perdura jusque dans les années 1930 aux États-Unis, subissant l'influence du jazz avant de prendre un aspect plus stylisé. Les graphistes qui travaillaient dans cette veine mêlaient les théories cubistes et postcubistes, la tradition illustrative de l'Art nouveau et l'évolution du langage publicitaire que provoqua le Plakatstil. A.M. Cassandre (pseudonyme d'Adolphe Jean-Marie Mouron, 1901-1968) fut le plus remarquable des affichistes de cette période. Ses œuvres épuraient le langage des images et des formes typographiques puis les intégraient dans une perspective inspirée des artistes cubistes et modernistes. De cette démarche naquit son premier caractère, le Bifur, semi-abstrait et très stylisé, qui fut fabriqué en 1929 par Deberny & Peignot. Selon lui, il était « dessiné pour la publicité […] pour un mot, un seul mot, un mot sur une affiche ». Ce n'était pas un caractère décoratif, disait-il, mais une tentative de retrouver les caractéristiques essentielles des lettres : « Si le Bifur intrigue tant, ce n'est pas parce que je l'ai habillé de façon excentrique, mais parce qu'au milieu d'une foule habillée, il est nu. » Dans le spécimen, Cassandre montrait différentes façons de l'utiliser, par exemple en colorant la partie ombrée de la lettre.

Le style Art déco se propagea rapidement dans la publicité. Les petites annonces dans la presse périodique de

A.M. Cassandre appliqua les thèses des premiers modernistes dans ses travaux commerciaux, qui sont devenus parmi les documents graphiques les plus recherchés de tous les temps (des droits deux fois plus élevés ont été payés pour ces images). Son talent d'affichiste associant images et textes pour créer une œuvre picturale forte fit beaucoup d'émules.
À gauche : Cette affiche pour les chemins de fer français, datant de 1927, est caractéristique de la démarche de Cassandre : elle associe des éléments schématiques, des teintes dégradées et des astuces visuelles (ici, les noms des villes inscrits sur les voies de chemin de fer, et le parallèle entre le train et la vitesse du télégraphe). Les lettrages originaux utilisés par Cassandre dans ses affiches furent parfois à l'origine de caractère « extrêmes », dont le premier fut le Bifur, qu'il dessina pour la fonderie Deberny & Peignot en 1929 (et dont on voit le spécimen page ci-contre). Il ne conserva dans ce caractère que les éléments les plus distinctifs des lettres en suggérant le reste par des lignes ombrées.

la fin des années 1920 et des années 1930 étaient souvent composées dans des caractères Art déco fantaisie, aujourd'hui abandonnés. Le Broadway, dessiné par Morris Benton et mis sur le marché par l'American Type Founders et Monotype à la fin des années 1920, fut très utilisé à l'époque. Les contrastes très marqués entre les pleins et les déliés, accentués dans une version champlevée, ne permettent pas un usage fréquent mais le rendent d'autant plus emblématique du style Art déco.

Parmi tous les lettrages et les mises en pages Art déco intéressants sur le plan typographique, tout ne fut pas transformé en caractères de fonderie ni formalisé en des règles claires, comme celles énoncées par Tschichold ou Morison. Néanmoins, une revue influente, publiée à Paris, fut liée à l'Art déco : *Mise en page*, de A. Tolmer. Elle proposait

des modèles aux graphistes publicitaires et aux imprimeurs. Du fait de ses applications pratiques sur le plan commercial, elle rencontra plus de succès que les prises de position théoriques – pourtant plus étayées – de Tschichold ou des graphistes du Bauhaus. Elle insistait sur le besoin de clarté et d'audace dans l'exécution, qui donnait un impact maximum à l'annonce publicitaire. En cela, elle proposait une synthèse de la nouvelle typographie et de l'ancienne. En une décennie, les thèses artistiques d'avant-garde, si elles n'avaient pas gagné toute la production graphique, étaient néanmoins largement pratiquées et débattues.

CREAZIONI
TIPOGRAFICHE
DEPERO

1927

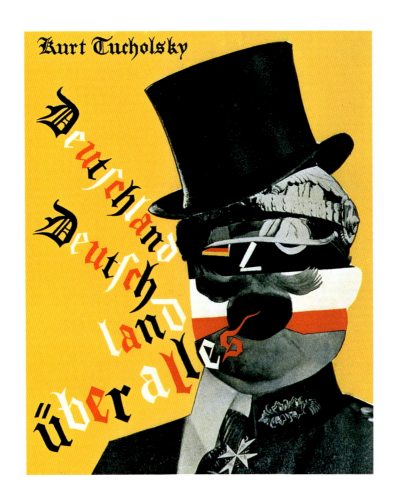

Page ci-contre : Dessin
d'une carte de visite (1927)
de Fortunato Depero (1892-
1960). Si l'anarchisme explosif
du futurisme italien s'estompa
au cours des années 1920,
Depero appliqua ses principes
novateurs dans des travaux
commerciaux, comme en
témoigne sa campagne
publicitaire pour Campari.
À gauche : Couverture de livre
conçue par John Heartfield
en 1929. Ce pionnier du
photomontage intégrait parfois
dans ses œuvres des éléments
typographiques comme il l'aurait
fait avec des photographies :
découpages, juxtapositions
ou emploi en décalage avec
le contexte habituel pour mettre
en valeur le sens. Ici, les
caractères gothiques sont plus
ou moins alignés, mais ils ont
été délibérément choisis pour
leur référence au nationalisme
allemand ; certains sont
particulièrement mis en valeur
et rentrent dans l'image,
comme le s final.

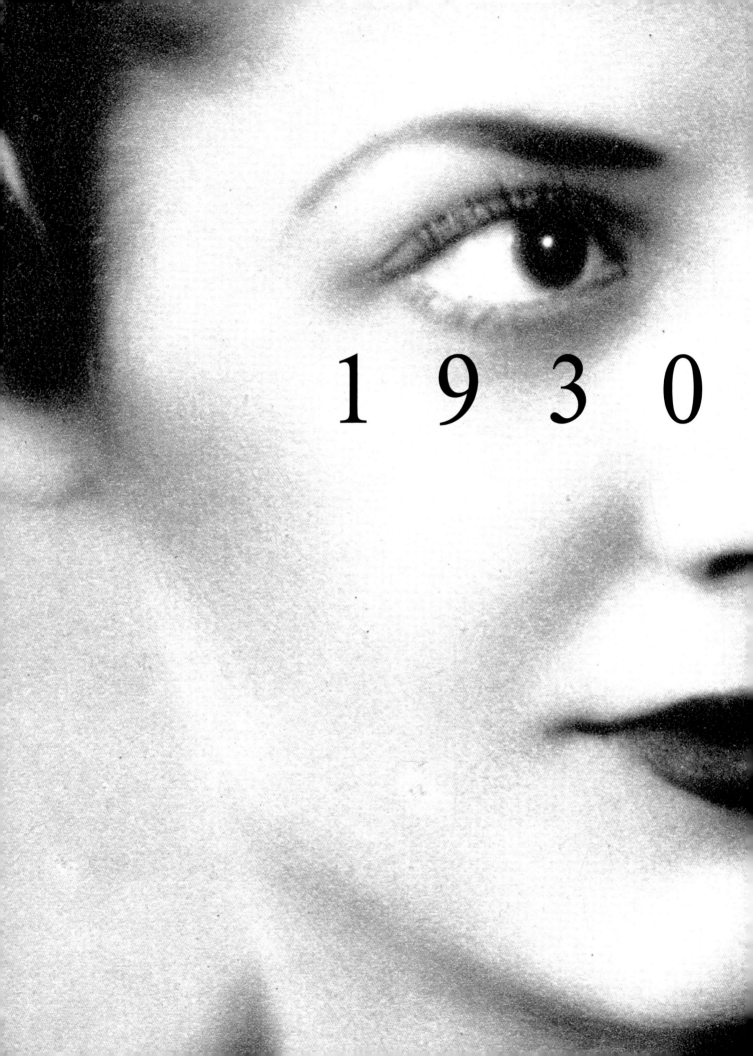

1 9 3 0

TIMES

Au cours de cette décennie, qui débuta avec la Grande Dépression et prit fin avec le déclenchement de la Seconde Guerre mondiale, les communications internationales et les voyages connurent un développement significatif. La représentation du temps et de l'action des hommes – que ce soit par le biais de l'imprimerie, du cinéma ou de la radiodiffusion – se propagea de plus en plus vite et de plus en plus loin. Par la nature même du marché mondial et des énormes forces en jeu pour contrôler l'offre et la demande, il était prévisible que l'effondrement des marchés financiers eût des répercussions considérables et généralisées. L'internationalisation des communications et de la culture représentait à la fois une menace de déstabilisation pour le pouvoir politique, si elle restait incontrôlée, et la possibilité d'une manipulation des groupes humains par la propagande de masse.

Ces questions majeures ne furent pas sans effet sur l'évolution de la typographie, et notamment sur l'itinéraire professionnel de Jan Tschichold, qui fut le principal défenseur de la Nouvelle typographie avant de renoncer à ses convictions. Entre 1926 et 1933, il enseigna et travailla comme graphiste à Munich, en même temps qu'il écrivait et publiait le célèbre *Die Neue Typographie*. En 1933, il fut arrêté et privé de son emploi, les autorités nazies considérant qu'il diffusait le *Kulturbolschevismus* (« bolchévisme culturel »). Les mesures dont il fut victime faisaient partie d'une politique de répression qui visait toutes les expressions du modernisme et qui entraîna la fermeture du Bauhaus l'interdiction des expositions d'art « dégénéré » et plus tard la destruction des œuvres d'art moderne. Tschichold quitta l'Allemagne pour la Suisse, où il enseigna, travailla et écrivit *Typographische Gestaltung*, qui fut publié en 1935. S'il défendait encore pour une bonne part les idéaux présentés dans son premier ouvrage, il n'en donnait pas moins à une appréciation appuyée de la beauté de la typographie classique. La page de titre de ce livre, qui comporte le nom de l'auteur en italiques ornées, le titre en mécanes à empattements rectangulaires et le nom de l'imprimeur en Bodoni gras, dans une composition équilibrée d'éléments symétriques et asymétriques, témoigne du changement d'orientation de Tschichold. Le texte courant est également composé en Bodoni, avec des titres en mécanes.

Lors d'un séminaire du Type Directors' Club en 1959, Tschichold déclara que *Typographische Gestaltung* était « plus prudent » que son livre précédent :

« [...] J'ai découvert avec stupéfaction des parallèles très choquants entre les principes de *Die Neue Typographie* d'une part et le national-socialisme et le fascisme d'autre part. Ces similitudes évidentes sont par exemple la limitation très stricte des caractères, que l'on peut rapprocher de l'odieux *Gleichschaltung* (''alignement politique'') de Goebbels, et l'ordonnancement plus ou moins militaire des lignes. Étant donné que je ne voulais pas me sentir coupable de propager les idées mêmes qui m'avaient obligé à quitter l'Allemagne, j'ai réfléchi à nouveau au rôle du typographe. Quels sont les bons caractères et les plus utilisables ? En conseillant les compositeurs d'une grande imprimerie de Bâle, j'ai beaucoup appris à ce sujet. La bonne typographie doit être parfaitement lisible et, en tant que telle, le résultat d'une préparation intelligente. Les caractères classiques, tels que le Garamond,

le Janson, le Baskerville et le Bell sont sans aucun doute les plus lisibles. Les caractères bâtons conviennent dans certains cas pour mettre un texte en valeur, mais ils sont utilisés de façon abusive. [1] »

Le climat qui régnait en Allemagne dans les années 1930 modifia la vie de Tschichold, mais aussi celle de tous les créateurs dont les convictions différaient de celles des nazis. La vague d'actions répressives qui s'amplifia alors en Allemagne, puis plus tard en Autriche, aux Pays-Bas et en France, eut un effet décisif sur la propagation des thèses avancées par le groupe d'artistes et de graphistes du Bauhaus, dont beaucoup furent contraints à l'exil, principalement en Grande-Bretagne et aux États-Unis.

Dans la patrie d'adoption de Tschichold, la Suisse, on vit apparaître dans les années 1930 les premiers signes d'une conception de la typographie (le « style suisse ») qui allait influencer toute la génération des graphistes d'après-guerre et que l'on baptisa plus tard le « style international ». À partir de l'enseignement d'Ernst Keller (1891-1968) et d'Alfred Williman à l'École des arts appliqués de Zurich après la Première Guerre mondiale, ce « nouvel ordre » modulaire – qui s'exprima dans les travaux du groupe De Stijl et des constructivistes – connut un développement pratique. L'élaboration d'une structure souple mais néanmoins présente des mises en pages compléta le mouvement vers la simplification et le dépouillement de la forme typographique, exprimé aussi par l'incitation à employer les nouvelles linéales. Théo Ballmer, ancien élève de l'école de Zurich, avait étudié au Bauhaus. Dès la fin des années 1920, il utilisait une grille visible, sur laquelle s'appuyait et s'ordonnait la typographie, et qui préfigurait l'une des principales caractéristiques de l'école suisse des années 1950 et 1960. Le processus de conception consistant à construire une grille puis à l'appliquer pour hiérarchiser les informations constitua un apport décisif à la stucturation du travail du graphiste-typographe. Ballmer préparait le terrain pour l'avenir. Le principe de la grille n'était bien entendu en aucun cas une nouveauté : il sous-tendait déjà la mise en page du premier livre imprimé avec des caractères mobiles – la Bible « à 42 lignes » de Gutenberg, de 1452 –, mais il fut réaffirmé comme la base sur laquelle devait s'organiser la typographie.

Max Bill (1908-1994) était aussi un ancien étudiant suisse du Bauhaus. Il associait une certaine sévérité dans le choix des caractères – avec une prédilection pour l'Akzidenz Grotesk – et une démarche personnelle qui aboutit à des affiches presque entièrement typographiques, et ne comportant que quelques mots. Dans une certaine mesure, il respectait la tradition prônée dans les années 1920 par les artistes allemands du Plakatstil, à laquelle il ajoutait sont point de vue emprunté aux théories du Bauhaus. Un autre grand graphiste suisse, Herbert Matter (1907-1984), dans ses affiches pour la firme de vêtements NKZ puis pour l'Office de tourisme helvétique, s'inspira des mouvements artistiques de l'époque et prit en compte l'évolution de l'art typographique. Tous les éléments de l'image formaient un ensemble parfaitement intégré. Parfois, il n'y avait pas de ligne de texte distincte mais les éléments typographiques s'inséraient dans la photo.

Matter fut l'un des nombreux graphistes qui émigrèrent aux États-Unis lorsqu'il devint difficile de travailler en Europe. Mais ce furent les créateurs liés au Bauhaus qui subirent les

À gauche : Couverture d'un prospectus de *Deutschland Ausstellung* conçu par Herbert Bayer en 1936. Lorsque l'école du Bauhaus fut fermée par les nazis, en 1933, un grand nombre des graphistes modernistes s'enfuirent d'Allemagne et firent connaître leurs nouvelles théories. Avant de partir s'installer aux États-Unis à la fin des années 1930 (il participa en 1938 à l'organisation d'une célèbre exposition sur le Bauhaus au Museum of Modern Art), Bayer se compromit en réalisant ce document de promotion pour une exposition sur la culture allemande organisée par les nazis. Il a utilisé ici le caractère qui porte son nom, une didone étroitisée inspirée du Bodoni.
Ci-dessus : Le Fette Fraktur, gothique du XIXᵉ siècle, était couramment utilisé dans les années 1930 et considéré comme typiquement allemand. Le Führer le rejeta en 1941 car il trahissait selon lui une origine juive et ne pouvait donc être employé pour imposer son message à l'échelle mondiale.

DOCUMENTOS DE ACTIVIDAD CONTEMPORANEA

AC 2

PUBLICACIÓN DEL G. A. T. E. P. A. C.

SUMARIO: Exposición permanente que el G. A. T. E. P. A. C. ha inaugurado en Barcelona. • Viviendas de alquiler en Barcelona. • Arquitectura del pasado
Urbanización del Madrid futuro. • Ventanas "Standard" de madera. • Aeropuerto de Barajas. • Jardines. • Fotografía y cine. • Exposición de la temática
revolucionaria y soviética en las artes. • Crítica. • Ensanche de Ceuta. • Noticias. • Bibliografía. • Rapport de Le Corbusier en el congreso de Bruselas.

À gauche : Deuxième numéro de *AC-2*. Ce périodique barcelonais éphémère se situait dans la mouvance de l'architecture moderniste et prônait l'usage d'une nouvelle typographie, avec un format carré, une grille de mise en page très présente et l'utilisation d'un seul caractère, le Futura. Ci-dessous : Document de promotion pour l'Independent, caractère très stylisé, dessiné par G. Collette et J. Dufour en 1930 pour la Amsterdam Type Foundry : la fantaisie du style Art déco poussée à l'extrême, jusqu'à l'abstraction des formes de lettres.

plus fortes pressions pour quitter l'Allemagne : Gropius, Moholy-Nagy, Bayer et Van der Rohe durent s'exiler aux États-Unis. D'autres Européens n'appartenant pas au Bauhaus partirent également travailler outre-Atlantique, et notamment Mehemed Fehmy Agha (1898-1978), qui devint directeur artistique de *Vogue* à New York de 1929 à 1942, et Alexeï Brodovitch (1898-1971), qui dirigea le studio de création de *Harper's Bazaar* de 1934 à 1958. En dépit de la crise financière et d'une conjoncture économique difficile, ces deux graphistes rénovèrent et renforcèrent considérablement l'image prestigieuse de ces deux magazines de mode. Ils usèrent de leur position de force pour propager les idées nouvelles et faire évoluer la relation entre la typographie et l'image. Tous deux avaient travaillé à Paris, connaissaient l'œuvre des créateurs du Bauhaus et les célèbres affiches

parisiennes. Ils ne dessinaient pas des caractères et ne suivaient pas de règles strictes de typographie, mais ils contribuèrent à faire naître le concept du « directeur artistique » supervisant la mise en pages, les photographies et les illustrations sans les réaliser lui-même. Ils remirent en question les maquettes traditionnelles des revues en agrandissant la taille des photographies et des blancs et en cherchant à représenter le contenu par le biais d'une expression typographique.

Le fabricant italien d'équipements de bureau Olivetti accordait une place très importante au *design*, qui englobait également la communication graphique. Sa « typographie d'entreprise » était combinée avec des principes de *design* industriel et d'exposition dans les créations de Giovanni Pintori, Xanti Schawinsky et Nivola, graphistes qui travaillèrent

Couverture par Attilio Rossi de la revue *Campo Grafico*, qui parut à partir de 1937. Ce graphiste italien participa à la création de ce magazine d'architecture moderne avant-gardiste et à la propagation du graphisme moderniste à Buenos Aires où il s'exila en 1935, désespéré par la politique italienne.

pour le studio de développement et de publicité d'Olivetti ouvert en 1931. Un dépliant, conçu en 1934 par Schawinsky (ancien étudiant du Bauhaus) pour la promotion des machines à écrire auprès des médecins, explorait la relation entre le potentiel de la typographie, la nature du texte dactylographié et la façon dont les mots sont créés (pour une part, par l'imagination). Il contenait du texte superposé à des titres ou composé en habillage le long d'une courbe, des contrastes marqués entre les éléments photographiques et typographiques, des lignes de texte servant de repères de lecture, etc. Dans un autre document promotionnel pour Olivetti, la remise en question radicale par Schawinsky des principes typographiques se manifesta par l'absence de typographie, à l'exception du logo, dans une image représentant simplement une femme, les mains posées sur

une petite machine à écrire. La marque du produit (le nom Olivetti apparaissait nettement en deux endroits) suffisait à faire passer le message publicitaire. La cohérence de l'image venait du fait que la couleur de la machine était identique à celle du rouge à lèvres de la femme. Schawinsky fut aussi l'un des nombreux graphistes qui travaillèrent avec Antonio Boggeri (1900-1990). Celui-ci fonda en 1933 le Studio Boggeri, qui devint un important centre de création graphique en Italie grâce à ses contacts avec des enseignants et des étudiants du Bauhaus.

Les fonderies réagirent à la demande de généralisation du « style Bauhaus » en mettant au point de nombreux caractères bâtons ou à empattements rectangulaires, souvent – mais pas exclusivement – dérivés du Futura : l'Erbar, autre linéale géométrique lancée dans les années 1920, ainsi que

Bayer-type *38pt*

abcdef ghijklm noρqrst uvwxyz

City *21pt*

ABCDEFGHIJKLMNOPQRSTUVWXYZ
abcdefghijklmnopqrstuvwxyz

Page ci-contre : Le Peignot, contribution très originale à la recherche de l'alphabet universel, fut dessiné par Cassandre pour Deberny & Peignot à Paris en 1937. D'abord proposé en trois graisses différentes, ce caractère bâton abandonnait les bas de casse (mis à part le b, le d et le f) au profit d'un nouveau genre de minuscules, qui étaient des capitales auxquelles on ajoutait des jambages inférieurs et supérieurs. Cassandre estimait être revenu à une forme de dessin plus pure, où les lettres exprimaient « l'essence » de l'alphabet romain. Pour lui, le Peignot était un caractère de texte, mais il fut déçu par l'accueil modéré qu'il reçut.
À gauche : Le Bayer-Type fut dessiné en 1931 par Herbert Bayer. Ce dessin d'un caractère universel expérimental fut numérisé par The Foundry dans les années 1990. Le mono-alphabet Modern semble avoir influencé le Bayer-Type, plus conventionnel, que lança Berthold en 1935 (voir la brochure conçue par Bayer illustrée page 61).
Ci-dessous à gauche : Le City, dessiné par George Trump en 1930, était une stylisation de la passion des modernistes pour la géométrie. C'était surtout une nouvelle interprétation des anciennes mécanes, à l'instar du Memphis et du Rockwell.

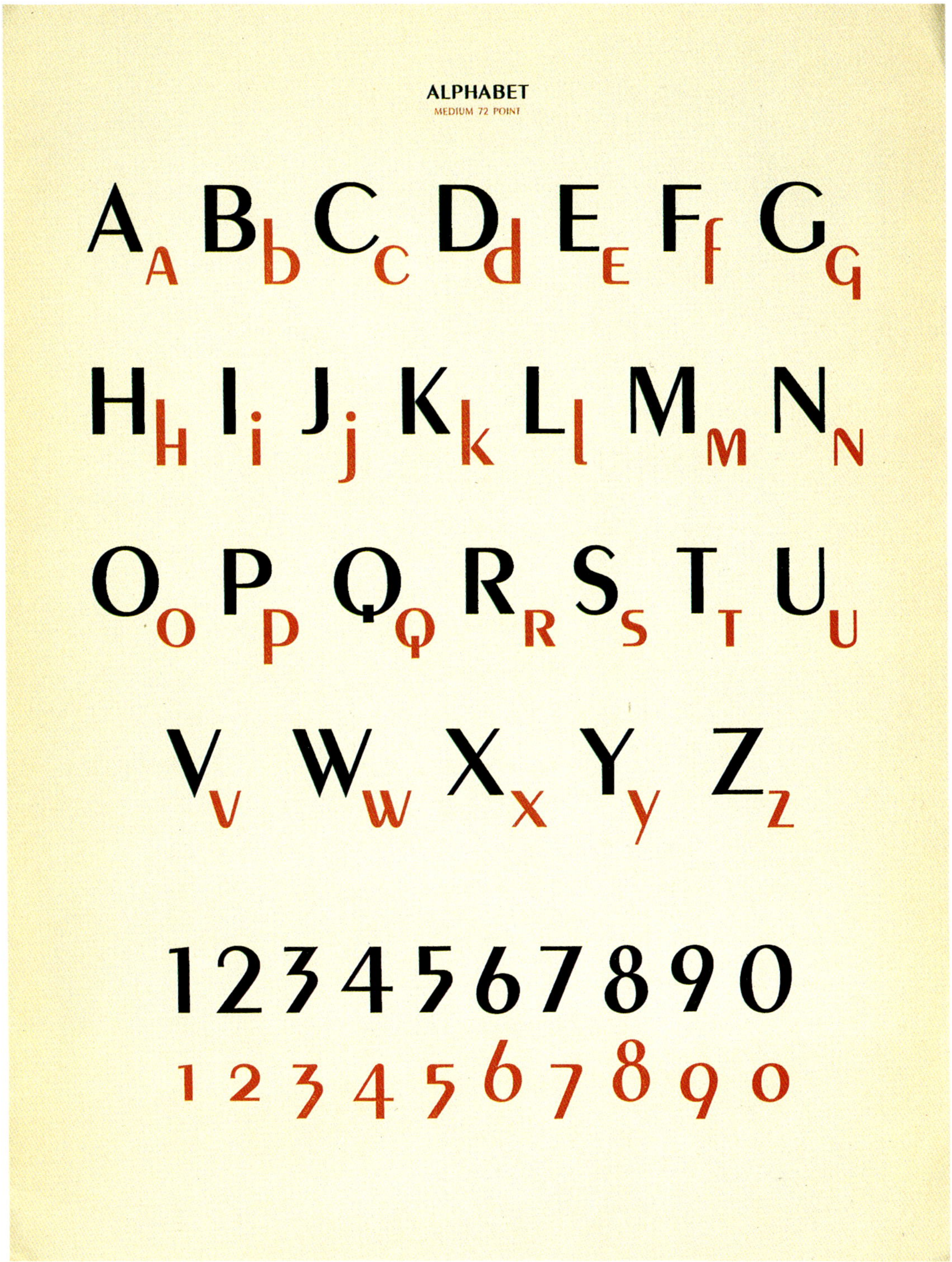

A A B b C c D d E E F f G g

H H I i J j K k L l M M N N

O O P P Q Q R R S S T T U U

V V W W X X Y Y Z Z

1 2 3 4 5 6 7 8 9 0

1 2 3 4 5 6 7 8 9 0

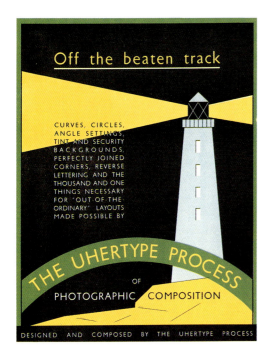

le Kabel de Rudolf Koch, avaient aussi leurs adeptes. D'éminents dessinateurs de caractères apportèrent également leur contribution aux catalogues des fonderies à cette époque : Herbert Bayer (Bayer Type), Lucian Bernhard (Bernhard Gothic), William A. Dwiggins (Metro), Frederic Goudy (Goudy Sans) et R. Hunter Middleton (Stellar), entre autres. On assista ensuite à un retour aux empattements rectangulaires ; on ajouta des empattements au Futura pour renouveler le style des mécanes traditionnelles : les caractères Memphis, City, Beton, Cairo, Karnak, Rockwell (une réinterprétation), Pharao et Scarab furent ainsi proposés par les principaux fournisseurs (qui possédaient aussi une plus grande force de vente, ce qui influa sur les goûts). La gravure de ces caractères fut l'une des réponses des fonderies à la demande croissante des typographes

Libra *21pt*

aBcDefGhIJ
klmnopqRs
tuvwxyz

LIBRA-meDIUM

aBcDefGhIJ

klmnopqRs

tuvwxyz &

æ œ ch ıj ß $ £

1 2 3 4 5 6 7 8 9 0

LIBRA A NEW TYPEFACE
PRESENTED BY THE AMSTERDAM TYPEFOUNDRY

IN RECENT YEARS IT HAS BECOME EVIDENT THAT THE FUNDAMENTAL DIFFERENCES IN FORM BETWEEN CAPITALS AND LOWER CASE LETTERS DOES NOT GIVE GENERAL SATISFACTION · TYPOGRAPHERS, IN AN ENDEAVOUR TO ACHIEVE FRESHNESS AND BETTER BALANCE IN GENERAL WORK HAVE MADE MANY INTERESTING EXPERIMENTS · FOR EXAMPLE THE ATTEMPT TO SUGGEST HARMONY IN TYPE BY USING LOWER CASE EXCLUSIVELY HAS AROUSED MUCH CONTROVERSY · THE DEVICE OF USING CAPITALS ALONE IS FAMILIAR BUT IT IS USUALLY CONSIDERED TO FAIL FROM THE STANDPOINT OF LEGIBILITY, AS WELL AS HARMONY. IT WILL BE AGREED THAT THE LOWER CASE USED EXCLUSIVELY, LACKS DISTINCTION · IN CREATING LIBRA THE GUIDING PRINCIPLE HAS BEEN TO SECURE THE BALANCE PREVIOUSLY UNATTAINABLE.
THIS NEW TYPE IS BASED ON THE SAME FORMS THOSE OF AS THE SO-CALLED 'UNCIALS' WHICH WERE USED IN THE EARLY MIDDLE-AGES. 'LIBRA', WHICH MEANS BALANCE, IS AN EPOCH-MAKING TYPEFACE WHICH GIVES USERS EXTENSIVE SCOPE FOR THE DEVELOPMENT OF MODERN TYPOGRAPHIC STYLES · THE HANDWRITTEN FORM IS ONE OF ITS FURTHER CHARACTERISTICS WHICH LENDS TO 'LIBRA' A VIVACITY AND CHARM OF ITS OWN.
IN PRESENTING OUR 'LIBRA' WE FEEL CONFIDENT THAT IT WILL MEET WITH THE APPROVAL OF PRINTERS AND GENERAL PUBLIC ALIKE.

AMSTERDAM TYPEFOUNDRY
AMSTERDAM-HOLLAND

Page ci-contre, en haut :
Dépliant publicitaire pour le procédé de photocomposition Uhertype, 1939. Edmund Uher, l'un des pionniers de cette technique, testa des méthodes manuelles et à clavier. En 1935, il demanda à plusieurs personnes, dont Jan Tschichold, de dessiner de nouveaux caractères pour sa nouvelle technologie, mais ils ont disparu.
Ci-contre, au centre et en bas : Le Libra, caractère inhabituel dessiné par S.H. de Roos pour la Amsterdam Type Foundry en 1938, s'inspire des scriptes onciales aux formes arrondies qui ornaient les manuscrits du Moyen Âge. Ce type de lettres a jusqu'à présent peu inspiré les dessinateurs de caractères.
Ci-dessus : Plats de couverture du livre de S.I. Kirsanov *Slovo prédostavliaestsia Kirsanovou* (*La parole est à Kirsanov*), conçu par Solomon Telingater en 1930 à Moscou. Mêlant les références au constructivisme et au dadaïsme, Telingater explore ici la diagonale, le photomontage et des juxtapositions volontairement lourdes de polices, de graisses et de corps différents.
À gauche : Affiche d'une exposition d'art à Zurich, de Max Ernst, 1934. Le caractère ornementé et ombré utilisé pour le titre, le motif répété des mains et les teintes de l'impression en sérigraphie provoquent une lecture au second degré de l'art vernaculaire à l'intérieur d'une composition simple.

publicitaires, dont les clients devenaient plus exigeants pour leur communication graphique.

L'un des caractères bâtons les plus originaux fut le Peignot, dessiné pour la fonderie Deberny & Peignot par Cassandre. Ce dernier remettait en question l'existence d'un alphabet différent pour les capitales et les minuscules et abandonnait la plupart des bas de casse, qu'il considérait comme des formes altérées. Il conserva cependant les jambages inférieurs et supérieurs, pour répondre aux attentes des lecteurs, et le contraste entre pleins et déliés pour respecter la notion de netteté des caractères. Pour lui le Peignot n'était pas un caractère décoratif, mais un alphabet plus pur que ceux que la tradition nous avait légués. L'idée d'alphabet unique ne fut pourtant pas exploitée jusqu'au bout car des capitales et des bas de casse furent gravées.

La mode et le spectaculaire n'étaient pas les seuls mots d'ordre de cette période. Dans le dessin de caractères d'édition en particulier, une volonté de réinterprétation des caractères traditionnels se fit jour ; ainsi en créa-t-on qui réunissaient les meilleurs aspects de la tradition et de la modernité. Stanley Morison fut embauché comme conseiller typographique par le quotidien anglais *The Times* après qu'il eut exprimé (dans ses colonnes) son mécontentement quant à la composition du journal – alors que le niveau de qualité de ce dernier était relativement élevé à cet égard. Selon lui, d'une part le caractère utilisé était inadapté, et d'autre part la discipline typographique se relâchait dangeureusement. Sur ses conseils, il fut décidé de choisir un caractère différent, mais déjà existant. Des essais furent effectués avec certaines réinterprétations récemment commercialisées par Monotype

Caledonia *48pt*

Ci-dessus : Le Caledonia, dessiné en 1939-1941 par William Addison Dwiggins pour Linotype, était une nouvelle version du romain Scotch, du XIXᵉ siècle. Ce caractère robuste et lisible fut très vite largement utilisé dans l'édition. Son seul concurrent sérieux était le Times New Roman (page ci-contre), qui avait été par Stanley Morison et Victor Lardent à partir du Plantin, un caractère du XVIᵉ siècle. Il était apparu en 1932 dans le quotidien londonien *The Times* et devint le plus lu au milieu du XXᵉ siècle en raison de l'étendue de l'Empire britannique. Morison, comme Dwiggins, cherchait à créer un caractère lisible et « transparent ».

A B C D E F G H I
J K L M N O P Q
R S T U V W X Y Z
a b c d e f g h i j k l m n
o p q r s t u v w x y z

A B C D E F G H I
J K L M N O P Q
R S T U V W X Y Z
a b c d e f g h i j k l m n
o p q r s t u v w x y z

et de nouveaux caractères, tels le Plantin, le Baskerville et le Perpetua (dernier en date dessiné par Gill). Les défauts de ces caractères une fois imprimés sur le papier journal amenèrent Morison à convaincre la direction d'en faire graver un nouveau. Il fut décidé qu'on partirait du Plantin, dont le principal avantage était qu'il était plus étroitisé et chassait moins que le Baskerville et le Perpetua.

Ce nouveau caractère, le Times New Roman, est une libre réinterprétation de celui qu'avait créé l'imprimeur flamand Christophe Plantin au XVIᵉ siècle, mais il comporte également de nombreux traits typiques des dessins du XXᵉ siècle. Morison souhaitait améliorer les caractères de presse pour obtenir une qualité comparable à la qualité moyenne de l'impression de livres et imposer de ce fait les normes du métier artisanal dans le domaine de la fabrication

en série. Que peu de néophytes aient remarqué ses modifications était pour lui un signe de réussite et non d'échec. On raconte que le *Times* ne reçut qu'une seule lettre de réclamation après l'apparition du nouveau caractère dans le numéro du 3 octobre 1932. Dans ses *Premiers Principes de la typographie*, Morison affirmait : « Pour être réussie, une nouvelle fonte doit être si bonne que fort peu de gens distingueront ce qu'elle apporte de neuf. »

En fait, ce caractère n'obtint pas un grand succès auprès des autres quotidiens car leur papier était de moins bonne qualité que celui du *Times* et exigeait par conséquent des caractères aux traits moins contrastés et aux empattements moins fins. En revanche, il fut largement utilisé dans l'édition. L'Américain D.B. Updike, célèbre historien de la typographie et imprimeur, l'employa pour le dernier livre qui sortit de sa

Merrymount Press, *Some Aspects of Printing, Old and New* (*Traditions et nouveautés dans l'imprimerie*) en 1941. C'était un grand honneur pour ce caractère, que Morison présenta plus tard comme étant « par le vice de l'Argent et la misère de la machine [...] sectaire et étroit, mesquin et puritain ».

Conscients de la médiocre qualité des caractères, les propriétaires de journaux américains avaient, dans les années 1920, demandé aux concurrents de Linotype et Intertype d'améliorer ceux que l'on pouvait adapter aux presses typographiques à gros tirage. Le Ionic, gravé en 1925, marqua son époque. Ce caractère passéiste rappelait le Clarendon de la période victorienne par son aspect trapu, un trait presque régulier et un grand œil. Il fut rapidement adopté par des journaux de différents pays. En 1931, Linotype lança l'Excelsior, spécialement mis au point pour éviter l'effet de bouchage des contrepoinçons qui survenait avec les caractères plus étroits. Puis apparurent le Paragon et l'Opticon. Ce dernier possédait des formes de lettres encore plus ouvertes pour les journaux très encrés. Cette série faisait partie du Legibility Group de Linotype, un groupe de caractères nouveaux adaptés aux contraintes de l'impression en série et à coût réduit. L'apogée de cette période créatrice fut le lancement en 1941 du Corona, qui fut très employé dans la presse américaine.

Les premiers systèmes de photocomposition se profilaient à l'horizon. Au cours des années 1930, Edmund Uher déposa des brevets internationaux pour sa machine, qui comportait à la fois un clavier et une méthode manuelle commandant l'exposition sur papier photosensible du caractère placé sur un cylindre de verre. Jan Tschichold conçut les documents

Doubles pages de la revue *Mise en page* (1931) qui était rédigée, conçue et réalisée par l'imprimeur parisien Albert Tolmer. Elle proposait de nouvelles idées de mise en page pour les imprimeurs et les graphistes et cherchait à faire passer les principes du Bauhaus dans les publications commerciales. **p.79**

promotionnels et environ dix caractères pour Uher en 1933, mais aucun dessin ne semble avoir survécu lors du changement de politique ultérieur de la firme. En 1935, Uher publia un catalogue de photocompositions manuelles, conçu par Imre Reiner, qui démontrait la souplesse de ce nouveau procédé pour la typographie moderne.

Le système de photocomposition Uher n'était pas le seul : à New York, Photo-lettering Inc. proposait des caractères de titrage photocomposés avec la composeuse Photo-Letter Rutherford, commercialisée en 1933. Cette machine était proche de l'invention d'Uher : les négatifs des caractères étaient rassemblés sur une plaque de verre, que l'on déplaçait devant une source lumineuse pour exposer les lettres à travers une lentille sur du papier photosensible. Ces machines demandaient à être perfectionnées – leur technique et leur manipulation n'étaient pas au point –, mais les bases d'une nouvelle conception de la typographie par l'utilisation de la photographie étaient posées.

Au cours de cette décennie, l'Occident se mit à observer le monde à travers la caméra, par le biais du cinéma, et à en entendre parler par la radio ; le papier imprimé et la parole n'étaient plus les seuls moyens de communication. La recherche de lettrages expressifs était une préoccupation tout autant pour les graphistes inconnus des génériques des films de Hollywood que pour les grands noms du graphisme moderne évoqués plus haut. Les textes imprimés étaient plus nombreux, mais ils n'occupaient plus une position dominante : dans les années 1930, on vendait deux fois plus de tickets de cinéma que de journaux en Grande-Bretagne (alors que ce pays possède le plus important lectorat de presse quotidienne).

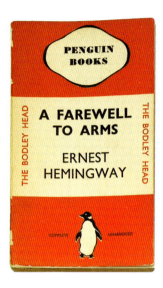 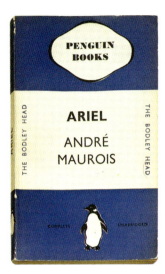 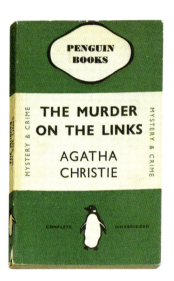

Ci-dessus : Premières couvertures des livres Penguin à partir de 1935. Lorsqu'elle décida de donner une image plus « haut de gamme » à ses collections de poche, cette maison d'édition londonienne voulut y associer un nouveau langage graphique. Le Gill Sans fut choisi pour les couvertures et le Times New Roman pour le texte. L'éditeur Allen Lane et le graphiste Edward Young s'inspirèrent des premiers livres de poche Tauchnitz (à droite) ainsi que de la typographie nette et des codes de couleur des ouvrages des éditions Albatross, installées à Hambourg (à l'extrême droite), dont la maquette était de Hans « Giovanni » Mardersteig, imprimeur et dessinateur de caractères allemand-italien.

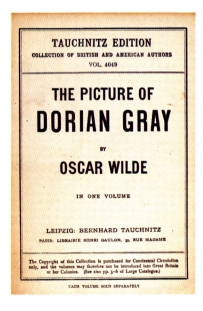 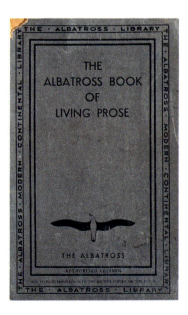

Ci-dessus : Deux déclinaisons
d'une affiche conçue par Herbert
Matter en 1935 pour l'Office
de tourisme helvétique. Par un
simple changement de la plaque
d'impression du rouge, l'affiche
pouvait être imprimée dans
différentes langues sans nuire
à l'intégration de la typographie
dans la composition. On voit là
que les questions de commerce
international peuvent stimuler
l'évolution de la forme :
le succès du style international
est en partie dû au fait qu'il
contribua à créer un graphisme
efficace.
À gauche : Le Motor, dessiné par
K. Sommer pour Ludwig & Mayer
en 1930 (et baptisé Dynamo
dans sa version non ombrée),
est une police « techno ». Elle
célèbre la voiture ; aujourd'hui,
c'est l'ordinateur.

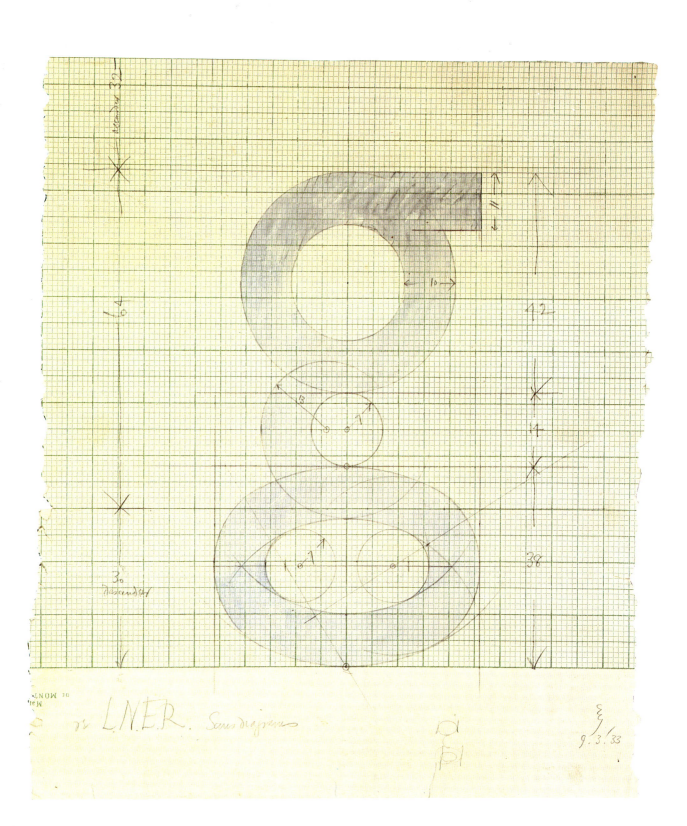

L.N.E.R. *Sans diagramme*

9.3.'33

a b c d e f g h i j k l m n
o p q r s t u v w x y z
A B C D E F G H I
J K L M N O P Q
R S T U V W X Y Z

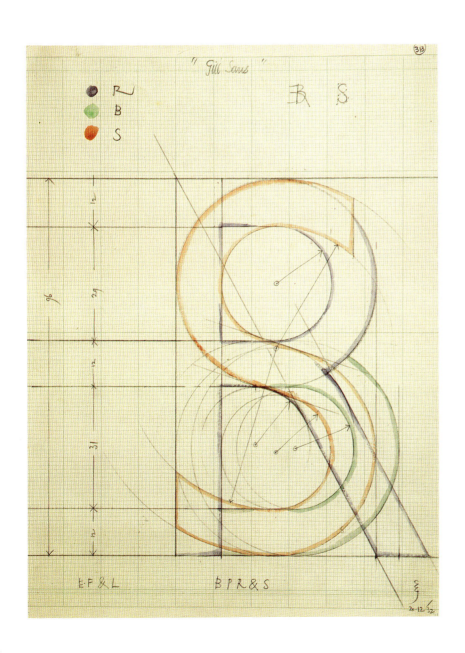

À gauche et page ci-contre : Dessins réalisés par Eric Gill pour la première version de son célèbre caractère bâton destiné à la London & North Eastern Railway. L'un montre le g (1933) et l'autre superpose le B, le R, le P et le S (1932). La compagnie des chemins de fer londoniens adopta le Gill Sans pour toute sa signalétique, ses publicités et ses horaires.

4 0 s

La Seconde Guerre mondiale retarda la progression de nombreuses idées apparues au cours des années 1930. Les sources de financement et les débouchés commerciaux de nouveaux caractères s'évanouirent lorsque toutes les énergies se concentrèrent sur l'effort de guerre. L'esprit de recherche connut le même sort : les premières tentatives de photocomposition durent attendre vingt ans avant de se concrétiser, et les débats esthétiques se figèrent dans des positions arrêtées car il n'y avait plus d'enseignements innovants ni de stimulations commerciales nées d'une demande de nouveauté de la part des consommateurs.

La guerre créa cependant un besoin en documents graphiques, notamment pour la diffusion des informations officielles : les affiches représentaient en effet un puissant outil de propagande. Cette période fut cependant leur « chant du cygne » : de plus en plus menacées par le développement des magazines, de la presse quotidienne et du cinéma, elles devinrent un support de second rang dès que la télévision s'affirma comme le moyen de communication de masse par excellence.

L'intégration des images et de la typographie s'était progressivement étendue à une grande partie des documents commerciaux au cours des années 1930, mais les documents non publicitaires représentaient un défi différent : avec des moyens limités, les graphistes devaient faire passer des messages complexes qui devaient être compris très vite. Certaines des affiches les plus remarquées de cette période furent réalisées par d'éminents graphistes d'avant-guerre qui, pour beaucoup, s'étaient exilés aux États-Unis ou en Grande-Bretagne. Aux États-Unis, de jeunes modernistes américains travaillèrent avec les immigrés européens. Le Service d'information de l'armée américaine commanda des affiches à l'Autrichien Joseph Binder, à l'Italien Leo Lionni ou au Français Jean Carlu. De son côté, la Container Corporation of America fit appel à Bayer, à Matter et à d'autres graphistes expatriés pour une série de publicités originales, dans lesquelles le propos commercial était totalement imbriqué dans des messages de soutien à l'effort de guerre.

Les graphistes venus d'Europe arrivaient avec une méthode de travail qui eut un retentissement immédiat dans leur patrie d'adoption. Une nouvelle typographie accéda au pouvoir au cœur de la principale place commerciale du monde. Les idées jusqu'alors radicales se généralisèrent progressivement. Mais ces graphistes n'imposèrent pas leurs croyances purement et simplement : dans ce nouvel environnement professionnel où le capitalisme régnait sans entrave, ils durent évoluer eux aussi. L'idéalisme des années 1920 se transforma en un credo de communication moderniste au niveau mondial. De la simplicité sans fard du style Bauhaus pur et dur, on passa à une exposition plus subtile des principes de base du modernisme. L'usage des caractères bâtons, une ornementation dépouillée et la représentation d'un message clé donnèrent un nouvel élan à l'expression de la propagande de guerre ou de messages commerciaux.

C'est à New York, centre de l'activité graphique, que l'association des idées nouvelles et du style national put être expérimentée. Les résultats en sont visibles dans les travaux de ce que l'on nomme parfois l'« école new-yorkaise » de graphistes américains, dont les plus célèbres sont Lester

Beall (1903-1969), Paul Rand (1914-1997) et Bradbury Thompson (1911-1995). L'impressionnante carrière de Paul Rand couvre plus de soixante ans ; il fut directeur artistique des revues *Apparel Arts*, *Direction* et *Esquire* à la fin des années 1930, puis consultant pour de grandes entreprises telle IBM, auteur dans les années 1980 avant de se lancer dans d'ardentes polémiques jusqu'à ses derniers jours. Au cours des années 1940, étant devenu directeur artistique de l'agence Weintraub, il s'attacha à améliorer la mise en page des annonces publicitaires. Le principe aujourd'hui établi du tandem créatif directeur artistique/rédacteur est en partie né de sa collaboration avec Bill Bernbach (1911-1972), qui fonda l'agence de publicité Doyla Dane Bernbach. Si le rédacteur avait longtemps été souverain dans la publicité, il devint de plus en plus évident qu'une véritable fusion des idées du rédacteur et du directeur artistique permettait de donner à la typographie et à l'image une démarche plus expressive afin de les faire « contenir » le message au lieu de simplement l'énoncer.

En 1946, Rand précisa ses principes dans un ouvrage qui fit date, *Thoughts on Design*. Ce livre démontrait que le graphisme américain avait atteint une maturité ; il n'était plus condamné à n'être que le fruit des influences européennes. Tout au long de sa carrière, Rand associa des concepts visuels largement inspirés des beaux-arts tout en reconnaissant le besoin d'une approche presque scientifique de la question de la lisibilité des caractères. Dans cet ouvrage, il donnait un certain nombre de conseils pratiques de bon sens tout en affirmant avec exaltation que la communication typographique et visuelle devait « intégrer le beau et l'utile ».

La période la plus féconde de la longue carrière de Bradbury Thompson dans le domaine de la typographie pure se situe entre 1939 et 1961, lorsqu'il travailla comme graphiste et éditeur de la revue publicitaire *Westvaco Inspirations*. Ses mises en pages audacieuses, qui exploraient les possibilités des techniques d'impression, de la typographie et de l'image, étaient plus qu'un divertissement : elles visaient à une parfaite adéquation de la forme au sujet. Il assura également la conception graphique du magazine *Mademoiselle* de 1945 à 1959, fut directeur artistique de *Art News* pendant vingt-sept ans et, plus tard, mit en pages de nombreux beaux livres. Son travail le plus provocateur restera probablement son « mono-alphabet », publié en 1946. À l'instar de Bayer, Thompson préconisait de n'utiliser que des bas de casse. Il travailla à partir du Futura et élabora une série de principes, par exemple de commencer les phrases par un point ou d'utiliser une graisse plus importante en remplacement des capitales. En 1950, il approfondit cette idée d'alphabet simplifié, qu'il baptisa Alphabet 26. À la place des quarante-cinq caractères que l'on trouve habituellement dans les alphabets de capitales et de bas de casse, il sélectionna les vingt-six qu'il considérait comme distinctifs de chaque lettre. Il ne créa pas un nouveau caractère ; il préféra travailler à partir du Baskerville pour montrer que son projet n'était pas d'innover de façon radicale mais de se concentrer sur ce qui constitue l'essence de la forme des lettres.

Le rationnement du papier, l'appel sous les drapeaux et la suppression des matériaux d'imprimerie et de graphisme limitèrent l'activité des graphistes européens. Néanmoins,

A B C D E F G
H I J K L M N
O P Q R S T U
V W X Y Z

Ci-dessus : Dessiné par R. Hunter Middleton à la fin des années 1930, le Stencil, inspiré des lettres-pochoir typiquement nord-américaines, allait prouver son utilité au cours des six années de guerre. Ces caractères sont emblématiques des années 1940 en ce qu'ils évoquent le matériel militaire et associent un outil industriel et une technique manuelle. Avec le conflit mondial, la fabrication de caractères d'imprimerie devint un luxe tant au niveau de la main-d'œuvre que des matériaux.

À droite : Pour cette couverture de l'ouvrage *Mechanized Mules of Victory* (1942), qui présentait la production de véhicules militaires de l'Autocar Company, le graphiste Paul Rand se servit de véritables pochoirs. Le texte des pages intérieures était composé en caractères de machine à écrire, sans marges. Outre les images fortement décadrées et d'austères contrastes de formes, l'aspect fonctionnel était renforcé par une reliure en spirale, qui impliquait que le livre était plus un manuel pratique qu'une brochure promotionnelle.

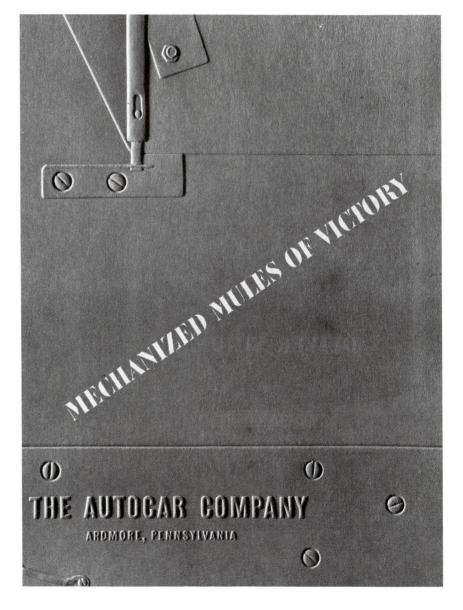

comme aux États-Unis, l'affiche servit de support à des créations intéressantes : en Grande-Bretagne par exemple, le graphisme moderne fut officialisé lorsque le ministère de l'Information commanda des affiches à Tom Eckersley, Abram Games et F.H.K. Henrion. Leurs travaux évoquent différents mouvements artistiques, qui vont du cubisme au surréalisme, mais sur le plan typographique une nouvelle veine apparaît ; à l'image de leurs homologues américains, les graphistes anglais employèrent délibérément un lettrage inspiré des formes vernaculaires : ils s'amusèrent à reprendre les lettres-pochoir ou le style des affiches de théâtre de l'époque victorienne, ainsi que des linéales plus anciennes.

Pour Jan Tschichold, cependant, on ne peut parler d'intégration du nouveau à l'ancien car il avait évolué en passant brutalement de l'un à l'autre. Pendant la guerre, il réalisa une série de couvertures de livres pour l'éditeur Birkhauser et entreprit des recherches sur la typographie et la calligraphie, dont on peut voir les résultats dans ses ouvrages et ses articles. Son travail pour Birkhauser préfigure en quelque sorte ce qu'il fit chez Penguin : en 1946, il fut engagé pour définir l'image graphique de cet éditeur de livres de poche en pleine expansion.

Pour évaluer l'impact de son travail, il suffit de comparer les ouvrages publiés avant et après son arrivée : de nouveaux caractères, un nouvel espacement et même un nouvel emblème. Les couvertures centrées, avec beaucoup de blanc, presque austères, ne cherchent pas à mettre en avant la créativité du graphiste mais réaffirment de nombreuses valeurs du graphisme éditorial classique. Outre le lien avec ses travaux pour Birkhäuser, on peut y voir aussi une référence

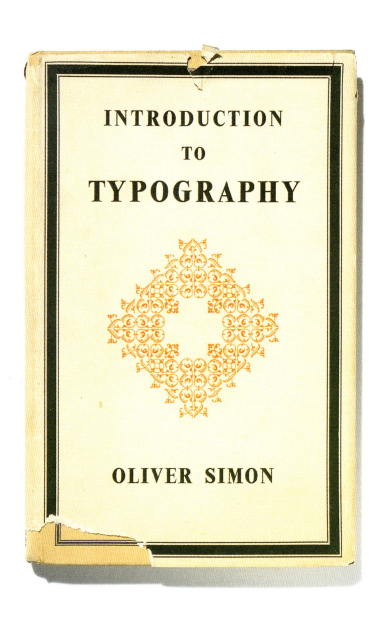

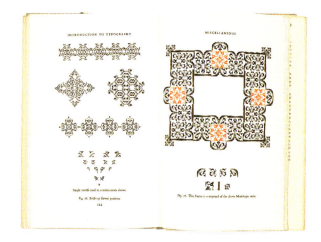

À gauche : L'*Introduction to Typography* (*Introduction à la typographie*) d'Oliver Simon, publiée en 1946, était un petit volume de 138 pages de format A5. Cette bible fixait les règles d'une pratique typographique de qualité pour les imprimeries de labeur. Ci-dessous, une double page présentant le bon usage des « fleurs » d'imprimeurs : on était bien loin de la pensée moderniste.

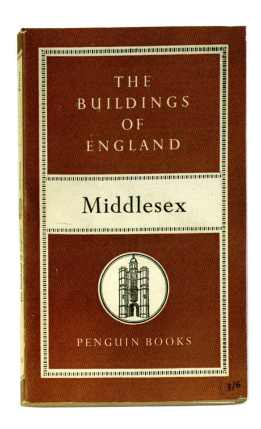

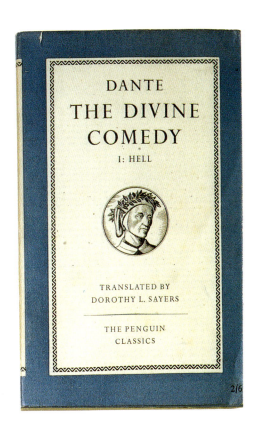

Ci-dessus : Parmi les nombreux caractères qu'Aldo Novarese (1920-1997) dessina pour la fonderie Nebiolo à Turin, l'un des premiers fut l'Etruria Vetulonia. Il tient son nom de l'Étrurie, berceau de la civilisation étrusque – la plus ancienne d'Italie – que Mussolini avait choisi comme référence de son nationalisme virulent.
À droite : Les travaux que réalisa Jan Tschichold pour Penguin à partir de 1946 témoignent de sa rupture avec la Nouvelle typographie des années 1920 et de son retour aux valeurs classiques traditionnelles. Il en fit la pierre angulaire de l'image de marque de la maison d'édition, contrôlant de près l'image des différentes séries (ici les collections d'architecture et de textes classiques) et faisant apparaître les valeurs communes.

aux travaux du typographe et imprimeur Giovanni Mardersteig (1892-1977) pour les livres Albatross dans les années 1930. Comme lui, Tschichold pensait que pour que la typographie des livres imprimés en grande quantité soit efficace, il était important de fixer des règles de communication, de graphisme et de fabrication qui fussent rigoureusement appliquées. Il mit donc au point des « règles de composition », les Penguin Composition Rules, pour s'assurer que tous les imprimeurs et compositeurs qui travailleraient sur des ouvrages Penguin en auraient connaissance et s'y conformeraient. Chose tout à fait nouvelle chez cet éditeur, il fit réaliser des gabarits pour chaque collection. Il ne fixa pas des règles immuables pour le choix des caractères – chaque livre étant traité au cas par cas –, mais définit le graphisme des jaquettes de chacune des collections. En revanche, les

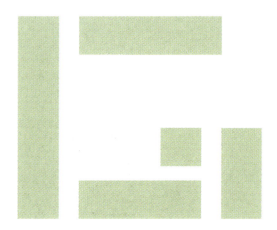

Van der Leck *24pt*

ABCDE
FGHIJK
LMNOP
QRSTU
VWXYZ

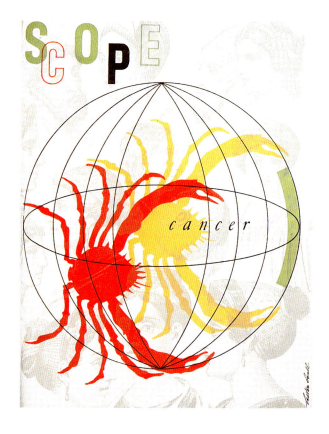

couvertures, les pages de titre et les textes courants étaient individualisés et possédaient leur propre cohérence. Les mots d'ordre étaient : netteté, clarté et élégance. Tschichold travailla sur plus de cinq cents livres avant de rentrer en Suisse en 1949 ; après son départ, son successeur, Hans Schmoller, continua d'appliquer ses règles.

Le rejet qu'avait fait Tschichold de ses idéaux de jeunesse et son retour à la tradition lui valurent un conflit avec le graphiste helvétique Max Bill. En 1946, à la suite du compte-rendu d'une conférence que Tschichold avait donnée, Bill adressa une « lettre ouverte » où il qualifiait de « rebattus » et de « réactionnaires » les arguments de Tschichold. Ces critiques poussèrent ce dernier à réagir en une longue réponse expliquant sa position de la modernité et du classicisme et montrant que, s'ils devaient être employés,

les termes « rebattus » et « réactionnaires » convenaient mieux aux arguments de son contradicteur[1]. Tschichold considérait les caractères et les mises en pages traditionnels comme représentatifs d'un processus organique et riche, compris et apprécié par le plus grand nombre et contrastant avec les règles mystérieuses et absolues de la typographie moderniste. Il condamnait la vénération pour la mécanisation, qui à ses yeux était un concept déshumanisant et profondément dénué d'intérêt. Il critiquait en outre l'omniprésence des linéales ; selon lui, elles étaient parfaitement appropriées pour certains titrages mais pas pour le texte. Il faisait l'éloge du dépouillement fonctionnel (l'élimination des éléments superflus, comme la multiplicité de caractères et corps différents) prôné par la Nouvelle typographie et reconnaissait qu'elle avait joué un rôle dans la

Bill *24pt*

abcdefghijklmnop
qrstuvwwxyz

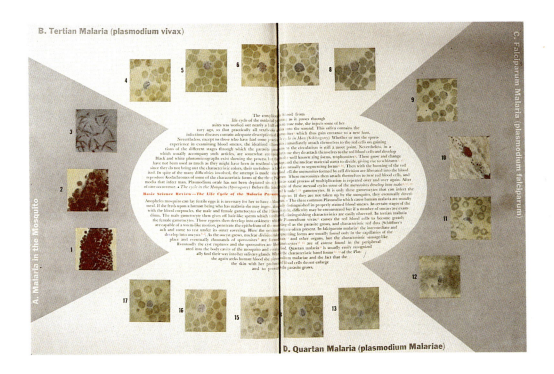

Malgré l'interruption dans la création de typographie nouvelle et la réaction brutale contre les avancées modernistes d'avant-guerre, les lettrages expérimentaux se poursuivirent au cours des années 1940 dans certains secteurs. Page ci-contre à gauche : Lettres réalisées par le peintre Bart Van der Leck pour l'édition en 1941 d'un conte de Hans Andersen, qui reflètent l'influence du mouvement De Stijl. Ci-dessus : Dans ces lettres que Max Bill dessina pour un stand d'exposition, en 1941, la géométrie rencontrait la calligraphie. Ces deux caractères ont été numérisés en polices Architypes dans les années 1990 par The Foundry à Londres. Page ci-contre et à gauche : Couverture du magazine *Scope* (mars 1948) et double page présentant le cycle de vie du moustique vecteur du paludisme (juin 1944), conçues par Lester Beall pour la Upjohn Corporation aux États-Unis. L'emploi par Beall d'un éventail très réduit de caractères, tant dans la taille que dans la forme, est animé par un usage magistral des couleurs et des demi-teintes ; on voit apparaître une prise de conscience nouvelle de l'apport de la couleur dans la mise en valeur du texte.

prise de conscience de la structure de la page. Non sans ironie, il faisait remarquer que lui-même avait fixé de nombreuses règles de la Nouvelle typographie, auxquelles Bill et d'autres obéissaient, et qu'il ne les avait pas rejetées dans son évolution apparemment « réactionnaire ».

Pour faire le lien avec l'autre grande tendance de l'évolution typographique, Tschichold reconnaissait avoir une dette envers Stanley Morison et ses collègues de Monotype pour la remise à jour de nombreux caractères classiques, entreprise qui « avait provoqué dans le monde entier une rénovation typographique aussi importante que le dépouillement de la Nouvelle typographie l'avait été pour l'Allemagne ». En 1946, un court ouvrage, *Introduction to Typography*, définissait les principes de cette renaissance. Il était l'œuvre d'Oliver Simon, qui avait œuvré pour que Penguin fît appel à Tschichold et avait édité

dans les années 1920, avant Morison, les quatre premiers numéros de *The Fleuron*. Il avait également dirigé dans les années 1930 un autre magazine consacré à la typographie, *Signature*, tout en travaillant comme directeur et typographe chez l'imprimeur Curwen Press. Dans cet ouvrage, il énonçait les principes d'un bon usage de la typographie dans l'édition, qu'admiraient Tschichold et Morison et que les bons imprimeurs maîtrisaient parfaitement. Écrit à l'intention des jeunes imprimeurs, éditeurs et professionnels qui allaient être impliqués dans l'expansion rapide de l'impression d'après-guerre, le livre fut plusieurs fois réimprimé. C'est en quelque sorte un nouveau plaidoyer en faveur de l'orthodoxie face aux principes des modernistes. Il n'y était fait mention ni de la Nouvelle typographie ni des graphistes qui la pratiquaient. Le conflit mondial avait pris fin, mais le graphisme était encore en guerre.

Trade Gothic *24pt*

ABCDEFGHIJKLMNOPQRSTUVWXYZ
abcdefghijklmnopqrstuvwxyz

Page ci-contre : Dans cette affiche annonçant une course automobile à Monza, en Italie, la déformation des mots permet de suggérer à la fois la profondeur et la vitesse. Le rouge, le vert et le blanc reprennent les couleurs du drapeau italien ; les flèches rouges, vertes et bleues symbolisent les voitures ; les caractères sont en vert et bleu. L'association surprenante d'un nombre réduit d'éléments figuratifs et abstraits fait de cette affiche de Max Huber – qui expose les nouvelles « façons de voir » dans un contexte commercial réel – un chef-d'œuvre du graphisme du milieu du siècle.

À gauche : Le Trade Gothic, dessiné par Jackson Burke, fut lancé pour la première fois par Linotype en 1948 et complété au cours des ans afin de proposer une famille de variantes. Il s'agit d'un caractère utilitaire qui ajoutait des altérations d'inspiration moderniste à une linéale simple du XIXe siècle.

55

« Étant donné le grand nombre de beaux caractères anciens, que nous avons encore plaisir à imprimer, on peut se demander pourquoi l'on dessine de nouveaux caractères. Notre époque, pourtant, assigne au dessinateur des tâches différentes de celles du passé. Un nouveau caractère doit, outre les impératifs d'esthétique et de lisibilité, être adapté aux contraintes techniques actuelles : les presses à grand tirage et les rotatives ont remplacé la presse manuelle, et le papier mécanique a supplanté les feuilles fabriquées à la main. De même que les musiciens et les artistes cherchent une nouvelle façon d'exprimer notre époque, qu'ils relient à un riche passé, le travail des dessinateurs et des fondeurs de caractères reste attaché à la grande tradition de l'alphabet. »

Ainsi s'exprimait, en 1954, le dessinateur de caractères Hermann Zapf (né en 1918) dans son ouvrage *Manuale Typographicum*, où il présentait une série de citations sur les caractères et des exercices typographiques. Il signalait l'inévitable besoin de changement provoqué par un public, des technologies et des moyens de communication nouveaux. Les années 1950 furent les dernières où prédomina sans rivale la composition chaude dans la communication graphique. Dès la fin de la décennie, la photocomposition avait dépassé le stade expérimental et laissait présager des mutations radicales dans le processus de création des caractères.

C'est également à cette période que se développa un véritable public de cinéma et surtout de télévision. L'utilisation des caractères et du lettrage, libérée des contraintes de la composition au métal, fut confrontée à de nouveaux défis. L'intégration de la typographie et des images, qui apparut dans les génériques des films des années 1950, n'était qu'un rêve pour Moholy-Nagy trente ans plus tôt. Le graphiste et réalisateur Saul Bass (1920-1996), dans des films tels *L'Homme au bras d'or*, *La Rue chaude*, *Psychose* et *Sueurs froides*, réussit une parfaite imbrication du texte et des images dans des séquences qui, à elles seules, créaient une atmosphère et suggéraient une histoire. Mais si la vision créatrice était en harmonie avec l'époque, le processus de fabrication des caractères dépendait encore de matériaux et de techniques fondés sur des connaissances du XIXe siècle. Le lettrage des génériques et autres images d'écran était plus facile à réaliser à la main qu'avec la composition chaude ou manuelle, avec laquelle on obtenait une épreuve qu'il fallait ensuite transférer sur le film.

Si de nombreux graphistes apportèrent leur contribution, tels Hermann Zapf et Roger Excoffon (1910-1983) [voir illustration page ci-contre], qui tous deux explorèrent et associèrent tradition, calligraphie et modernité et dessinèrent des caractères remarqués, cette période restera par l'émergence de l'école qui allait dominer le graphisme dans le monde entier : le style suisse (ou style international). L'activité des graphistes de ce groupe – fondée sur des théories qui étayent encore une bonne part de la formation et des pratiques actuelles, malgré des années de réaction à leur démarche – eut un immense impact. On considère généralement que ce style international repose sur la création d'une grille de mise en page tous usages, une prédilection pour les caractères bâtons et l'asymétrie. Il est proche du travail de Theo Ballmer (voir page 56) à la fin des années 1920, mais il s'agit aussi d'une ramification et d'une reprise

des principes du Bauhaus et de Tschichold à ses débuts. Il est également lié à la réduction de la forme à des pavés rectangulaires et à des lignes que pratiquaient les artistes du groupe De Stijl. Enfin, on estime qu'Ernst Keller, enseignant extérieur au Bauhaus, exerça sur ce style une influence décisive. Il enseigna à la Kunstgewerbeschule (École des arts appliqués) de Zurich entre 1918 et 1956. Ballmer fut l'un de ses premiers élèves. Plus tard, Adrian Frutiger et Edouard Hoffman (qui créèrent respectivement les caractères majeurs de cette décennie, l'Univers et l'Helvetica) bénéficièrent de son enseignement, fondé sur les principes de clarté et de simplicité, de sobriété des styles et d'approche serrée. Ces principes étaient le moyen de parvenir à une communication claire, dégagée de l'héritage de la tradition et du fouillis d'associations inutiles.

Les mises en pages de Ballmer et de Max Bill dans les années 1930 étaient des signes précurseurs de cette démarche. En quadrillant la page ou l'affiche, on obtenait différents modules qui permettaient d'articuler clairement la proportion, l'équilibre et la perspective des divers éléments. En 1950, Bill commença à enseigner à la Hochschule für Gestaltung d'Ulm en Allemagne. Le programme éducatif qu'il mit au point réunissait les leçons qu'il avait apprises au Bauhaus et l'apprentissage du style suisse avec sa tentative d'une formulation plus universelle de la typographie. On peut rapprocher sa recherche d'une logique mathématique rigoureuse du graphisme avec la démarche d'Emil Ruder (1914-1970), qui enseignait à Bâle environ à la même époque et incitait ses étudiants à simplifier leur pensée pour une prise en compte de la valeur des blancs et des rythmes formels en relation avec le texte. Ruder insistait sur le fait que le blanc était un élément graphique aussi important que les zones imprimées et préconisait un choix très limité de caractères, de graisses et de styles. Il admettait cependant le besoin de nouveauté et de qualités dynamiques dans une mise en page, ce qui toutefois ne devait pas servir d'excuse à des particularismes de style non fondés. Contrairement à d'autres théoriciens suisses, il n'était pas opposé à la composition justifiée et la considérait peut-être préférable à la composition au fer à gauche en drapeau, car elle équilibre le pavé de texte et l'empêche de devenir une masse dense et uniforme.

Le graphiste suisse Josef Müller-Brockmann (1914-1996) maîtrisait particulièrement les éléments visuels, comme en témoignent les affiches et les livres qu'il réalisa, qui exprimaient avec éclat les principes minimalistes du style international. Il était plus strict que Ruder et Bill sur l'établissement de règles. Il croyait en la notion d'un « graphisme objectif », libéré de la subjectivité et des manies stylistiques du graphiste et qui permettait une communication purement fonctionnelle. Il s'opposait à la combinaison de plusieurs familles de caractères et même à l'emploi de différentes formes d'une même famille à l'intérieur d'un projet graphique. Il recommandait également d'éviter les corps différents et de conserver des pavés de texte aussi compacts que possible. L'interlignage ne devait isoler aucune ligne et les espaces entre les mots devaient être uniformes. Il préférait les caractères bâtons qui, d'après lui, évitaient l'aspect « décoratif » du contraste entre les graisses et de « l'ornement » de l'empattement, et considérait qu'ils convenaient aussi bien que les romains pour la plupart des lectures continues.

Document de promotion réalisé
par Roger Excoffon (1910-1983)
pour son caractère Choc, lancé
par la fonderie Olive en 1953.
Dans la série de caractères
« joyeux » et bien conçus qu'il
dessina, celui-ci réussissait
à conserver l'impression de la
main levée du calligraphe tout
en respectant les contraintes
des caractères en métal.
Ces scriptes à trait épais
« à la brosse », dessinées
à l'origine pour la publicité,
devinrent rapidement populaires.
Elles apportaient une qualité
d'expression nouvelle répondant
au désir de rompre avec
la morosité et les principes
utilitaires du passé récent.   **p.97**

Optima *18pt*

ABCDEFGHIJKLMNOPQRSTUVWXYZ
abcdefghijklmnopqrstuvwxyz

Melior *18pt*

ABCDEFGHIJKLMNOPQRSTUVWXYZ
abcdefghijklmnopqrstuvwxyz

En haut à gauche : Deux caractères de Hermann Zapf, l'Optima (1958) et le Melior (1952). Le Melior était un caractère de texte dont le dessin basé sur le rectangle fut créé pour résister à l'impression des quotidiens. L'Optima, caractère innovant, était à la frontière entre le caractère à empattement et le caractère bâton, ce qui donna cette linéale inclinée. Zapf sut combiner des formes géométriques modernes avec les caractères vénitiens qu'il admirait afin d'obtenir une forme de lettre à la fois très lisible et radicalement nouvelle.

À gauche : Cette couverture de *Rassegna Grafica*, 1955, de Franco Grignani (né en 1908) montre l'impact que la manipulation photographique commençait à avoir sur la typographie, même avant l'avènement de la photo-composition.

À l'extrême gauche : La nouvelle typographie fut beaucoup utilisée pour la mise au point de « signes graphiques » mémorables, dans le domaine tout nouveau de l'image de marque. Les chartes graphiques étaient un élément essentiel des programmes d'image institutionnelle. Dans son étude pour IBM, en 1956, Paul Rand travailla à partir des initiales à empattements rectangulaires existantes, et son idée de génie consista à « remplir » de rayures les lettres constituant le logo, ce qui lui donnait plus d'harmonie et le rendait plus original.

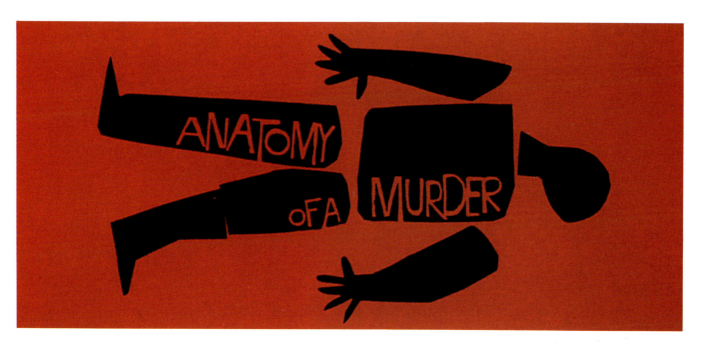

Ci-dessus : Saul Bass (1920-1996) fut l'un des premiers graphistes à considérer les génériques et les affiches de films comme le support d'un graphisme évocateur ; ses idées fonctionnaient aussi bien pour le cinéma que pour l'impression. L'influence de ses travaux des années 1950 et du début des années 1960 se fait encore sentir aujourd'hui : celui qui est illustré ci-dessus a inspiré au moins deux campagnes publicitaires récentes. Bass associait la typographie, la calligraphie, l'illustration et la photographie, jouant avec la flexibilité du film et la réutilisant dans l'imagerie imprimée.

À gauche : Le Banco, conçu par Roger Excoffon en 1951, est dessiné à la main, mais il fait aussi penser à des formes découpées et posées sur le plan de travail. Presque toutes ses polices étaient destinées aux titrages et furent commercialisées par la fonderie Olive. En tant que graphiste, Excoffon profita de ses travaux dans la publicité pour exécuter des caractères de titrage plus « exubérants » (entre autres pour Air France).

Ces points de vue furent d'abord exprimés en Suisse avant de se diffuser dans le monde entier, par le biais de certains graphistes reconnus en Europe et aux États-Unis, mais aussi grâce à leur collaboration à la revue *Neue Grafik* lancée en 1959. Éditée par Müller-Brockmann, Richard Lohse, Hans Neuberg et Carlo Vivarelli, elle était publiée en allemand, en anglais et en français, et faisait appel à l'élite de la typographie suisse pour illustrer ces principes graphiques.

La préférence marquée des typographes suisses pour les linéales était un héritage de l'influence du Bauhaus qui, à la fin des années 1920 et dans les années 1930, avait conduit toutes les grandes fonderies à produire rapidement des copies du Futura. Dans les années 1950, le Futura et ses copies étaient fréquemment choisis par les graphistes publicitaires. Les études menées à l'époque sur l'utilisation des caractères et les changements de mode typographique dans la publicité montraient que si en 1929 le Cheltenham, le Goudy et des linéales non spécifiées étaient les plus populaires en Grande-Bretagne, en 1953 l'ordre avait été bouleversé et les linéales modernes étaient devenues les préférées, suivies par les nouvelles versions de linéales anciennes et le Plantin de Monotype. Aux États-Unis, le Garamond, le Caslon et le Bodoni constituaient le trio de tête en 1929, mais en 1952 ils avaient été remplacés par le Bodoni, le Century et le Futura[1].

C'est dans ce contexte que furent créés l'Helvetica et l'Univers, deux caractères emblématiques du graphisme du XXe siècle. Ils ne pouvaient ni l'un ni l'autre passer pour des caractères anciens, mais ils n'étaient pas non plus originaux au point de ne pouvoir être adoptés très vite : tous deux

Ci-dessus : Le logo en forme d'œil de CBS, dessiné par Robert Golden en 1951 se révéla un outil efficace aussi bien à la télévision que sur les textes imprimés, grâce à l'astuce qui plaçait le C du logo à l'emplacement de la pupille.
À gauche : L'alphabet 26, de Bradbury Thompson, n° 180 de *Westvaco Inspirations* en 1950. Thompson choisit de fusionner les « meilleures » capitales et bas de casse du Baskerville pour ne conserver qu'une seule forme par lettre. Les capitales étaient dans un corps supérieur.
Page ci-contre : Affiche-catalogue d'une exposition conçue par Marcel Duchamp, 1953. Contrairement aux œuvres dadaïstes, cette affiche est très rationnelle ; annonce publicitaire elle contient la liste des œuvres exposées et quatre articles sur l'exposition.

DA

DADA

1916 1923
sidney janis
15 east 57
new york
april 15
to may 9
1953

DADA vs. ART

The attitude of Dada toward art is impregnated with that equivocal spirit of which Dada cultivated the ambiguity more or less wilfully, and if the irrefutable, imperative tone used by Dada to impose its dynamism, it is in this very contradiction that one finds the richness of Dada's own nature.

Dada tried to destroy, not so much art, as the idea one had of art, breaking down its rigid borders, lowering its imaginary heights — subjecting them to a dependence on man, to his power — humbling art, significantly making it take its place and subordinating its value to pure movement which is also the movement of life.

FOR THE LOVE OF DADA

ZURICH
HANNOVER
COLOGNE
AMSTERDAM
OTHER CENTERS
NEW YORK
PARIS
BERLIN

p.101

rencontrèrent un immense succès. Ils furent créés parce que les graphistes appréciaient les linéales mais étaient insatisfaits des linéales géométriques existantes. Ce n'était ni le Futura ni l'un des caractères post-Bauhaus que Max Bill et les typographes suisses préféraient par-dessus tout, mais l'Akzidenz Grotesk de Berthold, créé en 1896 (appelé aussi Standard dans une version copiée). Bien qu'étant un caractère bâton « moderne » et non un bâton « carré » aux traits contrastés des linéales plus anciennes (comme le Franklin Gothic de Benton), l'Akzidenz Grotesk était préféré aux linéales géométriques parce que l'approche des lettres était plus agréable. Il possède un rythme et une originalité qui sont absents dans les caractères géométriques (on note un léger contraste entre les traits, et des boucles à certaines lettres, comme a, j, t et u).

Edouard Hoffman, de la fonderie Haas, conscient du succès de l'Akzidenz Grotesk, demanda à Max Miedinger de l'améliorer et de créer une version qu'il pourrait commercialiser. Ainsi naquit le Neue Haas Grotesk (1951-1953), qui fut plus tard rebaptisé Helvetica lorsqu'il fut vendu à Stempel en 1957, puis à Linotype, et fabriqué dans une famille complète de variantes. Ce caractère n'était pas une expérimentation, un clin d'œil commercial ou un divertissement, ni même la copie du succès de quelqu'un d'autre, mais plutôt une réponse claire à une demande pressante. Il fut rapidement le plus populaire des caractères utilisés dans la publicité, et on le rencontre aussi dans la composition de textes.

L'Univers était moins un produit de marketing qu'une concrétisation des idéaux fonctionnalistes. Il fournissait une famille intégrée qui prenait en compte la demande « de base »

À gauche : *Auch Du bist liberal* (« Toi aussi, tu es un libéral »), affiche de Karl Gerstner, 1956. On voit ici l'expression du style suisse dans son dépouillement le plus strict : une seule image à fond perdu, extrêmement graphique, une phrase brève placée avec assurance entre les points centraux de l'image (l'extrémité du doigt et les yeux) et composée en bas de casse, à l'exception du *Du* dont la capitale sert à attirer l'attention. La suggestion est claire : le sujet de cette œuvre est le lecteur et non l'homme qui pointe le doigt.

À gauche et ci-dessus : Pages de la revue *Neue Grafik*. Publiée entre 1958 et 1966 et dirigée par les graphistes zurichois Josef Müller-Brockmann, Richard Lohse, Hans Neuberg et Carlo Vivarelli, cette revue exposa les principes typographiques du style suisse – qui allait devenir le style international. Imprimée en trois langues sur chaque page, elle affichait également ses ambitions internationales. La mise en page est organisée de façon stricte autour d'une grille, un seul caractère – l'Akzidenz Grotesk – est employé, et uniquement en deux corps (titres et texte courant). La double page ci-dessus présente des affiches de concerts conçues par Müller-Brockmann ; celle de gauche est d'Eduard Müller.

d'un caractère bâton moderne avec un axe légèrement incliné. Il fut proposé dans une palette complète de vingt et une variantes. Adrian Frutiger (né en 1928) le dessina d'abord à titre expérimental avant d'être invité par la fonderie Deberny & Peignot à l'aider à choisir les caractères que l'on pouvait adapter à la photocomposition. L'Univers fut lancé en 1954 par Deberny & Peignot avec une feuille de spécimen originale, qui présentait les différentes graisses et étroitisations dans un ordre logique, avec des numéros de référence en lieu et place des descriptions imprécises telles qu'« extra-gras ». Cette idée ne remporta pas un grand succès – les imprimeurs n'étant pas prêts à changer leurs habitudes –, aussi moderne et logique fût-elle pour un caractère aussi moderne et logique que l'Univers.

L'Univers avait ceci de particulier qu'il fut réalisé en deux versions, l'une pour la composition chaude et l'autre pour la photocomposition. Le plein essor de la demande, la nouvelle étape franchie par le dessin de caractères et le débat conceptuel autour de la typographie s'accompagnèrent de modifications radicales dans les méthodes de fabrication des caractères. Il y avait eu des expériences de photocomposition depuis le début du siècle, mais ce procédé ne devint une réalité que dans les années 1950. Le principe en était l'exposition d'un négatif original des caractères sur du film photographique dans le corps requis. La mise au point, l'alignement, la régularité d'exposition et d'espacement avaient posé des problèmes, qui furent réglés avant qu'une série de machines compétitives fût mise sur le marché. Il existait différentes méthodes de rangement des caractères (disques ou grilles). Encore au stade expérimental au début de la décennie, ces machines avaient trouvé à la fin des années 1950 une véritable application commerciale. En 1959 par

L'Univers, dessiné par Adrian Frutiger pour Deberny & Peignot entre 1954 et 1957. Comme son nom le suggère, il était destiné à devenir un caractère universel. Le tableau et le système de numérotation que Frutiger mit au point (à droite) exposaient le principe des vingt et une variantes et de leurs relations. Il s'agissait d'une conception révolutionnaire des liens entre les familles de caractères. Frutiger proposait d'abandonner les termes tels que « gras », « italique », « étroitisé » ou « large ». Au centre, l'Univers 55 est l'équivalent du caractère standard. Sur l'axe vertical sont présentées les différentes graisses ; l'axe horizontal prend en compte les modifications de perspective. Tous les chiffres se terminant par un chiffre pair sont des italiques.

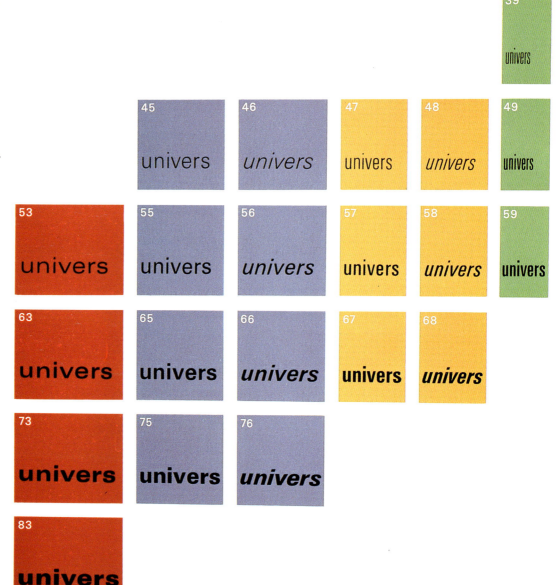

exemple, la revue *National Geographic* installa le premier modèle de fabrication complète Linofilm. La photocomposition promettait d'être une méthode de composition plus rapide, moins salissante, moins coûteuse, et qui évoluerait parallèlement aux progrès de la technologie du film appliquée à l'impression offset. En ce qui concernait la typographie, les avantages apparaissaient moins certains : si la souplesse du positionnement des caractères avait été améliorée (le crénage était plus simple), les problèmes liés à l'agrandissement des caractères à différents corps à partir d'un négatif, en remplacement des gravures pour chaque corps, provoquaient une détérioration de la qualité des lettres.

La composition informatisée en était aussi à ses balbutiements. Elle laissait présager qu'elle permettrait d'économiser le temps passé à la justification des caractères, mais il était évident que le regard et l'intelligence de l'homme n'étaient pas faciles à remplacer : les espaces trop larges entre les mots et les traits d'union mal placés sont des défauts encore répandus et associés à la composition informatisée (particulièrement dans la presse).

Bien moins sophistiqué, mais néanmoins très important, le procédé des lettres par transfert instantané Letraset devint commercialement viable dans les années 1950. La firme Letraset se structura pour exploiter cette nouvelle technique en 1959, lorsqu'elle proposa une méthode de transfert par humectage pour obtenir des caractères prêts à être photographiés. Le transfert « sec » par frottage suivit au début des années 1960. Il contribua de façon essentielle à l'esprit d'ouverture et d'éclectisme qui, dans les années suivantes, allait ébranler l'univers stable et artisanal du graphisme, en mettant l'expérimentation typographique à la portée de quiconque pouvait se procurer une feuille de lettres-transfert.

Univers 55 *24pt*

A B C D E F G H I J K L
M N O P Q R S T U V W X Y Z
a b c d e f g h i j k l m n o p q r s
t u v w x y z

A B C D E F G H I J
K L M N O
P Q R S T U V W X Y Z
Æ Œ Ç Ø Ş $ £
a b c d e f g h i j k l m n
o p q r s t u v w x y z
ch ck æ œ & ß
á à â ä ã å ç é è ê ë
ğ í ì î ï ij ñ
ó ò ô ö õ ø ş ú ù û ü
. , - : ; ! ? ([§ † ' * , " « » / —
1 2 3 4 5 6 7 8 9 0

Haas'sche Schriftgießerei AG. Münchenstein

neue   haas grotesk

halbfett

wohl durchdacht, ausgewogen
diskret und temperiert,
sachlich, weich und flüssig,
mit ihren ausgefeilten,
harmonisch und logisch
aufgebauten Formen
ist die Schrift
für den täglichen Bedarf
der fortschrittlichen Druckerei

FRITZ BÜHLER / WALTER BOSSHARDT

ABCDEFGHIJKLMNOPQRSTUVWXYZ
abcdefghijklmnopqrstuvwxyz

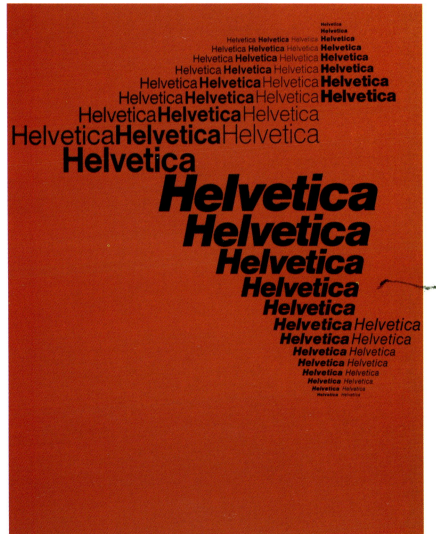

Page ci-contre : Documents promotionnels pour le caractère Neue Haas Grotesk, 1958. Edouard Hoffman, de la fonderie Haas, avait demandé à Max Miedinger, responsable de son studio de dessin, de mettre au point une version modernisée de l'Akzidenz Grotesk, caractère vieux d'un demi-siècle et très employé par les graphistes suisses. Le Neue Haas Grotesk avait un œil plus grand que le caractère dont il s'inspirait, mais il se rapprochait aussi des linéales plus géométriques du xxe siècle. Dessiné par Miedinger et Hoffman entre 1951 et 1953, il fut vendu sous licence à Stempel et Linotype, qui le rebaptisèrent Helvetica (qui signifie « suisse » en latin).

À gauche : Document promotionnel pour l'Helvetica, datant du début des années 1960. L'Helvetica devint rapidement le plus courant des caractères bâtons, grâce à sa gravure moderne et à son nom qui l'associait au graphisme suisse.

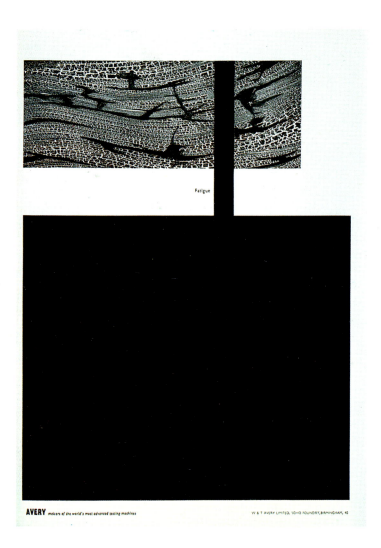

Fatigue

AVERY *makers of the world's most advanced testing machines* W & T AVERY LIMITED, SOHO FOUNDRY, BIRMINGHAM, 40

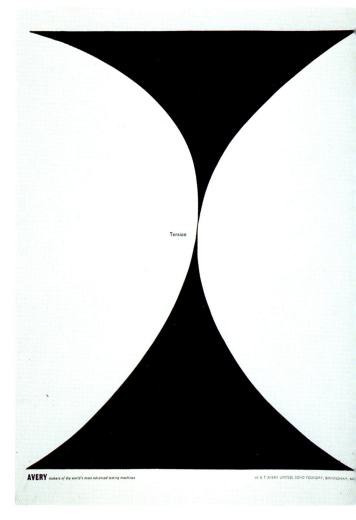

Tension

AVERY *makers of the world's most advanced testing machines* W & T AVERY LIMITED, SOHO FOUNDRY, BIRMINGHAM, 40

Page ci-contre : Au cours des années 1950, le graphisme publicitaire commença à évoluer, en raison de l'augmentation du nombre de documents imprimés et de la publicité concurrentielle, qui rendaient nécessaire une différentiation graphique plus visible entre les marques. Peu à peu, on vit apparaître des publicités très radicales ; peu furent plus extrêmes que ces annonces publicitaires de presse de l'agence londonienne W.S. Crawford, conçues par Paul Peter Piech : la remarquable absence de texte ou de photos du produit permet l'emploi de formes abstraites puissantes pour illustrer les concepts sous-tendant la valeur des balances Avery. Un mot unique (« tension » ou « fatigue ») est « exprimé » dans une composition en noir et blanc. Piech, ancien soldat américain resté en Grande-Bretagne après la guerre, réalisa plus tard des affiches personnelles ne contenant aucune typographie, où il linogravait lui-même ses caractères.

À droite : Cette publicité pour l'imprimeur italien Alfieri & Lacroix, par Franco Grignani, 1960, s'appuie sur la flexibilité du film pour exprimer le mouvement de la presse en faisant subir une rotation et une inversion au nom de l'annonceur.

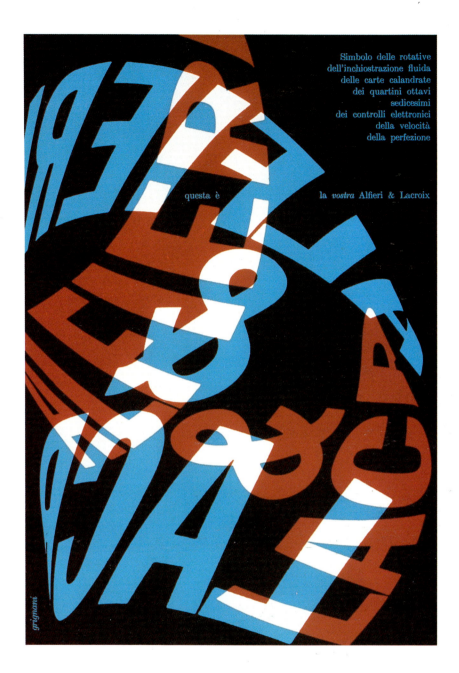

Simbolo delle rotative
dell'inchiostrazione fluida
delle carte calandrate
dei quartini ottavi
sedicesimi
dei controlli elettronici
della velocità
della perfezione

questa è   la *vostra* Alfieri & Lacroix

grignani

FOR A TYPOGRAPHICAL CELEBRATION OF THE 1960S, M/M (PARIS, FRANCE) OFFERS YOU A TYPOGRA
AND MATHIAS (BORN THE 04/04/1967) EXECUTED FOR 280FF (£32) IN FRONT OF THE POMPIDOU CE

ITAL REMASTERISED VERSION OF A PORTRAIT OF MICHAEL (BORN THE 02/06/1968
RIS, FRANCE) BY AN ANONYMOUS ARTIST (ON THE 18/03/1995). THANK YOU!

Avec l'apparition d'une véritable « culture des jeunes », l'essor de la télévision et l'évolution des techniques typographiques, cette décennie fut celle qui réinventa la typographie. Contrairement à ce qui s'était produit avec les expérimentations radicales des années 1920, ce furent les avancées scientifiques, sociales et politiques qui provoquèrent alors le renouvellement typographique.

À partir des années 1950, un grand nombre de photocomposeuses furent introduites sur le marché. Certaines furent largement adoptées et permirent le développement de firmes (Compugraphic et Hell par exemple) qui parallèlement lancèrent des programmes de dessin de caractères. D'autres ne rencontrèrent aucun succès, comme celle d'American Type Founders. Cette maison avait connu son heure de gloire à la fin du XIXe siècle en investissant dans la composition chaude, mais elle disparut, parce qu'elle avait misé sur un modèle de photocomposeuse qui ne se vendit pas.

Cette incertitude économique n'était pas seulement due au changement des méthodes. Grâce aux techniques modernes, les utilisateurs de caractères – les éditeurs et leurs graphistes – souhaitaient obtenir des effets jusqu'alors difficiles avec le plomb. Ils étaient même souvent prêts à perdre certaines finesses de la composition chaude pour des raisons pratiques et non pas esthétiques. On déplora la baisse de qualité que provoquait la photocomposition, mais c'était un « effet secondaire » admis. Les caractères n'étaient plus une forme en relief rigide qui se lisait à l'envers, mais étaient devenus une image souple qui se lisait à l'endroit et que l'on pouvait facilement modifier par des procédés photographiques. Désormais, on pouvait en quelques minutes disposer, agrandir, réduire, créner, interlettrer ou faire se chevaucher les caractères, opérations qui jusqu'alors nécessitaient des heures de travail spécialisé de composition et de mise en place sur le marbre.

Ce contexte était stimulant pour ceux qui recherchaient la nouveauté et déprimant pour ceux qui restaient attachés à la tradition. Certaines fonderies et imprimeries fabriquaient plusieurs corps différents à partir d'un seul négatif, ce qui provoquait inévitablement une déformation des caractères. On vit ainsi apparaître des caractères inesthétiques et mal espacés. L'ignorance des utilisateurs était aussi en cause : au temps de la composition chaude, les compositeurs étaient des interlocuteurs qualifiés sur qui les graphistes-typographes pouvaient compter. Certains ornements – telles les ligatures disparurent, en partie parce que les facilités de crénage les rendaient moins nécessaires, et en partie parce que les assortiments de caractères étaient moins complets, mais cet argument ne convainquit pas les véritables typographes.

Ces nouvelles machines rendirent peu à peu obsolètes les connaissances des compositeurs et réduisirent leur qualification à celle de clavistes surqualifiés. Au départ, la composition froide fonctionnait de façon analogue aux machines Monotype : elle produisait une bande qui actionnait la composeuse (les épreuves sur film qui en résultaient n'étaient plus aussi faciles à corriger : si l'on voulait changer une lettre, il fallait réaliser un nouveau bromure au lieu d'insérer un autre caractère). Au cours des années 1960, cependant, on commença à utiliser l'informatique pour ces opérations, avec des logiciels de justification des lignes et une mémoire qui permettait de faire apparaître une image de référence sur un écran à tube cathodique. Cette dépendance vis-à-vis des premiers logiciels informatiques n'alla pas sans poser certains problèmes : il était souvent impossible d'obtenir la qualité d'espacement et de coupure des mots que les compositeurs garantissaient jusqu'alors. Quoi qu'il en soit, la composition chaude fut peu à peu supplantée par la composition froide, moins onéreuse et plus pratique. Parallèlement, on passa de l'impression typographique à l'impression offset, mieux adaptée pour répondre à l'essor de l'impression en couleur.

D'autres signes montraient par ailleurs que l'accroissement de la demande de textes imprimés et de documents commerciaux, ainsi que les nouvelles méthodes destinées à la satisfaire faisaient planer une menace sur les pratiques établies de l'imprimerie. En 1961 fut lancée sur le marché la machine à écrire de bureau à sphère IBM Selectric, avec laquelle on pouvait changer de caractère et de corps. Ce fut peut-être le premier signe de la transmission à l'employé de bureau de la fabrication de documents de qualité et l'amorce de l'évolution vers les systèmes de PAO actuels.

Les lettres-transfert Letraset, qui apparurent en 1961, eurent un retentissement plus créatif. Le procédé à sec, beaucoup plus agréable et plus simple à utiliser que le transfert par humectage, obtint un succès immédiat. Les graphistes se rendirent très vite compte qu'ils pouvaient désormais réaliser eux-mêmes leurs titres et autres éléments de présentation, et économiser ainsi à la fois du temps et de l'argent. La composition des titres fantaisie devenait accessible à un public beaucoup plus large. Les premières publicités Letraset présentaient d'ailleurs ces lettres comme un procédé que chacun pouvait utiliser. Implicitement, cela revenait à dire que la typographie était à la portée de tous. Ces annonces comportaient même un texte lyrique qui affirmait qu'« aucun talent n'était nécessaire » pour obtenir de beaux résultats.

Le catalogue de caractères Letraset se développa rapidement. Il contenait des copies de caractères existants (souvent de bonnes gravures achetées sous licence aux fonderies qui les avaient créés) mais aussi des caractères dessinés spécialement. Le premier, et l'un des plus caractéristiques de l'époque, fut le Countdown. Conçu par Colin Brignall, qui dirigea ensuite le studio de création de Letraset, ce caractère évoque la science-fiction des années 1960. Il fut très utilisé pour les enseignes de magasins qui voulaient se donner une image « futuriste ». Parmi les autres caractères excentriques qui furent dessinés, certains apparaissent aujourd'hui comme d'éphémères curiosités. La technique Letraset influença toute la production imprimée, des magazines aux affiches, de la publicité de masse aux lettres d'information municipales. La firme réalisait également des documents sur commande pour les sociétés qui souhaitaient avoir leur logo ou d'autres motifs sous forme de transfert. Les lettres-transfert étaient aussi très employées pour la télévision, car elles convenaient parfaitement pour exécuter des titrages ou de l'infographie.

Toutes ces modifications technologiques créèrent un contexte plus ouvert et plus stimulant pour le graphisme, alors totalement libéré de l'austérité d'après-guerre en Europe et qui se démarquait aux États-Unis de l'esprit de consommation débridée des années 1950. Le principal mouvement artistique de cette période, le Pop Art, naquit de – ou en opposition à – la domination de l'art abstrait.

ABCDEFGHIJKLMNOPQRSTUVWXZ
abcdefghijklmnopqrstuvwxyz

right now! Jackie McLean

STEREO
THE FINEST IN JAZZ SINCE 1939
84215 BLUE NOTE

Larry Willis/Bob Cranshaw/Clifford Jarvis

En haut : Avec l'Antique Olive, Roger Excoffon cherchait à proposer une linéale plus élégante que l'Helvética ou l'Univers, mais ce caractère avait trop de personnalité et il arriva trop tard pour pouvoir être largement utilisé à l'étranger. Ses lignes étaient plus inspirées de la calligraphie que celles de ses concurrents.
À gauche : Pochette de disques conçue par Reid Miles pour la marque Blue Note, 1964-1965. Entre 1954 et 1969, Reid Miles utilisa la typographie de façon très inventive pour illustrer les pochettes de cette maison de disques spécialisée dans le jazz. Il jouait de diverses façons avec la technique de la typographie ou du lettrage ; dans ce cas, par exemple, en agrandissant énormément et en retravaillant un texte à l'origine dactylographié.

Eurostile *24pt*

ABCDEFGHIJKLMNOPQRSTUVWXYZ

abcdefghijklmnopqrstuvwxyz

Un grand nombre des artistes qui se regroupèrent sous cette étiquette incorporaient dans leurs travaux des éléments graphiques et typographiques de la culture populaire (les toiles d'Andy Warhol, de Roy Lichtenstein et de Robier Indiana aux États-Unis ; auparavant les montages d'Eduardo Paolozzi et de Richard Hamilton en Angleterre). L'ironie, l'association de jeux visuels et verbaux, la volonté de s'inspirer de la culture de consommation et de gaspillage qui prédominent dans leurs œuvres sont sans doute liées aux jeux de mots et à l'humour apparus dans le graphisme des années 1960. La publicité était au cœur de cette évolution, et l'on entra dans l'âge d'or de la publicité « conceptuelle », comme en témoigne la production de l'agence de publicité américaine Doyle Dane Bernbach. Sa campagne pour la Coccinelle de Volkswagen, qui débuta à la fin des années 1950 et se poursuivit tout au long des années 1960, bouleversa par son ton discret les principes de la publicité automobile ; mais elle impressionna aussi le public par une typographie nouvelle et sobre. L'emploi d'un caractère bâton géométrique spécialement dessiné à cet effet (inspiré du Futura) suggérait la nouveauté du modèle, son origine allemande et une fabrication soignée. La typographie était utilisée pour les associations qu'elle provoquait et non plus pour ses qualités intrinsèques de lisibilité ou d'esthétique. De la même façon, dans la campagne de DDB pour le pain en sachet Levy, les formes rondes et solides du Cooper Black s'accordent bien au concept d'un produit bon pour la santé.

Une nouvelle forme d'expression, apparut dans le travail de graphistes importants de l'époque. Reid Miles, directeur artistique de la compagnie de disques Blue Note du milieu

Lemon.

Page ci-contre, en haut : Deux autres couvertures de disques Blue Note dues à Reid Miles. Alors qu'il n'était pas lui-même amateur de jazz, Miles improvisait autour des mots d'un titre ou du nom d'un artiste un peu comme dans la composition d'un morceau de jazz.
Page ci-contre : L'Eurostile, dessiné par Aldo Novarese en 1962 pour la fonderie Nebiolo, avec la présentation qu'il en fit dans son livre *Alfa Beta*. Il montre à quel point ce caractère est en accord avec le style de l'époque (les bâtiments, les trains et les écrans de téléviseurs) plutôt qu'avec les éléments classiques ou gothiques des anciens caractères.
À gauche : La publicité new-yorkaise connut son heure de gloire dans les années 1960, avec l'apogée du « concept ». Aucun ne fut meilleur que celui de la campagne Volkswagen, dont l'affiche « Lemon » est l'une des plus célèbres. Cette identité typographique est encore présente aujourd'hui dans les publicités de la marque VW, la gravure spéciale du Futura demi-gras évoquant la réputation de compétence technique des Allemands. La fidélité à cette typographie très sobre, a donné à ce constructeur automobile une image de marque très particulière.

des années 1950 à la fin des années 1960, instaura, dans les pochettes qu'il conçut, une relation plus étroite et un jeu entre la typographie, la mise en page et la photographie. Les caractères ou les photographies étaient souvent découpés, parfois, totalement imbriqués. Lorsqu'on observe les autres pochettes de disques de l'époque, sa méthode apparaît étonnamment novatrice. La force qui se dégage de ses créations renforça l'image globale de la marque et permit à l'industrie musicale de constater que le graphisme pouvait non seulement présenter un artiste, mais aussi vendre sa musique.

Herb Lubalin (1918-1981), qui avait travaillé dans la publicité, réalisa au cours des années 1960 ses travaux les plus intéressants avant de devenir dessinateur de caractères dans les années 1970. Il utilisait fréquemment des astuces typographiques pour renforcer l'impact d'un concept. Il proposa en particulier un logo pour la revue *Mother & Child* (*Mère et enfant*), dans lequel l'enfant était représenté par une esperluète (le signe &) placée à l'intérieur du o de Mother. L'artifice est presque banal, mais il tire sa force de l'harmonie parfaite entre les formes. Les jeux visuels de l'époque peuvent paraître un peu lourds, mais les meilleurs sont fondés sur les expressions à double sens et sur un humour compréhensible par un public « publiphage » de plus en plus averti.

La typographie utilisée dans la publicité conceptuelle aux États-Unis par ses nombreux directeurs artistiques trouva des échos en Europe, et notamment dans les travaux des Britanniques Alan Fletcher, Colin Forbes et Bob Gill (qui s'associèrent en 1972 pour créer le groupe international Pentagram). Ils étaient doués pour réduire l'énoncé d'une

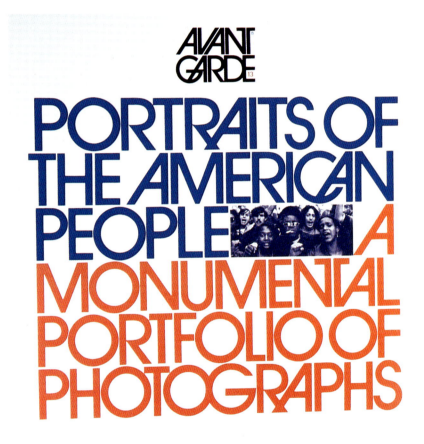

annonce commerciale à un message clé, qu'ils présentaient de façon audacieuse, souvent par le biais d'une astuce typographique. Cette démarche minimaliste et conceptuelle constituait une préoccupation nouvelle, qui s'ajoutait à celles de l'école suisse et du style international. Pour ordonner une masse d'informations et établir une hiérarchie typographique, les principes de Müller-Brockmann et de ses collègues exposés dans *Neue Grafik* cherchaient à faire apparaître un ordre sous-jacent sous la forme la plus appropriée, exprimant le contenu de façon claire et logique. Ces règles du style international apparaissaient de plus en plus incompatibles avec le graphisme non conformiste de la culture populaire. Elles ne convenaient pas pour « distraire » le grand public, ce qui devenait nécessaire pour les communications commerciales : pour se distinguer parmi le nombre

A READER'S DIGEST
PUBLICATION

Avant Garde *24pt*

ABCDEFGHIJKLMNOPQRSTUVWXYZ
abcdefghijklmnopqrstuvwxyz

Page ci-contre à gauche :
Le logo des Jeux olympiques de Mexico en 1968, conçu par Lance Wyman, réunit le style international, le psychédélisme et les motifs traditionnels mexicains. Il était l'élément central d'une campagne visuelle qui fut remarquée pour son approche globale de l'immense événement.
Page ci-contre, à droite :
Couverture de la revue *Avant Garde*, conçue par Herb Lubalin. Son travail de directeur artistique dans cette revue l'amena à créer le caractère Avant Garde (à gauche), remarquable par ses ligatures et son interlettrage serré. Cet étonnant rapprochement des caractères est typique du travail de Lubalin. En témoigne également le titre qu'il créa pour le magazine *Families* (en haut à gauche). En haut : Cette publicité pour le système Photo Typositor, en 1961, jouait avec des effets visuels qui furent également très employés dans les premiers temps de la typographie numérique.

grandissant des communications de masse, la publicié devait être séduisante et non didactique.

Les années 1960 furent marquées par l'apparition d'un phénomène que l'on baptisa plus tard le « mouvement de libération des jeunes », créé par et pour les moins de trente ans, enfants du baby-boom. Cette génération qui n'avait pas connu la guerre possédait un pouvoir d'achat et des valeurs bien différents de ceux de la génération précédente : elle bénéficiait du plein emploi et de l'amélioration générale du niveau de vie, et affirmait sa volonté de se faire une place dans la société. Sur le plan graphique, cela s'exprima avant tout dans la musique et dans la mode : ces secteurs privilégiés du capitalisme libéral apparaissaient comme les porte-drapeaux de l'innovation dans la communication.

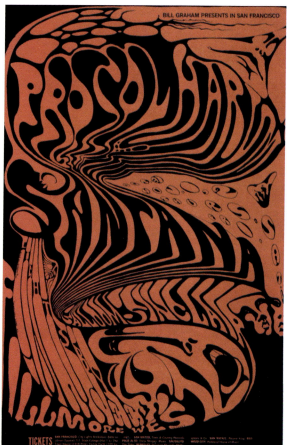

La contre-culture des années 1960, et notamment la musique rock, trouva des formes d'expression graphique qui lui étaient propres et utilisa la sérigraphie pour imprimer ses affiches psychédéliques. Les travaux les plus intéressants se firent à San Francisco. Dans le sens des aiguilles d'une montre depuis la droite : Affiche d'un concert de Procol Harum au Filmore, conçue par Lee Conklin ; affiche d'un concert des Doors à l'Avalon Ballroom, conçue par Victor Moscoso ; affiche d'un concert des Yardbirds, des Doors et autres groupes, conçue par B. McLean. La densité des teintes imprimées en sérigraphie est impossible à obtenir avec la photographie ou l'impression en quadrichromie.

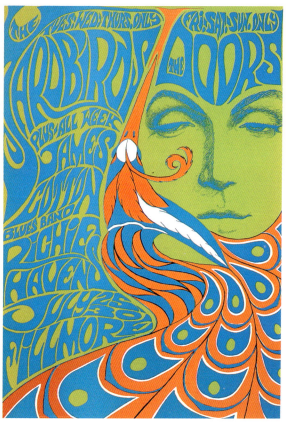

À compter du milieu des années 1960, les pochettes de disques se couvrirent de toutes sortes de caractères éclectiques qui reprenaient en les déformant d'anciens dessins. (À cet égard, les feuilles Letraset rendirent des services inestimables.) La calligraphie revint sur le devant de la scène, avec d'étranges lettres psychédéliques réalisées à l'aérographe. Les revues « underground » et autres mouvements de protestation se donnaient pour règle d'enfreindre les règles : les articles de la revue *Oz*, par exemple, étaient parfois composés en d'immenses lignes au fer à droite très décalées à gauche, mises en réserve dans des photographies floues. Ils n'étaient pas destinés à être lus rapidement, ni même peut-être à être lus tout court : leur aspect était en soi une provocation. Les textes étaient souvent dactylographiés, d'abord pour éviter la composition,

mais aussi parce que c'était une manifestation du refus du système et l'affirmation d'une contre-culture.

Les affiches de concerts et de festivals rock offrent des exemples éloquents d'une calligraphie illisible mais très expressive, où les mots dessinés à la main ou étirés photographiquement annoncent les déformations que l'informatique et la photocopieuse ont rendues si faciles quelques années plus tard. Les affiches psychédéliques de Victor Moscoso et Wes Wilson aux États-Unis sont les plus beaux exemples du genre ; leur style fut d'ailleurs largement copié, avec quelques variantes. En Grande-Bretagne, le retour à l'Art nouveau relança les lettrages ornementés dans des formes plus psychédéliques, elle aussi.

En ce qui concerne la conception graphique de magazines, Willi Fleckhaus (1925-1983) eut une influence très

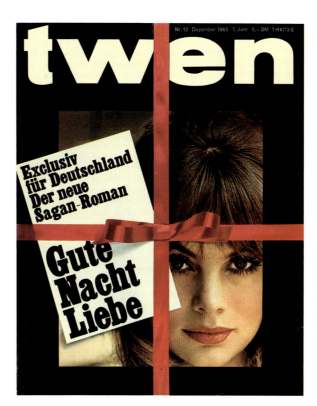

À l'extrême gauche : Couverture d'un prospectus promotionnel pour le caractère Ad Lib, dessiné par Freeman Craw pour American Type Founders en 1961. Ce caractère de titrage s'inspirait des caractères d'affiche en bois du XIXe siècle et des lettres en papier découpé à la main. Craw dessina aussi d'autres bas de casse que l'on pouvait retourner sans modifier l'alignement. Sa réaction contre l'aspect neutre des linéales modernes et sa remise en question des conventions trouvèrent un écho dans les polices organiques « aléatoires » des années 1990.
En haut à gauche : *Twen*, numéro de décembre 1965, sous la direction artistique de Willi Fleckhaus, qui mettait particulièrement en valeur la photographie ; pour lui, la typographie n'était qu'un moyen de transmettre un texte.

forte. Son travail pour la revue allemande *Twen*, au cours des années 1960, illustre la progression du rôle du directeur artistique. Journaliste de formation, il proposait également des sujets et des traitements nouveaux. Il fit œuvre de pionnier : photographies cadrées très serré, doubles pages visuelles suivies de pages uniquement de texte, pavés de texte utilisés comme des blocs de construction afin de structurer les pages, de faire apparaître la grille ou de la contrarier. L'emploi de caractères de tailles très contrastées ajoutait une certaine tension. Fleckhaus les découpait et les ajustait pour qu'ils correspondissent exactement à l'espace disponible. En Grande-Bretagne, on retrouve une résonance de son travail dans la maquette de la revue *Nova*, destinée aux jeunes, qui se distinguait par des articles provocateurs, s'ouvrant sur d'impressionnantes photographies en pleine page, des textes

OCR-A *18pt*

ABCDEFGHIJKLM
NOPQRSTUVWXYZ
abcdefghijklm
nopqrstuvwxyz

OCR-B *18pt*

ABCDEFGHIJKLM
NOPQRSTUVWXYZ
abcdefghijklm
nopqrstuvwxyz

E13B *36pt*

1234567890

CMC7 *24pt*

1234567890

dépouillés et un jeu sur différents caractères pour leur donner plus de force émotive et les fondre dans l'illustration.

Willi Fleckhaus conçut également les couvertures de nombreux titres pour l'éditeur Suhrkamp. Elles étaient exclusivement typographiques, avec des caractères en noir ou en réserve sur une palette volontairement restreinte de couleurs de fond. Malgré la simplicité des éléments auxquels il se limitait, ces couvertures très expressives et variées affirmèrent l'image de marque de l'éditeur.

Cependant, l'esprit de cette décennie ne se résumait pas à la recherche d'une individualité personnelle ou d'entreprise. On vit aussi se rassembler des experts internationaux pour collaborer sur les technologies de la communication. Des comités travaillèrent sur les caractères informatiques et la reconnaissance optique de caractères (en anglais OCR,

Optical Character Recognition). L'OCR-A apparut en 1966. Son dessin est très grossier : les caractères s'inscrivent dans une grille de 4 sur 7. L'OCR-B, lancé en 1968 et dont le dessin fut supervisé par Adrian Frutiger, est établi sur une grille beaucoup plus fine de 18 par 25, ce qui permet un dessin plus détaillé. L'OCR-A et son prédécesseur, l'E13B (employé par les banques sur les chèques), relevaient d'une véritable esthétique liée à la machine qui trouva un écho stylistique dans le caractère Countdown ou dans les élégants dessins dérivés du carré de l'Eurostile d'Aldo Novarese, créé à partir d'un caractère antérieur, le Microgramma.

Des progrès furent effectués sur des caractères susceptibles de servir à la saisie. La simplicité était essentielle dans ce cas : il était nécessaire de créer des distinctions compréhensibles par la machine et des formes rapidement

New Alphabet *40pt*

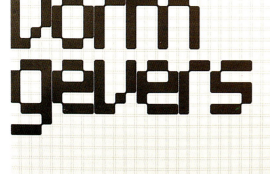

Lorsque des ordinateurs capables de déchiffrer l'alphabet furent mis au point, on créa d'abord des codes lisibles par ces machines, puis des caractères qui pouvaient être lus par des technologies intermédiaires. Ensuite seulement apparut une esthétique particulière.

Page ci-contre : Le CMC7 (dessinateur inconnu), caractère mis au point pour les encres magnétiques au début des années 1960, fut très peu employé car sa méthode de reconnaissance des caractères fut rapidement dépassée. L'E13B, dessiné par des graphistes inconnus pour l'American Bankers' Association au milieu des années 1960, était encore visible sur les chéquiers dans les années 1990 : les chiffres sont facilement reconnaissables par les machines.

À gauche : Le concept d'une grille minimaliste se retrouve dans cette affiche d'exposition de Wim Crouwel, 1968. En 1967, Crouwel (né en 1928) dessina un alphabet expérimental, le New Alphabet, qui réduisait les lettres à leurs composantes essentielles.

Page ci-contre, en haut : Les normes énoncées en 1965 par l'ECMA (European Computer Manufacturer Association, Association des fabricants d'ordinateurs européens) pour les caractères lisibles par les ordinateurs donnèrent naissance à l'OCR-A et l'OCR-B. Le premier fut conçu par les ingénieurs de cette association en 1966. Pour le second, fabriqué deux ans plus tard, Adrian Frutiger travailla en collaboration avec l'ECMA. Son dessin beaucoup plus fin exige une capacité de traitement nettement supérieure.

perceptibles par l'œil. Le graphiste hollandais Wim Crouwel (né en 1928) était persuadé que l'écran allait bientôt devenir la principale source de communication typographique, et que l'on devait par conséquent s'intéresser davantage à la mise au point de dessins appropriés. Le New Alphabet qu'il dessina en 1967 était un alphabet simplifié, qui ne comportait que des éléments verticaux et horizontaux, dont avaient été retirées toutes les diagonales et lignes courbes. Tous les caractères avaient la même largeur, et pour former le m et le w, il soulignait respectivement le n et le v. Il n'y avait plus deux séries (capitales et bas de casse), mais une seule forme pour chaque lettre.

Dans ce climat de mutations technologiques et de « liberté à tout prix » des années 1960, que pensaient les adeptes de la tradition ? On pouvait compter sur Stanley Morison, à qui l'on devait les nouvelles versions de tant de caractères classiques à l'époque où il travaillait chez Monotype, pour présenter une argumentation sobre du respect scrupuleux de l'orthodoxie. Dans une nouvelle édition, parue en 1967, de son célèbre texte de 1930, *Premiers Principes de la typographie*, il réagissait à la pression du style international et à la nouvelle mode des caractères bâtons :

« … et de prétendre que le style typographique qui convient à notre temps ne consiste pas seulement à choisir un caractère sans empattement mais appelle aussi une disposition asymétrique et exclut l'usage des italiques. La composition des paragraphes sera compacte, les alinéas

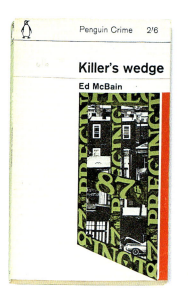

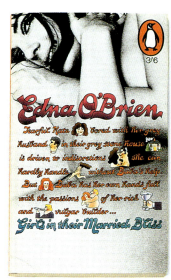

Sabon *24pt*

ABCDEFGHIJKLMNOPQRSTUVWXYZ
abcdefghijklmnopqrstuvwxyz

ne seront pas rentrés, et l'aspect total de la page doit s'écarter autant que possible de l'usage consacré. C'est ainsi que le XXᵉ siècle, par sa typographie particulière, fera figure de grande époque de renouvellement. [...] La tradition elle-même n'est pas toujours bien comprise à présent dans certains milieux. Si elle n'exprimait que les préventions et la routine des imprimeurs d'antan, elle ne mériterait guère l'attention des historiens et pas du tout celle des praticiens des arts et métiers typographiques. Mais la tradition signifie plus que la sanctification de formes qui furent en usage dans des conditions que la société a depuis longtemps dépouillées. La somme d'expérience accumulée au cours de plus qu'une vie d'homme et que des générations successives

ont corroborée ne se rejette pas sans dommages. C'est bien pour cela que le mot de tradition est en fait une autre façon d'exprimer une unanimité sur des principes fondamentaux qui ont été établis par les expériences, les erreurs et les amendements effectués au cours d'un grand nombre de siècles. *Experientia docet.* »

Morison terminait par deux mots qui ne seraient compris que par un petit nombre de jeunes typographes. Pour eux, la réalité du contexte typographique était de plus en plus celle des médias non imprimés, d'une communication associant les caractères, les sons et le mouvement dans la fluidité totale du film et de la vidéo et, bientôt, de la communication informatisée.

À droite : Les lettres-transfert Letraset étaient un outil rapide, bon marché et presque ludique : idéal pour la période Pop. Parmi les caractères qui furent commercialisés, on citera le Baby Teeth de Milton Glaser et le Countdown de Colin Brignall destiné aux couvertures de livres de science-fiction et aux boutiques à la mode.
Page ci-contre : Au cours des années 1960, les progrès des techniques d'impression et la généralisation de l'esprit de consommation provoquèrent une explosion de couleurs dans le graphisme commercial. On voit ici un paquet de céréales Shredded Wheat, conçu par le trio de graphistes anglais Fletcher, Forbes et Gill, où l'accent graphique était mis sur le prix. Même les livres Penguin furent atteints par le virus du marketing, ce qui permit au nouveau directeur artistique Alan Aldridge de tenter diverses approches graphiques (la couverture la plus proche à gauche a été conçue par lui, tandis que celle de *Killer's Wedge* est de Romek Marber et Alan Spain, 1964). Il démissionna en 1967 lorsque la maison d'édition revint à une règle typographique plus rigoureuse.
Page ci-contre, en bas : Le Sabon, de Jan Tschichold, 1966. Au moment où la composition chaude allait être remplacée par la photocomposition, un groupe d'imprimeurs allemands demanda à Tschichold de créer un caractère « unifié » qui conviendrait à la fois aux systèmes de composition chaude Monotype et Linotype, et aux caractères de fonderie pour la composition manuelle.
Le Garamond de Monotype sert de base à cette union difficile.

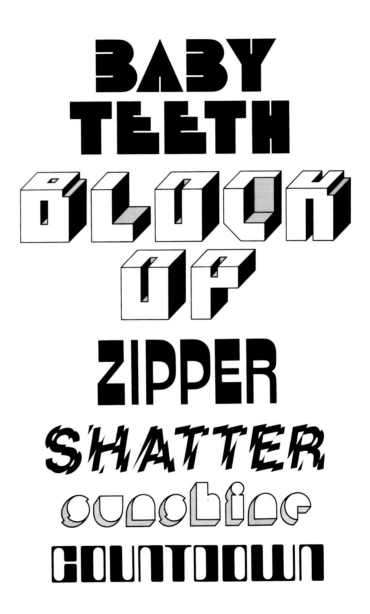

1970's

the nineteen seventies

1970's

Les années 1970 furent, à ce qu'on dit, « une décennie oubliée par la mode » et cela s'applique également à leur graphisme. Mais il faut rester prudent, car tout ce qui semble irrécupérable finit souvent par être « recyclé » tôt ou tard ; c'est d'ailleurs ce qui s'est produit pour certains aspects de la musique et de la mode de cette période. Il se passera peut-être un certain temps avant que l'ITC Souvenir retrouve une place de premier rang, mais on ne sait jamais...

Si pour la musique rock et l'habillement les tendances de la fin des années 1960 se confirmèrent, sur le plan typographique l'évolution amorcée au cours des années précédentes se transforma en excentricités baroques : les expérimentations effectuées sur les nouveaux systèmes de photocomposition aboutirent à des interlettrages si serrés que les lettres se superposaient ; les mots étaient tellement « compressés » qu'ils devenaient à peine lisibles. Quels que fussent leurs avantages et leurs inconvénients, ces tâtonnements expérimentaux furent à l'origine d'une esthétique caractéristique de cette période.

La notion d'interlettrage serré était cependant plus qu'une mode passagère s'appuyant sur une nouvelle technique. On retrouvait à l'origine de certaines expériences, et sous une nouvelle forme, la quête jusqu'alors inaboutie d'un archétype du mot et des caractères. L'idée selon laquelle les caractères bâtons étaient les plus fonctionnels était renforcée par une technologie qui augmentait leur netteté. L'un des arguments avancés en faveur des empattements était qu'ils guident le regard le long de la ligne et lient les lettres entre elles, mais puisque la photocomposition permettait de rapprocher les caractères bâtons en « images de mot » compactes, cela donna plus de force aux raisonnements s'appuyant sur l'aspect relatif de la lisibilité des formes de lettres.

Les modernistes affichaient une prédilection pour les formes géométriques, mais cette géométrie est sans rapport avec la nature de l'alphabet, qui trouve ses racines dans la calligraphie et, bien avant, dans les pictogrammes. Adrian Frutiger démontra dans les années 1970 que lorsqu'on superposait les caractères de certaines des polices les plus lues (Garamond, Baskerville, Bodoni, Times, Palatino, Optima et Helvética), on obtenait des squelettes de lettres correspondant à des caractères employés dans la presse à grand tirage, comme l'Excelsior ou le Caledonia. Les caractères bâtons Helvetica et Univers reprenaient précisément le tracé de base mais déviaient par leur absence d'empattements et une épaisseur de trait plus uniforme. Selon Frutiger, c'était l'illustration du phénomène suivant : « Les bases de la netteté ont été cristallisées par une image séculaire de caractères soigneusement choisis, imprégnés en nous. [...] Les formes qui ont résisté à l'épreuve du temps sont peut-être acceptées en permanence par les hommes comme des normes conformes aux lois de l'esthétique. » Et il ajoutait : « si l'innovation est trop marquée ou de mauvaise qualité, elle suscite chez le lecteur une réticence qui entrave le processus de lecture[1] ».

Sa préoccupation concernant les « dessins de mauvaise qualité » était fondée. Les fabricants s'étaient précipités pour offrir sur leurs photocomposeuses un choix impressionnant de caractères courants. Ce facteur, auquel s'ajouta la recherche de la nouveauté à tout prix, provoqua l'arrivée sur le marché de nombreux caractères mal dessinés. Au lieu d'avoir des

négatifs pour chaque corps, on agrandissait les négatifs d'un corps pour obtenir les autres, ce qui déformait inévitablement la forme des lettres. Avec cette méthode, la nécessité de modifier légèrement la gravure des différents corps pour préserver l'harmonie visuelle du caractère n'était pas du tout prise en compte. La baisse de qualité ne se limitait pas aux méthodes de création des caractères, elle concernait également les techniques d'impression. Avec le passage de l'impression typographique à l'impression offset et l'apparition des imprimantes à jet d'encre et à laser, la typographie fut utilisée dans des domaines qui n'étaient pas soumis au contrôle des professionnels et des savoir-faire traditionnels.

On sentait par ailleurs se profiler une « profession » du graphisme. Ainsi vit-on apparaître un fabricant de caractères qui prit en compte à la fois les nouveaux besoins de ceux qui commandaient les caractères et le potentiel de la technologie : ITC (International Typeface Corporation) fut fondé en 1970 par les graphistes Herb Lubalin et Aaron Burns. Ils s'associèrent à Ed Rondthaler, de Photo-Lettering Inc., pour commercialiser de nouveaux dessins à l'intention des fabricants de caractères ou de matériel de composition. En fait, l'agence ITC s'appuyait sur le talent et l'acquis de Lubalin et de Burns, mais aussi de nouveaux graphistes, et vendait sous licence leurs dessins aux fabricants. Le montant des droits versés était proportionnel à l'utilisation du caractère, et le succès d'un dessin bénéficiait directement à son créateur. Ce modèle fut plus tard repris et adapté lorsque se développèrent les sociétés de vente de caractères créées par des graphistes.

Ce type d'organisation constituait une réaction à la pratique généralisée de contrefaçon des nouveaux caractères. Lorsqu'un fournisseur ne possédait pas un dessin proposé par un de ses concurrents, il pouvait, grâce aux nouvelles technologies fondées sur la photographie, copier très facilement sur un négatif les caractères d'une matrice et proposer le dessin sous un autre nom, sans verser aucun droit au créateur du caractère original. Il n'était pas dans l'intérêt des dessinateurs ni des fabricants sérieux qu'une telle situation se perpétuât. En revanche, il n'était pas non plus souhaitable ni pratique que de bons dessins fussent attachés à un seul fournisseur.

ITC lança sa typothèque en 1971 avec l'Avant Garde Gothic de Lubalin, prolongement de son travail pour la revue *Avant Garde* dans les années 1960. Il y eut ensuite une nouvelle gravure par Ed Benguiat d'une famille étendue du Souvenir, caractère du début du siècle proposé à l'origine par American Type Founders (absorbé en 1970 par Lanston Monotype). Une myriade de caractères nouveaux ou regravés et de familles étendues apparut. ITC était un « éditeur » et non un vendeur de systèmes : Letraset mis à part, on avait là un système de distribution de caractères totalement innovant. Chaque nouveau caractère était l'équivalent d'un « titre » et il fallait que ce titre se vendît bien chez les détaillants (en l'occurrence les fabricants de caractères) pour qu'ITC fût rentable.

Dans le premier numéro de la revue qu'ITC lança en 1973, *U&lc*, le thème choisi fut une croisade contre la contrefaçon des caractères. Dans un article, Rondthaler admettait que la copie des caractères était une activité aussi ancienne que la fonderie (et certainement un élément important de la période de la composition chaude), mais il

A Fox is quick (0 to 50 in 10 seconds). It's surefooted (front-wheel drive). This sly, cunning sedan can take the sharpest turns nimbly (sports car type steering and suspension). It can stop practically in its tracks (power front disc brakes). And it doesn't eat much (23 miles per gallon). Best of all, for under $3,200*you can catch the Fox.

YOUR HUNT iS OVER. THE QUICK, SLY, CRAFTY, CUNNiNG FOX BY AUDi iS HERE.

Herb Lubalin apprécia beaucoup cette utilisation, au début des années 1970, de son caractère Avant Garde. Il félicita Helmut Krone, le directeur artistique de l'agence DDB, pour avoir composé le titre si serré que les lettres se touchaient et parfois même se recouvraient.

insistait sur le fait que l'apparition de la « phototypographie » avait réduit le coût et le temps nécessaire pour réaliser ces copies, au point qu'elles représentaient désormais une véritable menace pour la création de nouveaux caractères. Il déclarait notamment : « La photographie a constitué le salut technologique de la composition, mais lorsqu'elle est employée de façon contraire à l'éthique, elle peut priver le dessinateur de caractères de son gagne-pain. Elle peut même faire pire. Elle menace actuellement de précipiter dans le chaos le secteur créatif de notre métier. » Rondthaler incitait les graphistes à boycotter les fournisseurs qui n'employaient pas des dessins sous licence. Pour lui, l'emploi de tout autre dessin équivalait à l'écoulement de faux billets. Sans une action forte, disait-il, il n'y avait aucune raison pour que les graphistes, fonderies ou fabricants continuassent à

investir dans le dessin de nouveaux caractères. Il terminait en annonçant que les années 1970 marqueraient soit la fin du dessin de caractères soit sa renaissance.

En l'occurrence, la deuxième prévision fût la bonne. Des actions destinées à mettre fin aux contrefaçons furent menées au niveau de la législation internationale de protection des droits. L'exemple d'ITC fit des émules : d'autres sociétés vendant des licences de caractères et de nouveaux fabricants – tels Hell et Compugraphic – investirent dans de nouveaux dessins. Cependant, la domination d'ITC n'était pas unanimement appréciée. Ses caractères étaient en effet omniprésents et si ITC commercialisait un mauvais dessin, il pouvait se généraliser au détriment d'un précédent plus intéressant. La graphiste américaine Paula Scher déclara un jour : « ITC a eu un retentissement colossal dans ce pays

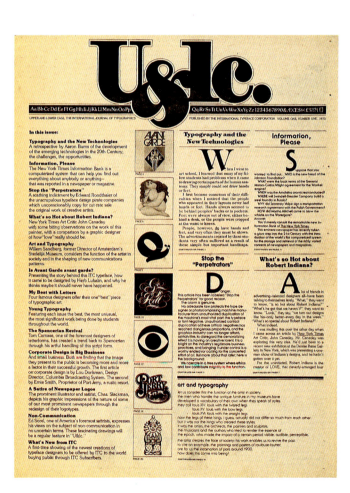

Souvenir *18pt*

ABCDEFGHIJKLM NOPQRSTUVWXYZ abcdefghijklm nopqrstuvwxyz

y

Serif Gothic *18pt*

ABCDEFGHIJKLM NOPQRSTUVWXYZ abcdefghijklmn opqrstuvwxyz

ABCDEFGHIJKLM NOPQRSTUVWXYZ
abcdefghijklm nopqrstuvwxyz

Page ci-contre : En 1973, le premier numéro de la revue d'ITC *U&lc*, conçu par Herb Lubalin, comportait un article virulent sur les contrefaçons de caractères, problème qui prenait de plus en plus d'ampleur depuis que les caractères n'étaient plus obligatoirement attachés à un système de fabrication particulier. La copie, problème parasite agaçant à l'époque de la photocomposition, devint pandémique à partir de la fin des années 1980, quand la technologie numérique rendit la duplication beaucoup plus facile. Les premiers caractères ITC – on voit ici le Souvenir (dessin d'Ed Benguiat, 1970), l'American Typewriter (dessin de Joel Kaden et Tony Stan, 1974) et le Serif Gothic (dessin de Herb Lubalin et Tony Dispagna, 1972-1974) – avaient en général un œil exagérément grand et un corps étroit. Cet aspect compact devint d'ailleurs associé aux années 1970 presque autant que les pantalons « pattes d'éléphant » et les grands cols pointus.
À droite : Le lancement des caractères ITC était assuré par des brochures de promotion aux graphismes percutants.

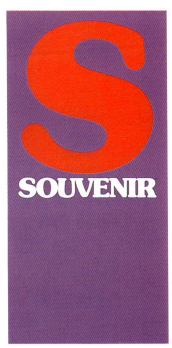

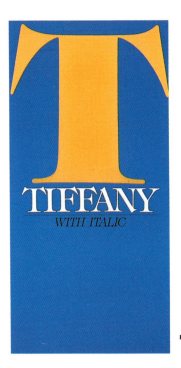

parce que c'était une société nationale. Elle vendait des caractères à tous les petits fournisseurs, mais elle a "détruit" le Garamond et le Bookman. » Les dessins d'ITC avaient en général un grand œil (ce qui améliorait la lisibilité dans les petits corps) et une approche réduite, caractéristiques qui gommaient les subtilités des dessins classiques.

La palme de la qualité du travail d'adaptation et d'évolution des caractères était détenue par Berthold, et le mérite en revenait à Gerhard Lange, qui commença sa carrière en 1950 et travailla jusque dans les années 1990. Il supervisa la création d'une typothèque classique qui fut d'abord adaptée à la photocomposition puis numérisée. Le système Berthold de photocomposition « diatronique », fonctionnant à partir d'un négatif en verre de la police, était remarquable par la netteté et la précision de sa production.

Le dessin de caractères commença à subir une mutation importante avec l'apparition du dessin sur écran et des logiciels informatiques. Mis au point par Peter Karow à Hambourg et lancé en 1974, le système Ikarus fut déterminant dans cette évolution. Il fut bientôt repris par Berthold et Linotype et trouva rapidement des utilisateurs en Europe, aux États-Unis et au Japon. Grâce à ce système, on pouvait transformer des images dessinées sur écran en dessins au trait, numériser des dessins pour travailler sur écran ou obtenir des variantes du dessin de base pour permettre la création d'une famille de caractères complète. D'autres systèmes furent commercialisés, équipés de dispositifs comparables, mais jusque dans les années 1990 les remises à jour d'Ikarus restèrent les plus utilisées pour les logiciels de dessin de caractères sophistiqués, même si à la

À gauche : Édition spéciale de la revue *Typografische Monatsblätter* (revue suisse de l'imprimerie), décembre 1976, présentant les travaux et les observations de Wolfgang Weingart, qui en signait également la conception graphique. On pouvait y voir les éléments graphiques constituant la réponse maniériste de Weingart à la domination du style suisse minimaliste : grilles brisées et découpées, pavés de texte en réserve ou en échelle, alignements décalés. La volonté chez Weingart de faire revivre l'expression donna naissance à la typographie New Wave et devint une source d'influence importante aux États-Unis. Sous un aspect provocant de « feux d'artifice » de caractères, que ses imitateurs transformèrent en « style », Weingart travaillait sur le potentiel de moyens de communication en pleine mutation.

Page ci-contre : Dans *Typografische Monatsblätter*, n° 12, 1972, un article spécial sur l'éducation coédité par Weingart contenait des études par son collègue de Bâle, Peter von Arx. Ce dernier déclarait : « celui qui se veut graphiste doit se familiariser avec les facteurs de mouvement, de temps et de vitesse » que l'on voit dans le cinéma.

fin des années 1980 Fontographer était le programme le plus employé sur les ordinateurs personnels.

Si les méthodes évoluaient, le sens du graphisme se modifiait également. Après presque deux décennies de domination du style international, ses thèses étaient désormais sérieusement remises en question. La principale réaction vint de sa patrie d'origine et fut plus tard baptisée New Wave ; son principal instigateur fut le graphiste suisse Wolfgang Weingart (né en 1941).

En 1968, Weingart devint professeur à l'École de design de Bâle. Il en avait pourtant rejeté les théories lorsqu'il y était étudiant et s'était opposé au dogme de la typographie suisse qu'enseignaient Emil Ruder et Armin Hofmann. Cela n'empêcha pas ces derniers de reconnaître son talent et de l'inviter à revenir dans l'école pour exposer un point de vue différent du leur. Il accepta leur proposition et devint le protagoniste d'une nouvelle orthodoxie et d'une sphère d'influence qui s'étendit de l'Europe à la côte ouest des États-Unis (Dan Friedman et April Greiman sont probablement ses élèves les plus célèbres).

Weingart rejetait la démarche réductrice qui avait amené la typographie suisse à une position de domination intellectuelle. Alors que Josef Müller-Brockmann limitait le nombre de caractères à un seul en deux corps (texte et titres), disposés dans une relation claire autour de l'angle droit et sur la base d'une grille de mise en page, Weingart demandait à ses élèves de trouver des principes de composition ne reposant sur aucune approche systématique, mais s'inspirant des structures plus ou moins suggérées par les méthodes de production de l'œuvre elle-même.

Ses élèves étudiaient également d'autres disciplines : la photographie, le dessin, la théorie des couleurs et l'emballage publicitaire.

De cet intérêt marqué pour le potentiel des outils et leurs qualités expressives naquit un graphisme introspectif, en harmonie avec l'esprit de l'époque. On vit apparaître des formes très individualisées dans la littérature métafictionnelle et le cinéma, et une musique qui remettait en cause sa structure. Cette tendance se poursuivit avec le graphisme en trois dimensions (et les travaux du groupe Memphis au début des années 1980) et l'architecture postmoderne.

Ce radicalisme devint rapidement une sorte de recette. Weingart avait admis que l'expérimentation qu'il encourageait, apparente dans ses travaux personnels, était motivée par une volonté de pousser les méthodes de composition chaude jusqu'à leurs limites et de les prendre à contrepied. Certains principes de style furent associés à la typographie New Wave : pavés de texte disposés en échelle, mises en réserve audacieuses, interlettrages variables et textes soulignés, entre autres. Les photographies tramées au point que le point de trame devenait visible étaient une mise en valeur visuelle courante : l'image exposait sans ambiguïté le procédé d'illusion.

Les origines suisses se faisaient encore sentir. Weingart préférait nettement certaines familles, en particulier l'Akzidenz Grotesk, l'Helvética et l'Univers parmi les linéales (qu'il utilisait surtout pour les affiches et autres documents d'affichage produits avec ses élèves et dans son atelier), ainsi que le Times et le Garamond (pour les textes). Son objectif était de rompre avec une orthodoxie « rigide et

À gauche : Affiche de A.G. Fronzoni (né en 1923). Ce minimaliste italien travailla les couleurs d'impression, les bords du support et la réduction des corps des caractères sans qu'ils perdent leur lisibilité.
Ci-dessous : Le Frutiger, dessiné par Adrian Frutiger entre 1973 et 1976 et proposé par Linotype en 1976, fut créé pour la signalisation de l'aéroport Charles-de-Gaulle à Paris. Dérivé de l'Univers de Frutiger dans son choix réduit de formes, il est beaucoup plus ouvert (voir le c et le e) ; les capitales sont plus petites que dans l'Univers et les jambages inférieurs et supérieurs plus longs. Pour ces lettres, Frutiger s'inspira des capitales gravées romaines.
Page ci-contre, en haut : Le Bell Centennial (1975-1978) et le Galliard (1978) furent conçus par Matthew Carter pour Linotype. Le premier fut commandé par la compagnie de téléphone américaine AT&T pour ses annuaires et devait occuper le moins d'espace possible. Carter dessina des lettres que l'on pouvait encore distinguer même lorsque leur forme était altérée ; les évidements importants dans les petits corps évitaient le bouchage. Le Galliard était une réinterpréation du dessin du XVIe siècle de Robert Granjon.
Page ci-contre : Les pictogrammes d'Otl Aicher pour les Jeux olympiques de Munich en 1972, basés sur une grille de 20 carreaux sur 20, ont fait progresser le langage international des signes non textuels.
À l'extrême droite : Lettre d'information Mobil conçue par Chermayeff & Geismar Associates, en 1975, destinée à diffuser la « culture typographique » de cette entreprise.

Frutiger *18pt*

ABCDEFGHIJKLMNOPQRSTUVWXYZ
abcdefghijklmnopqrstuvwxyz

Bell Centennial *24pt*

ABCDEFGHIJKLM NOPQRSTUVWXYZ abcdefghijklm nopqrstuvwxyz

Galliard *18pt*

ABCDEFGHIJKLM NOPQRSTUVWXYZ abcdefghijklm nopqrstuvwxyz

Mobil Graphics 9

Editor's Note

The Mobil Graphics series was initiated to establish good two-way communications to achieve Mobil's graphics design goals.

Articles in the series are tailored to meet the need for guidance in graphics problem areas as they are identified by Mobil people around the world. In previous issues, there have been arti-

cles on the use of alphabets, general arrangement of type, line spacing and obtaining reproduction copy.

This issue features a detailed description and visual illustrations of the Mobil Alphabet's letter spacing, which was generated by numerous requests received worldwide.

Graphic Design Advisory Group Expanded
The Mobil Graphic Design Advisory Group, the central graphic coordinating body at New York Headquarters has, with the addition of the Exploration and Producing Division in 1976, been expanded to ten members. The Group now represents:

1 U.S. Marketing and Refining Division
2 International Division
3 Exploration & Producing Division
4 Mobil Chemical
5 Mobil Sales and Supply
6 Corporate Purchasing
7 Trademark Counsel
8 Corporate Controllers

9 Corporate Research, Engineering, Products and Packaging
10 Corporate Relations

·The members of this group represent the principal graphics areas of Mobil's worldwide operations.

Mobil 1 Packages
The Mobil 1 brand name and package design is now being marketed worldwide in a variety of sizes, three of which are shown here. The graphics, which had to be adjusted for each container size and configuration, were developed by Mobil's graphics consultants and coordinated by the Corporate Design and Graphics Development department.

ennuyeuse » dans laquelle une adhésion aveugle au style suisse avait selon lui mené la typographie. Même s'il a marqué directement la naissance du style New Wave, le message sous-jacent de son enseignement était en fait « anti-style ».

Le graphisme que l'on associe à la musique punk et à la scène musicale de la fin des années 1970 exprimait une réaction et un rejet d'un ordre différent. Là encore, l'industrie musicale, par nature mouvante, curieuse, amatrice de nouveauté, montra qu'elle était capable de lancer des défis. Les travaux de jeunes graphistes installés en Angleterre, où naquit ce mouvement éphémère, sont les plus remarquables : Barney Bubbles (Colin Fulcher), Jamie Reid, Malcolm Garrett et Peter Saville se firent connaître à cette époque, non pas en créant une esthétique dominante, mais par leur inventivité

et leur pillage assez irrespectueux du passé et de l'art vernaculaire. À l'instar de la musique qu'ils présentaient, ils voulaient faire comprendre que leur communication avait plus à voir avec l'émotion qu'avec la raison.

Les extrêmes des années 1970.
À droite : Ces emballages de produits des supermarchés anglais Sainsbury, au début des années 1970, montrent jusqu'où s'étendirent les règles de contrôle du style international. Les produits étaient conditionnés dans des emballages ne comportant qu'un minimum d'éléments graphiques, composés en caractères bâtons, pour suggérer un bon rapport qualité-prix.
Page ci-contre à droite : Toutes sortes de valeurs établies subissaient les attaques du graphisme punk qui cherchait à remettre en question les conventions. En témoignent les couvertures des disques des Sex Pistols, de Jamie Reid, dont on voit ici le dos de l'album *Never Mind the Bollocks*. Sa typographie dans le style « lettre anonyme » faisait partie d'une stratégie générale d'appropriation et de subversion, inspirée du mouvement situationniste des années 1960.
Page ci-contre, à gauche : Quelque part entre les deux, on pouvait voir aussi des graphismes expérimentaux, entre graphisme et cinéma, rendus possibles par les effets informatiques. Les génériques des films conçus par R/Greenberg Associates à la fin des années 1970 furent les premiers exemples de l'utilisation de logiciels performants pour obtenir des effets graphiques dans des séquences d'*Alien* (comme ici) et de *Superman*. Ce travail permit la mise au point d'outils qui plus tard devinrent courants.

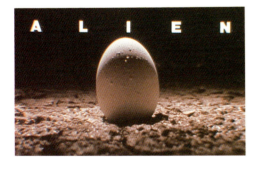

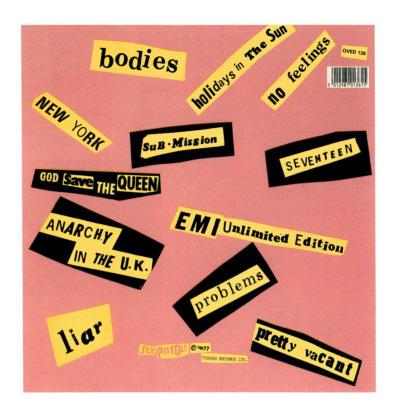

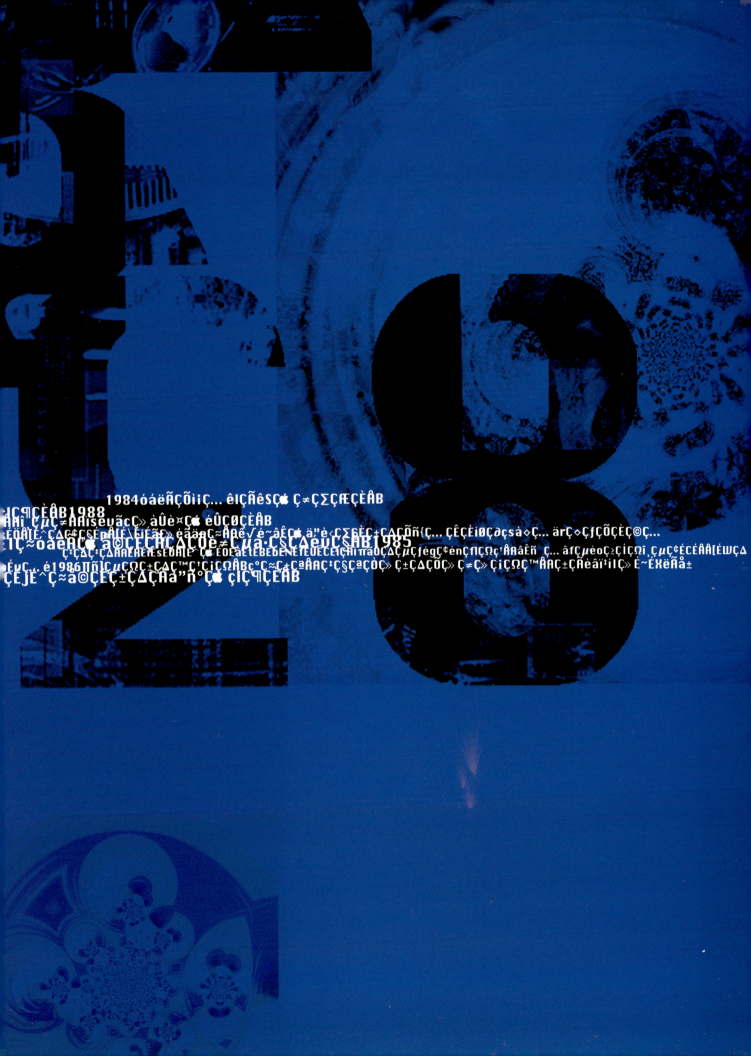

« Pendant très longtemps, a déclaré Matthew Carter à la fin des années 1980, j'ai redouté toutes les situations, comme par exemple les dîners en ville, où l'on me demandait quel était mon métier. Les gens n'avaient aucune idée de ce que faisait un dessinateur de caractères. Aujourd'hui, il arrive que je me trouve dans un restaurant et que le serveur s'approche pour me dire : "Je vous ai bien entendu parler de polices de caractères ?"[1] »

Ce serveur est exceptionnel, certes, mais c'est aussi le cas de la transformation radicale qui s'effectua au cours des années 1980 dans la prise de décision en matière de typographie : jusqu'alors domaine mystérieux, dont même certains graphistes n'avaient que des connaissances élémentaires, la typographie, à la fin de cette décennie, était pratiquée dans des millions de foyers et de bureaux.

L'apparition de l'ordinateur personnel est à l'origine de ce phénomène. Le premier PC (*personal computer*) fut commercialisé par IBM au début des années 1980. Il fut ensuite énormément « cloné » – c'est-à-dire copié par des produits concurrents, beaucoup moins onéreux, avec lesquels on pouvait utiliser le même logiciel. Il n'était plus nécessaire d'être diplômé en informatique pour faire fonctionner ce type d'appareil, et les outils permettant d'ajouter des fonctions à l'ordinateur étaient vendus à un prix abordable. C'est sur cette séparation entre la fonctionnalité du logiciel d'une part et le matériel d'autre part que se fonda une nouvelle forme de graphisme et de mise en page : le contrôle typographique n'était plus lié à l'emploi de gros équipements, comme cela avait été le cas pour la composition chaude ou la photocomposition.

L'ordinateur personnel Macintosh Apple, lancé en 1984, fut le premier d'une longue série de systèmes « conviviaux » : il était doté d'une présentation baptisée « wysiwyg » (*what you see is what you get* : « ce que vous voyez (à l'écran) est ce que vous obtenez (à l'impression) ») qui non seulement permettait de voir le texte mais constituait aussi une métaphore du bureau de l'utilisateur. Ainsi naquit la PAO (publication assistée par ordinateur) : avec ces nouveaux systèmes, il était désormais possible de créer et de générer des documents publiables, soit sous leur forme définitive (par le biais d'une imprimante de bureau) soit sous une forme prête à être transmise à un imprimeur extérieur. La composition et d'autres tâches d'imprimerie se fondirent dans le processus même qui menait à la conception graphique sur écran.

Les graphistes se mirent à faire leur propre composition. Des logiciels de mise en page, comme PageMaker et QuarkXPress, simulaient à l'écran les outils et le bureau du graphiste. Équipés au départ de fonctions typographiques relativement sommaires, ils furent rapidement perfectionnés pour répondre à la demande des utilisateurs et pour faire bénéficier ces derniers des rapides avancées technologiques. En plus de l'adaptation des caractères à l'univers numérique et du développement de firmes commercialisant des polices dans ce contexte (voir *infra* Bitstream et Emigre), le fait qu'un choix de caractères, même imparfaits, était en permanence disponible à l'écran créa une nouvelle perception de ce sujet. Le « Mac » était en effet livré avec un certain nombre de polices intégrées dans son logiciel système, dont des versions du Courier (référence au passé et à la machine à écrire), de l'Helvetica et du Times, ainsi que de nouvelles polices écran adaptées à la basse résolution (72 points par pouce) du moniteur : le Chicago (employé pour l'affichage système), le Geneva, le Monaco et le New York. Non destinées à l'impression, elles ne servaient qu'à l'affichage écran.

Le « Mac » et les logiciels connexes s'étaient tellement développés à la fin des années 1980 que le secteur du graphisme adopta le contrôle, la vitesse et l'économie qu'ils rendaient possibles. Différents logiciels permettant l'intégration du texte et des illustrations dans la mise en page à l'écran furent mis au point ; ils proposèrent peu à peu des fonctions dont on osait à peine rêver avant l'apparition du numérique. Dans une certaine mesure, ces nouveaux processus « orientaient » le graphisme (pour donner un simple exemple, les configurations par défaut et les suggestions d'affichage sur écran à l'intérieur d'un programme incitaient les graphistes à choisir certaines options) ; en d'autres termes, les décisions se prenaient en fonction des paramètres fixés par les programmeurs. La baisse du prix des scanners et les facilités de connexions avec d'autres programmes permirent d'importer dans les ordinateurs quantité de données imprimées, photographiques ou filmées qui pouvaient être utiles aux graphistes. Parallèlement, les progrès des logiciels dans des domaines proches, comme le traitement de texte, intégrèrent certains outils des typographes dans la nouvelle technologie. Pour la première fois, on bénéficiait d'une chaîne de fabrication ininterrompue, dans laquelle tous les éléments pouvaient être créés dans le même format – numérique – et regroupés dans un « centre de production » créatif : le « bureau » de l'ordinateur.

Tout cela ne se fit pas en un jour, bien entendu... mais si vite ! Au début des années 1990, la majorité des documents imprimés était encore plus ou moins réalisée avec les méthodes traditionnelles. L'adoption et le développement de la nouvelle technologie s'effectuèrent à un rythme beaucoup plus soutenu que les précédentes mutations techniques dans l'imprimerie et les communications. S'il avait fallu des dizaines d'années pour que la composition chaude se généralisât et bénéficiât d'un large choix de caractères, et vingt ans pour que la photocomposition domine le marché, la révolution informatique se produisit en moins de dix ans. Au début des années 1980, l'apport informatique dans le graphisme était quasi inexistant. En 1990, une étude menée aux États-Unis montrait que 68 % des graphistes travaillaient sur ordinateur et que 26 % étaient sur le point d'en acheter un[2].

« D'après mon expérience, le temps consacré à concevoir et réaliser un caractère est passé d'un an à un jour », dit un jour Matthew Carter alors qu'il comparait ses débuts dans la carrière de dessinateur de caractères (il avait appris la gravure sur poinçon dans la vénérable imprimerie hollandaise Enschedé dans les années 1950) avec les possibilités que les logiciels de création de polices avaient offertes aux graphistes à partir du milieu des années 1980[3]. Sa carrière suivit toute cette évolution : après avoir travaillé pour Crosfield puis pour Linotype comme dessinateur de caractères (il adaptait et mettait au point des caractères pour la photocomposition), il fonda Bitstream en 1981 avec d'anciens collègues de chez Linotype. À certains égards, l'apparition d'un fournisseur de caractères indépendant reprenait la voie ouverte par International Typeface Corporation. Bitstream vendait des caractères numérisés aux sociétés qui commercialisaient des

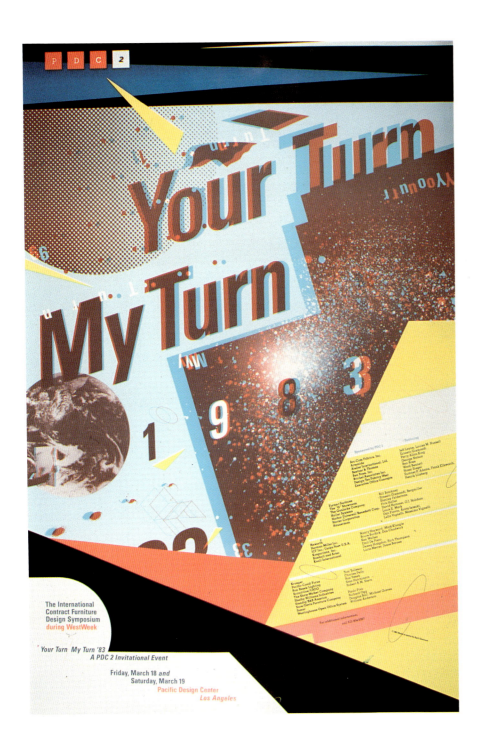

À gauche : Affiche d'April Greiman pour le Pacific Design Center, 1983. À partir de ce qu'elle avait appris avec Wolfgang Weingart dans les années 1970, la graphiste californienne April Greiman (née en 1948) trouva une démarche personnelle qu'elle intitula « imagerie hybride », inspirée du langage vidéo et informatique ainsi que du graphisme d'impression. L'originalité de son travail est évidente, avec des effets de mauvais repérage des couleurs, de mise en valeur du point de trame et de jeu avec le plan imprimé. En même temps, on note une certaine rigueur dans l'ordonnancement des différents pavés de texte qui rappelle le style suisse.

appareils d'imagerie électronique et avaient besoin de se constituer une bonne typothèque pour que leurs systèmes pussent fonctionner. Pour éviter que chaque fabricant soit obligé de rassembler sa propre typothèque, Bitstream mit en place une politique de numérisation de caractères et leur vendit des polices sous licence. Il fallut bien entendu adapter de nombreux caractères classiques pour que cette typothèque soit utile. C'est pourquoi la majorité des caractères Bitstream sont ceux dont les originaux appartiennent au domaine public ou sont sous licence d'autres fournisseurs. Au cours de la décennie, cette typothèque se développa jusqu'à contenir plus de mille polices, cédées sous licence à environ trois cents fabricants, ce qui donne une idée de l'explosion des possibilités d'impression des caractères, quand on compare avec le petit

nombre de fabricants qui avaient été à même d'investir sérieusement dans la composition chaude puis dans la photocomposition.

Cette typothèque comprenait d'importantes nouveautés, à commencer par le Charter, créé par Carter en 1987. C'était l'un des nombreux caractères destinés à tenir compte des variations de la qualité d'impression, celle-ci pouvant en effet modifier l'aspect d'un caractère : si les composeuses à haute résolution (1 200 points par pouce ou plus) permettent de reproduire les détails les plus fins d'un dessin, les imprimantes ordinaires (de 300 ppp et parfois moins) provoquent en revanche la dégradation de nombreux caractères. Ce phénomène est particulièrement flagrant dans les petits corps, le nombre de points qui constituent le dessin d'un caractère en corps 8, par exemple, étant trop réduit pour que les

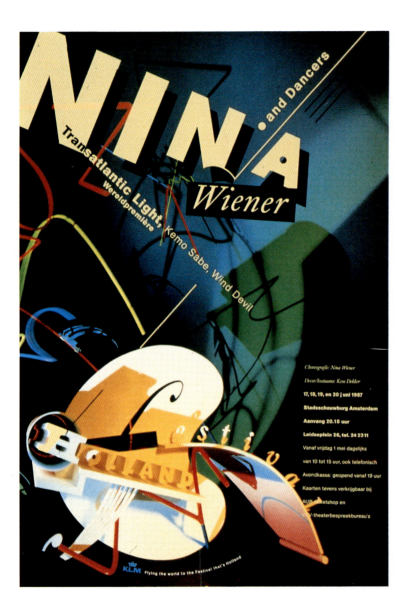

Page ci-contre : Le Lucida, dessiné par Charles Bigelow et Kris Holmes pour Adobe en 1985, fut le premier caractère dessiné spécifiquement pour les imprimantes à laser, qui acceptait différentes résolutions d'impression. Le Stone Sans faisait partie d'une famille de dix-huit variantes conçue entre 1984 et 1987 par Sumner Stone pour Adobe. Il était censé fonctionner avec la technologie numérique aussi bien pour l'affichage publicitaire à basse résolution que pour les textes d'édition.

À gauche : Entre le milieu et la fin des années 1980, le Studio Dumbar de La Haye fut à l'avant-garde d'une production graphique influente aux Pays-Bas. Dirigé par Gert Dumbar (né en 1941), qui s'inspirait des modernistes hollandais tels Piet Zwart, ce cabinet de création s'appuyait souvent sur des constructions graphiques qui mêlaient des images et des photographies mises en scène, jouant avec la perspective du lecteur.

empattement fins restent visibles. Le Charter répondait à ces conditions : il offrait une famille limitée (romain, gras, noir et italique) aux lettres trapues et ouvertes qui ne perdaient ni en définition ni en détail lorsqu'elles étaient imprimées sur une imprimante standard à basse résolution.

Les premières procédures permettant de faire face au problème des sorties à basse résolution apparurent dans la série de caractères (Demos, Praxis et Flora) créés par Gerard Unger et lancés entre 1976 et 1980 alors qu'il travaillait avec le fabricant allemand de composition numérique Dr.-Ing. Rudolf Hell GmbH. Ces trois caractères – à empattement, sans empattement et italique – possèdent un grand œil, une forme ouverte et trapue que l'on retrouvera plus tard dans l'Amerigo, le Charter et d'autres caractères numérisés destinés à de multiples applications. Selon Unger, les

contraintes de ce travail n'étaient pas très éloignées des paramètres du dessin des principaux caractères des quatre siècles précédents.

En créant la famille Lucida, en 1985 pour Adobe Systems (qui menait une politique de dessin de caractères en complément de ses logiciels de graphisme) Kris Holmes et Charles Bigelow poussèrent cette idée encore plus loin : ils travaillèrent la netteté et la lisibilité afin d'obtenir une linéale et un caractère à empattement simplifié qui devaient reprendre les caractéristiques favorites des caractères classiques en tenant compte des contraintes de la nouvelle technologie à basse résolution au lieu de s'y opposer. Holmes l'expliquait ainsi : « Les formes de base du caractère Lucida sont volontairement simples et dépourvues de détails inutiles, afin que la forme des lettres puisse émerger nettement de l'effet

Lucida *30pt*

A B C D E F G H I J K L M N O P Q R S T U V W X Y Z a b c d e f g h i j k l m n o p q r s t u v w x y z

Stone Sans *30pt*

A B C D E F G H I J K L M N O P Q R S T U V W X Y Z a b c d e f g h i j k l m n o p q r s t u v w x y z

"parasite" des imprimantes. Certains éléments traditionnellement complexes, comme les fûts évasés, les angles d'empattement et les empattements, sont rendus de façon schématique par des formes polygonales et non par de subtiles courbes. Dans les petits corps et avec des appareils à basse résolution, ils restent nets ; dans les grands corps et avec une meilleure résolution, ils révèlent des modulations intéressantes. »

Holmes et Bigelow conçurent également Pellucida, une série de polices d'affichage bitmap qui cherchaient à rendre au mieux les différentes caractéristiques de la famille malgré la mauvaise résolution du moniteur (l'équivalent de 72 points par pouce sur un écran standard). Tous les caractères de composition numérique nécessitent une version de la police pour l'écran, mais leur fréquente imprécision les rendait peu

pratiques, car « ce que l'on voyait » n'était pas du tout « ce que l'on obtenait ».

L'une des difficultés avec les polices d'affichage, mis à part leur basse définition, était qu'elles étaient souvent importées par l'ordinateur à partir des données des corps les plus proches. Il en résultait parfois un caractère très laid sur l'écran, étant donné que l'ordinateur peut « améliorer » les mauvais éléments du dessin. Adobe, la société qui commercialisait Lucida, lança une méthode pour surmonter cet inconvénient, le « hinting » : un processus d'ajustement intégré dans l'information sur le caractère, qui répartit automatiquement les points du caractère dans les petits corps pour pallier les problèmes de basse résolution, mais au détriment de la forme originale du dessin. Quoi qu'il en soit, quand elle commercialisa son logiciel Adobe Type Manager,

la société proposa une technologie aux normes industrielles qui éliminait l'effet gênant de « pixelisation » lors de l'agrandissement des polices au-delà de leur taille d'origine. En outre, la prolifération des logiciels et matériels numériques engendra une demande pour l'élaboration d'un langage commun pour les données typographiques dans les fichiers informatiques. Différents langages furent mis au point, mais ce fut PostScript, lancé en 1983 par Adobe, qui l'emporta. Au lieu de travailler avec une image bitmap, Postscript dessine et remplit des courbes de Bezier pour obtenir une meilleure image imprimée.

Alors que de nombreux graphistes pouvaient (ils l'ont d'ailleurs fait) continuer à concevoir des travaux que l'on aurait pu croire réalisés en photocomposition ou même en composition chaude, une nouvelle génération de graphistes, aidée par de récents progrès dans la technologie du film et de la photographie, tirèrent parti de la liberté avec laquelle ils pouvaient désormais exploiter la forme typographique.

La revue californienne *Emigre* eut une grande importance à la fois parce qu'elle fit la démonstration de ces idées nouvelles et parce qu'elle centralisa les débats sur la typographie numérique et les questions de graphisme. Lorsqu'elle parut en 1984, c'était un magazine culturel au sens large, mais elle accorda une place de plus en plus grande au graphisme puis à la typographie. Ses fondateurs, Rudy VanderLans et Zuzana Licko, avaient parallèlement créé une « fonderie » de polices numériques, qui commercialisait les caractères dessinés par Z. Licko mais aussi ceux d'autres graphistes. Leur travail s'appuyait au départ sur la structure même du pixel, puis ils s'intéressèrent progressivement aux questions

Industria Solid *21pt*

ABCDEFGHIJKLMNOPQRSTUVWXYZ
abcdefghijklmnopqrstuvwxyz

Insignia *21pt*

ABCDEFGHIJKLM
NOPQRSTUVWXYZ
abcdefghijklmnop
qrstuvwxyz

Page ci-contre : Neville Brody devenu célèbre, la typographie « à la Brody » devint très courante. Cette publicité est l'une des rares qu'il lui-même. Ci-dessus : Deux des caractères qu'il dessina avant l'ère numérique. À droite : Pochette de disque conçue par Vaughan Oliver en 1988 : une typographie haute en couleur et des images sombres caractéristiques des travaux très remarqués qu'il réalisa pour les disques 4AD.

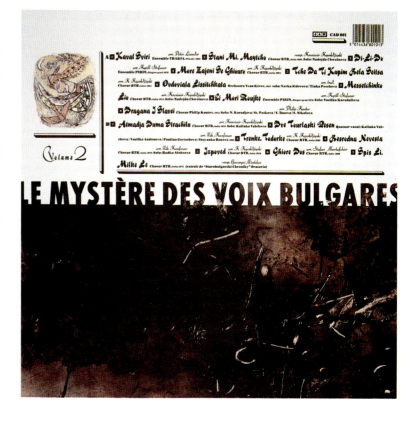

esthétiques liées aux possibilités des systèmes et aux préoccupations des graphistes.

Le graphiste Neville Brody fut très influent au cours de cette période. Son travail sur les revues de style anglaises *The Face* et *Arena* le fit connaître internationalement, en partie grâce à l'engouement des médias pour le graphisme « à la mode », à la publication en 1988 de *The Graphic Language of Neville Brody*, et à une exposition qui fit le tour du monde. Un tel phénomène résultait sans doute de l'arrivée d'une nouvelle génération de « producteurs graphiques » libérés par la technologie numérique : la typographie et le style graphique étaient plus accessibles, moins éloignés du grand public. C'était devenu, un peu comme la mode ou l'alimentation, une composante supplémentaire du « goût », à comprendre et à explorer.

Sans entrer dans les détails, les effets de « l'école Brody » se firent sentir dans l'utilisation des formes de lettres comme outils graphiques, le dessin « artisanal » de nouvelles lettres de titrage (Brody dessina à la main les caractères inspirés du constructivisme qu'il employa pour *The Face*, mais leur esthétique est proche des polices bitmap) et dans le rôle d'éléments expressifs de la page donné aux éléments typographiques. Dans cette utilisation du langage de la typographie numérique comme un « matériau » à exploiter, il y avait des liens, implicites, avec la typographie New Wave expressionniste enseignée par Wolfgang Weingart. Terry Jones, qui fonda la revue *i-D*, est aussi l'un des graphistes qui marquèrent la presse périodique anglaise des années 1980. La lisibilité y était sévèrement remise en question, dans un esprit proche du psychédélisme de la fin

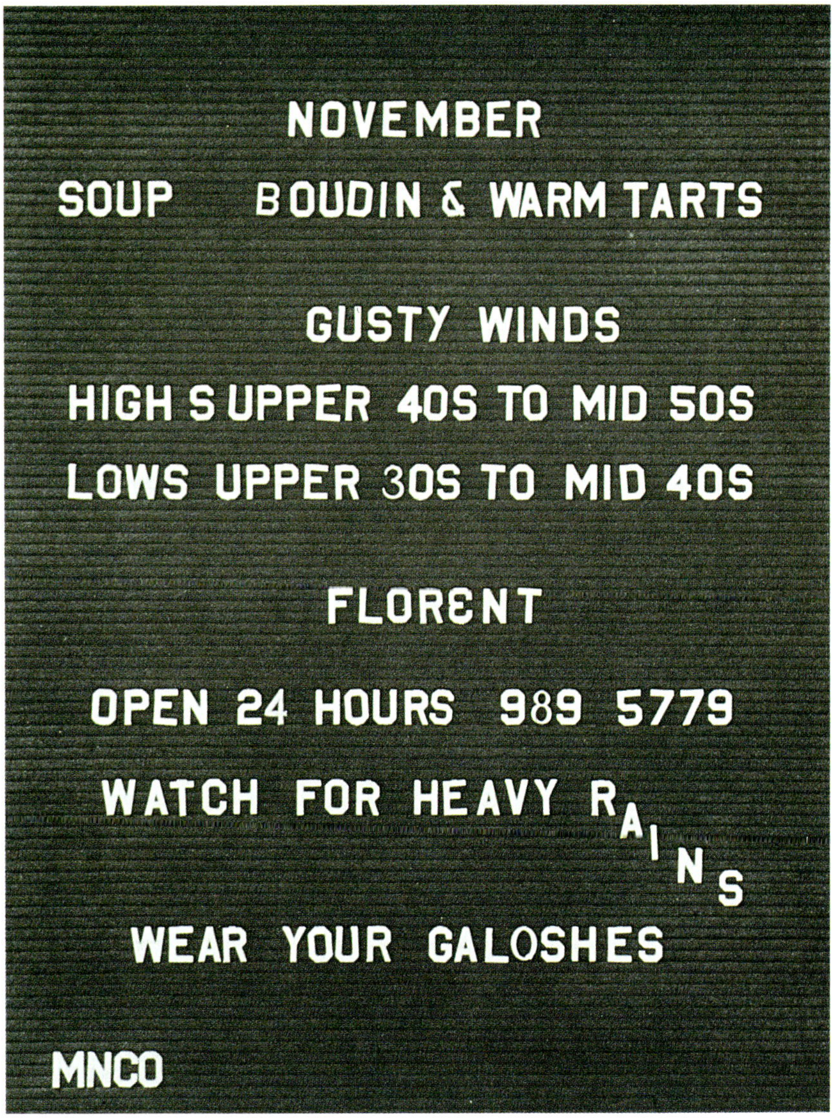

Matrix *21pt*

ABCDEFGHIJKLMN
OPQRSTUVWXYZ
abcdefghijklmnop
qrstuvwxyz

Ci-dessus et ci-contre : Quelques exemples des débuts d'Emigre Graphics. Utilisant le premier Macintosh comme outil de dessin, Z. Licko réalisa au milieu des années 1980 une série de polices bitmap, comme l'Emigre Eight. Ses dessins évoluèrent avec la technologie : avec le Matrix, ci-dessus, elle cherchait à dessiner un caractère à empattements qui ne seraient pas altérés dans la sortie à basse résolution.

À gauche : Les graphistes américains remettaient en question le modernisme et exploraient leur patrimoine graphique pour y trouver des sources d'inspiration. Tibor Kalman (né en 1949) le fit avec beaucoup d'esprit, comme en témoigne cette carte d'un bistrot branché new-yorkais, qui reprend le panneau à lettres mobiles des restaurants bon marché en y introduisant des jeux typographiques inspirés d'Apollinaire. Page ci-contre, à droite : Couverture du disque *Confusion* de New Order, 1983, conçue par Peter Saville, pionnier d'un courant typographique sobre.

des années 1960. Le sens des mots était bouleversé par des surimpressions criardes et un texte dactylographié, des mises en réserve dans la quadrichromie, des déformations à la photocopieuse et autres expériences graphiques – tout ce « bruit » faisait partie du message, bien entendu. Aux yeux des lecteurs de *i-D*, la qualité typographique englobait la visibilité autant que la netteté pour créer la lisibilité. Les revues de ce genre – *i-D*, *The Face* et *Blitz* en Grande-Bretagne – ou proches – *Actuel* en France ou *Wiener* en Allemagne – étaient plus ou moins des symboles d'appartenance que l'on exhibait au moins autant qu'on les lisait.

Les méthodes d'enseignement étaient en retard d'une génération par rapport à l'actualité des nouvelles technologies et de la typographie des magazines de société. Les écoles et leur encadrement étaient encore très attachés

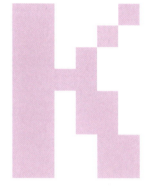

Emigre Eight *42pt*

ABCDEFGHIJKLMNOPQRSTUVWXYZ
abcdefghijklmnopqrstuvwxyz

aux anciennes techniques et leurs programmes éducatifs en étaient le reflet. Tant sur le plan intellectuel que financier, il leur était difficile d'adopter les appareils récents aussi librement que l'avaient fait les studios de création d'avant-garde ou les organes d'édition. La Cranbrook Academy of Art, une école américaine, fit cependant exception dans ce domaine. L'enseignement et les travaux graphiques de Katherine McCoy au cours des années 1980, repris par des étudiants reconnus tels que Jeffery Keedy, Edward Fella, David Frej et Allen Hori, eurent une influence qui dépassa de loin le cadre universitaire. Plus tard, ses étudiants furent nommés à la tête de nombreuses écoles de graphisme aux États-Unis. L'orientation donnée par McCoy est particulièrement évidente dans un projet « pré numérique » : la conception, en 1978, d'un numéro de *Visible Language*,

revue universitaire sur les théories de la communication ; le texte était « déconstruit » par différents dispositifs typographiques (inversions, immense espacement des mots, marges inégales, etc.) témoignant de l'influence de Weingart. Katherine McCoy présentait cette démarche comme un exercice d'exploration de la « linguistique » typographique, cherchant à isoler le « matériel » (la structure de base de la communication) du « logiciel » (la signification du document). La dislocation était un moyen de provoquer une prise de conscience du signifié à partir du signifiant, pour employer la terminologie du linguiste Ferdinand de Saussure, qui exerça une certaine influence sur l'école. (La liste d'auteurs recommandés par les enseignants, particulièrement longue, incluait nombre de penseurs structuralistes et de théoriciens de la déconstruction.) Même si une grande partie du travail

Au cours des années 1980, des questions surgirent qui ne tenaient plus compte de l'histoire du dessin de caractères ; la « transparence » du dessin et l'héritage de la composition chaude avaient en effet de moins en moins de pertinence dans les médias électroniques.
Page ci-contre en haut : Les panneaux indicateurs à affichage matriciel (par exemple la signalisation du métro londonien installée à la fin des années 1980) exigent du lecteur une certaine participation et la conscience du moment auquel a lieu la lecture du message. Ils ont été à l'origine de la création d'œuvres d'art, telle cette enseigne lumineuse de Jenny Holzer à Picadilly Circus, en 1988 (à droite). Ces œuvres conceptuelles, basées sur la typographie, exploraient la relation entre le texte, l'image et le lecteur, provoquant une prise de conscience des dimensions qui débordait la tradition des caractères imprimés.
Page ci-contre : Le Chicago est l'un des caractères originaux qui étaient fournis avec les appareils Macintosh en 1984 ; ils étaient faits pour rester très nets sur un écran à 72 points par pouce et non pour être imprimés. Son rejet par « l'establishment » typographique n'eut aucun effet sur son utilisation ni sur sa fonctionnalité en tant que police système et police par défaut sur plusieurs générations d'ordinateurs Macintosh.

Chicago *48pt*

🍎 **File Edit View Label Special**

ABCDEFGHIJKLM
NOPQRSTUVWXYZ
abcdefghijklmn
opqrstuvwxyz

p.147

ne dépendait pas de la nouvelle technologie pour son exécution, la Cranbrook Academy, dans sa diversité et son dynamisme intellectuel, cherchait à proposer un nouvel « ordre du jour » à la typographie. Et – cela n'était pas une coïncidence – une technologie était en train de naître, qui allait y contribuer.

Dans le graphisme télévisuel, les nouveaux matériels favorisèrent l'apparition de techniques innovantes dans les années 1980, et notamment les programmes de manipulation d'images et de retouches initiés par Quantel (Paintbox et plus tard Harry) qui constituaient un outil puissant de manipulation du mouvement image par image, d'intégration des effets graphiques et de séquences en direct. Mais on accordait encore trop peu d'intérêt à la création de caractères adaptés aux contraintes particulières

de la télévision, qui était pourtant devenue le principal moyen de communication. La plupart du temps, les titres et autres informations typographiques étaient composés dans un caractère gras simple avec un interlignage rudimentaire. Les tentatives plus audacieuses se trouvaient confrontées au fait que les caractères d'imprimerie n'étaient pas adaptés à l'écran : les graisses fines et les empattements ne survivent pas à la définition grossière de 625 lignes (ou moins) de la masse bouillonnante de données fournie par le balayage de la construction d'image télévisuelle.

Outre ces innovations technologiques et les travaux des graphistes qui en tiraient parti, on assista dans les années 1980 à des réinterprétations éclectiques et à des emprunts à différentes sources, grâce en particulier à la possibilité apportée par le scanner d'intégrer des éléments dans une

86.1

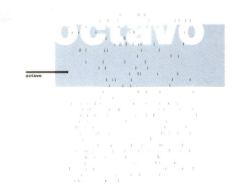

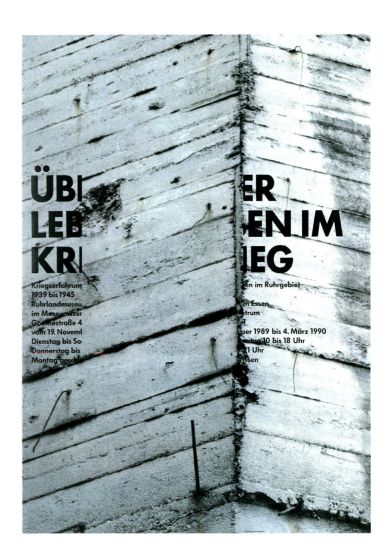

mise en page électronique. Pour les typographes, cette méthode comportait un grand avantage : les anciens caractères classiques, qui n'existaient que dans les catalogues de spécimens ou dans une œuvre imprimée donnée pouvaient désormais être scannés et retravaillés, puis servir de base à une image ou à un nouveau dessin. Les ordinateurs avaient fait muter la nature même du graphisme : désormais, tout se ramenait à des données, et le processus de « remixage » entra dans une ère nouvelle.

Page ci-contre, à gauche : En 1986, le périodique *Octavo* fut lancé par un groupe de graphistes londoniens appelé 8vo. Ils défendaient la cause d'une meilleure qualité de la typographie et luttaient contre la « médiocrité » qu'ils constataient autour d'eux. Simon Johnston, Mark Holt, Michael Burke et Hamish Muir se proposaient de publier huit numéros de seize pages jusqu'en 1992 (Johnston avait alors quitté le groupe). Malgré son petit tirage, cette revue représenta un repère pour ceux qui souhaitaient perpétuer l'esprit des premiers modernistes.
Page ci-contre à droite : L'affiche, support créatif traditionnel en Europe, intéressa de nombreux graphistes importants. En Allemagne, Uwe Loesch (né en 1943) associait des messages minimalistes (le titre de cette affiche, *Überleben im Krieg*, signifie « Survivre pendant la guerre ») et une mise en page conceptuelle.
À droite : Générique d'une émission télévisée anglaise, conçu par l'agence English, Markell & Pockett en 1988. Les nouveaux systèmes de post production donnaient aux graphistes la possibilité d'intégrer la typographie dans d'impressionnants effets cinéma et vidéo. Ici, les mots défilaient, projetés sur des visages et sur le fond avant de se dérouler pour former le titre de l'émission.

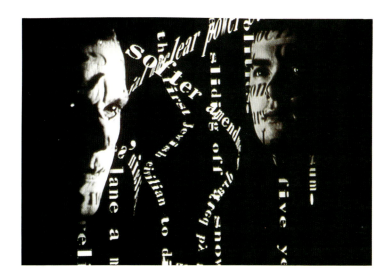

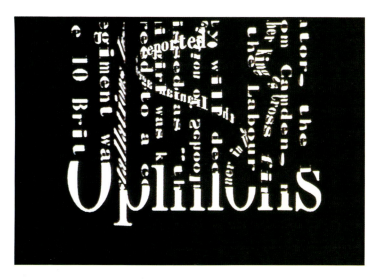

1990

Le XXᵉ siècle arrive à son terme. Nous quittons l'histoire et commençons à entrevoir ce que l'avenir nous réserve. L'«instant présent» se rapproche : la plupart des hommes et des techniques que nous allons évoquer dans ce chapitre prennent encore une part active à l'actualité – ou plutôt, nous le verrons, aux différentes actualités.

Il n'est pas inutile de garder à l'esprit que tout ce dont nous parlons dans ce livre concerne effectivement l'«instant présent». La typographie cherche à se rendre invisible dans la transmission d'informations, à créer un moment d'immersion, une «expérience» qui dépasse la simple apparence d'un objet, d'un document ou d'un panneau, et *est* en fait le message. À travers cette illusion, elle s'attache à relier directement le lecteur à l'objectif du message, qu'il s'agisse des horaires d'un indicateur de chemins de fer ou d'une œuvre littéraire. Mais si cette quête d'une «réalité virtuelle» et d'une transparence du message à délivrer constitue sa raison d'être essentielle, la typographie connaît de temps à autre des périodes de réflexion, de recherche, de profonde introspection. Ce fut le cas pendant les années 1990. Le passage aux techniques numériques et les innombrables possibilités, questions et défis qu'il souleva furent à l'origine d'une intense créativité typographique, et parfois d'expressions qui poussaient l'individualisme à l'extrême. Cela n'a rien de surprenant quand on pense à l'explosion d'activité typographique qui fit suite aux changements dans la technologie des médias ; il y avait toutes les raisons d'être introspectif. De ce fait, les caractères et la typographie gagnèrent beaucoup en visibilité.

Sur une carte postale qu'il réalisa en 1996 à l'occasion du lancement de son caractère FF Schmalhans, Hans Reichel le présentait comme le «3 285 467ᵉ caractère créé dans l'univers». Selon lui, notre univers pouvait accepter jusqu'à quatre millions de caractères ; il restait donc encore de la place pour un petit nouveau. Le premier chiffre était exagéré, mais le second sous-estimait l'infinie variété de polices aujourd'hui possibles. Avec humour, Reichel faisait référence à l'incroyable prolifération de nouveaux caractères à laquelle on assista, repoussa les limites de ce qu'on avait jusqu'alors cru nécessaire pour pratiquer la typographie. L'évolution technique permettait à tous ceux qui possédaient un ordinateur personnel de créer ou d'adapter des caractères, ou du moins de choisir parmi différentes polices. On pouvait donc estimer, au vu du nombre d'utilisateurs de PC, qu'il existait à la fin des années 1990 plus de cent millions de typographes et de dessinateurs de caractères. Du fait de l'usage généralisé des PC (et de leurs logiciels contenant des polices pré-chargées), cette «communauté» de typographes, en majorité non formés mais à même d'effectuer des mises en page, continue de croître. On est très loin des quelques dizaines de milliers de «prescripteurs» de caractères (dessinateurs, directeurs artistiques et imprimeurs) des générations précédentes. Les dessinateurs de caractères *stricto sensu* étaient encore moins nombreux à l'époque de la composition chaude – quelques milliers dans le monde tout au plus – du fait de la concentration de cette activité dans un très petit nombre de fonderies. Aujourd'hui, les ordinateurs personnels les plus basiques sont livrés avec des logiciels qui permettent de manipuler les polices fournies et de leur faire subir certains mauvais traitements. Ils sont

également équipés d'outils de dessin avec lesquels on peut «esquisser» des lettres, qui se retrouveront peut-être un jour dans le même espace numérique que les polices les plus classiques. Dessiner des caractères n'est plus nécessairement un métier ou un artisanat ; chacun peut le faire, même mal. C'est un peu comme la cuisine : nous pouvons tous préparer des repas, mais si certains réchauffent des plats tout prêts, d'autres dirigent de grands restaurants.

En dépit de toutes ces possibilités, les utilisateurs d'ordinateurs personnels, dans leur grande majorité, ne dessinent pas de caractères et jouent très peu avec eux : ils modifient la police par défaut, choisissent les options «gras» et «italique», augmentent tout au plus le corps et l'interlignage. Ils disposent pourtant d'outils typographiques auxquels ils n'avaient pas accès avant l'arrivée du numérique. Le PC a réuni les fonctions de l'écriture manuscrite, de la dactylographie et de la composition professionnelle. Il a mis la typographie dans les mains des profanes, même si ces derniers ne sont pas d'eux-même portés à assumer les responsabilités qui vont de pair avec le pouvoir. Et si ces typographes «par accident» ne s'intéressent pas particulièrement à la typographie, leur ordinateur le fait à leur place et produit de la «matière» typographique chaque fois qu'ils écrivent un texte ou qu'ils chargent des pages Internet avec une police par défaut qui «compose» grossièrement les informations demandées.

Même chez les graphistes professionnels, le nombre de caractères conçus dans les années 1990 fut sans commune mesure avec le passé, au point qu'il est impossible d'estimer le nombre de polices actuellement en circulation. On avait l'impression (et c'est encore le cas) que chaque jeune graphiste voulait dessiner sa (ou ses) police(s) ; de plus, bon nombre des entreprises vendant des caractères se lancèrent alors dans des «exercices typographiques» pour s'adapter aux nouveaux médias et commercialiser une «offre» en progression constante.

Elles numérisèrent leurs catalogues et proposèrent des milliers de polices sur CD-Rom et Internet. Elles firent l'acquisition de nouveaux caractères, en guise de produits d'appel pour leur politique de vente, et assurèrent une large promotion à leurs typothèques. Elles se restructurèrent sans cesse, évoluant vers une commercialisation «business-to-business» qui, avant l'ère numérique, lorsqu'elles vendaient des appareils avec leurs caractères exclusifs, n'avait jamais été aussi agressive. Le publipostage remplaça le déjeuner d'affaires. Le fait que ces entreprises, souvent installées de longue date, se mettent à vendre des caractères et du matériel de composition constitua un changement de taille. Elles rencontrèrent de plus en plus de difficultés, car le marché perdit sa stabilité et la PAO ne permit pas de perpétuer le modèle économique qui avait prévalu jusqu'alors.

La vente des caractères subit les conséquences de la prolifération des copies illicites de polices. (Au début du XXIᵉ siècle, on estime qu'au moins neuf fois sur dix, les caractères sont utilisés sans licence.) Les anciennes entreprises typographiques se lancèrent dans une concurrence acharnée sur le plan de la distribution, et la situation devint très confuse quand elles commencèrent à commercialiser des polices qui étaient déjà sous licence chez d'autres.

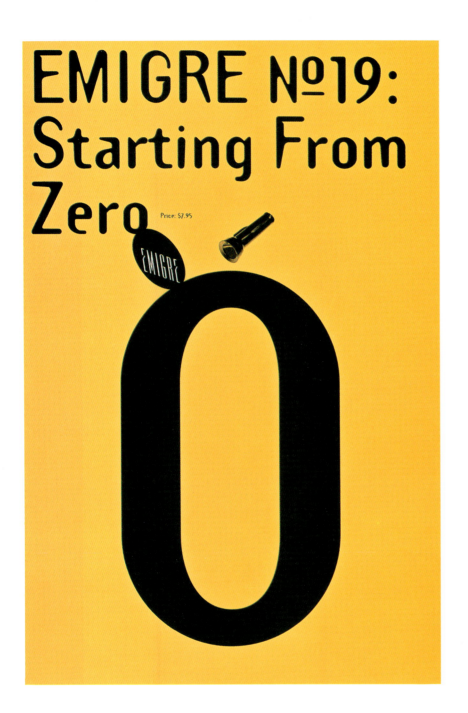

EMIGRE №19: Starting From Zero

Price: $7.95

EMIGRE

Dessiné par Barry Deck
et distribué par Emigre,
le caractère Template Gothic
apparut pour la première fois
en 1991 dans le numéro
d'*Emigre* intitulé « Starting from
Zero » (« En partant de zéro »).
Il fut rapidement baptisé par
un magazine « le caractère
de la décennie » et devint très
à la mode. Esthétiquement,
il s'inspirait de la signalétique
des laveries automatiques et
les formes des caractères
évoquaient l'affichage écran :
une association destinée à plaire
au moment où l'ordinateur,
devenu « personnel », était un
outil convivial pour le travail,
les loisirs et les jeux.

p.153

Le nombre grandissant de petites fonderies et de graphistes indépendants, qui par centaines passaient par Internet pour promouvoir et diffuser leur production, créa un climat de concurrence beaucoup plus âpre.

Un graphiste indépendant pouvait désormais concevoir ses caractères à domicile. Il était possible de créer une « fonderie » numérique avec en tout et pour tout un ordinateur Macintosh, une copie du logiciel Fontographer et – ce qui était peut-être le plus important pour réussir – une bonne connaissance du potentiel commercial du marché, à savoir les nouveaux acheteurs qu'étaient les graphistes professionnels et leurs clients ou employeurs.

Le magazine *Emigre* apporta la preuve que l'on pouvait créer des « marques » typographiques en s'appuyant sur les nouvelles technologies. D'abord consacré à la culture au sens large, il devint, dès le début des années 1990, le support privilégié de « polices expérimentales », au point qu'un numéro de 1993 de la revue musicale *Ray Gun* annonçait en couverture : « Aucune police Emigre ». Par cette allusion, son directeur artistique David Carson (voir plus loin) faisait savoir qu'il ne dépendait pas de ces caractères pour exprimer sa créativité. Il donnait aussi, incidemment, à comprendre ce qui était pour lui une évidence : tous ses lecteurs savait très bien ce qu'était une police.

Emigre choisit un créneau « haut de gamme » en vendant une gamme limitée de polices originales, à un prix relativement élevé par rapport à la tendance « vente en gros à prix cassé » des grandes firmes. Sa politique commerciale consistait à faire de chaque caractère un emblème du potentiel de la typographie et de la mondialisation du graphisme autant qu'un outil fonctionnel. Le fait qu'Emigre s'est ensuite mis à publier des disques et des livres montre bien que cette société se rapprochait plus d'un label indépendant ou d'un petit éditeur que d'un vendeur d'équipements typographiques à l'ancienne. Pour vendre des caractères, l'important était de se montrer créatif ; la technologie n'était qu'un élément de l'ère numérique. Pour leur image de marque et leur stratégie commerciale, les « fonderies » avaient besoin de quelques caractères « à succès » qui leur permettaient de survivre. Certains étaient destinés à rapporter de l'argent, d'autres à asseoir une réputation de créativité. Quelques-uns atteignirent ces deux objectifs.

Le Template Gothic de Barry Deck (1990), distribué par Emigre, fut très populaire ; il exprimait l'esprit de l'époque au point que les revues de graphisme le proclamèrent (un peu prématurément) « caractère de la décennie ». Avec ses formes évoquant les pochoirs, apparemment sans lien avec l'écriture manuscrite, il s'inspirait d'une tradition typiquement américaine (la signalétique des laveries automatiques) tout en évoquant la nouvelle technologie. Les marques de matériel hi-fi et les opérateurs téléphoniques l'adoptèrent pour leurs campagnes publicitaires.

Au cours des années 1990, le catalogue Emigre grossit jusqu'à inclure plus de deux cents caractères, pour la plupart dessinés par la créatrice « maison », Zuzana Licko. La démarche cohérente qu'elle approfondissait depuis plusieurs années avec Rudy VanderLans (le rédacteur en chef de la revue *Emigre*) leur valut une rétrospective de leurs travaux au musée d'Art moderne de San Francisco. Au cours des ans,

Z. Licko passa de l'exploration délibérée du langage numérique à une réinterprétation de la tradition typographique, avec des caractères qui correspondaient aux fiançailles du Baskerville, par exemple, avec le numérique, et qui aboutit à son caractère Mrs Eaves.

FontShop International (FSI), entreprise plus importante et plus « commerciale » qu'Emigre, naquit également dans le sillage de la révolution numérique. Créée en 1990 par les graphistes-dessinateurs de caractères Neville Brody à Londres et Erik Spiekermann à Berlin, elle choisit d'éditer et de distribuer des caractères tout aussi expérimentaux que ceux d'Emigre. En revanche, grâce à un réseau solide de distributeurs franchisés, elle connut une croissance beaucoup plus rapide : à la fin de la décennie elle possédait une typothèque de plus de mille polices et son catalogue était remis à jour quatre fois par an pour présenter les nouveautés. Le nom de ses caractères (comme le Schmalhans, ci-dessus) était précédé des lettres « FF » (Fontfont). FSI représentait plus de 80 dessinateurs mais – c'est souvent le cas dans d'autres secteurs – réalisait une part importante de son chiffre d'affaires avec un petit nombre de polices. Celles qui rapportaient de l'argent n'étaient pas les plus novatrices, mais celles qu'on pouvait céder sous licence ou utiliser pour la communication d'entreprise. Elles étaient disponibles dans de multiples corps et graisses, possédaient en général une certaine lisibilité, une grande souplesse d'application et une esthétique relativement neutre, mais avec un « petit quelque chose en plus ». Le Scala et le Thesis, originaux sans être ostentatoires, en faisaient partie, ainsi que le Meta, dessiné par Spiekermann, et très employé au cours de la décennie. La rigueur fonctionnelle de ses créations influença de nombreux caractères à succès et explique la popularité d'autres polices, telles les réinterprétations du DIN et de l'OCR lancées par FSI (voir les légendes des illustrations plus d'information sur ces trois caractères phares des années 1990). Le soutien que FSI accordait aux jeunes graphistes était en outre une garantie de qualité pour les jeux de caractères et de la construction générale des polices, ce qui n'était pas toujours le cas de la production des petites « fonderies » indépendantes.

FSI s'appuyait sur un réseau de distributeurs couvrant différentes régions du monde, mais rencontra quelques difficultés avec certains d'entre eux, notamment aux États-Unis et au Royaume-Uni. En 1996, Neville Brody, qui était représenté chez FSI, intenta un procès à l'encontre de son distributeur britannique FontWorks, dont il était propriétaire à 51 %, et qui menaçait de lancer une contre-offensive contre FSI. Ce conflit aboutit à l'association de FSI avec Monotype, qui devint le nouveau distributeur de ses polices : l'un des grands noms de la typographie traditionnelle s'unissait à la nouvelle force commerciale.

FSI basa son image de marque sur un graphisme contemporain et innovant. À nouveau, le secteur de la musique ou de l'édition vient à l'esprit comme modèle de ce choix plutôt que les anciennes entreprises de vente de caractères : FSI ne possédait pas de studio intégré pour le dessin des nouvelles polices, mais se comportait comme un éditeur dont la réputation attirait de jeunes graphistes et les créations de graphistes établis. La renommée de ses fondateurs, alliée à la politique commerciale énergique de ses distributeurs (qui apportèrent également de nouveaux caractères et de nouveaux graphistes), aboutit à une organisation très compétitive n'avait pas le handicap d'un passé pré-numérique ou d'une activité connexe.

Les caractères n'étaient plus rattachés à des appareils particuliers, comme cela avait été le cas avec la composition chaude ou la photocomposition, et l'on n'en était plus à la numérisation massive de caractères comme avec Bitstream. L'activité n'était plus centrée sur la technologie (appareils de photocomposition ou de composition chaude, ou même feuilles-transfert Letraset), mais uniquement sur la commercialisation des polices. FSI et Emigre, pourtant loin d'être majoritaires dans le secteur de la distribution, furent à l'origine d'une nouvelle conception de la vente et du dessin de caractères. En effet, c'est uniquement grâce à la technologie numérique que les petites « fonderies » – telles [T-26] ou House Industries – ou les graphistes-distributeurs – tels Jon Bambrook et sa marque Virus ou Jean-François Porchez et sa Typofonderie – étaient en mesure de créer et de distribuer des polices. Des centaines de petites marques, qui parfois vendaient les créations d'un seul graphiste, apparurent ; certaines étaient également représentées dans des typothèques plus importantes, d'autres sur des sites Internet agrégateurs, d'autres enfin par plusieurs distributeurs.

Si le passage au numérique s'effectua rapidement, certaines questions, comme le choix de la plate-forme informatique (PC ou Mac) ou du format de caractères (polices PostScript ou TrueType), pouvaient encore brouiller les cartes. Généralement, les polices vendues étaient compatibles avec toutes les applications rentables, dans la mesure où les adaptations n'impliquaient que de légères modifications de logiciels et non des investissements dans

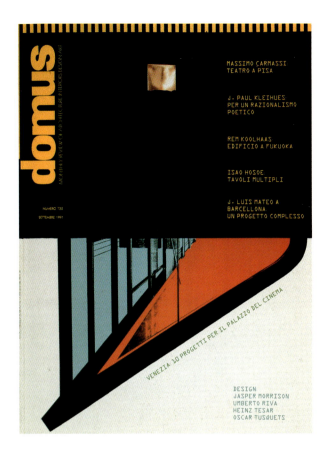

À gauche : D'inspiration technologique ou vernaculaire, les polices Emigre se diversifièrent de plus en plus dans les années 1990. En 1991, Zuzana Licko remettait, avec le Totally Gothic, la gothique grasse au goût du jour. « Il paraît curieux, écrivait-elle, que les caractères gothiques, que nous trouvons illisibles aujourd'hui, aient été préférés à des dessins plus humanistes aux XIe et XVe siècles. De même, des types de caractères que nous considérons illisibles aujourd'hui peuvent très bien devenir les classiques de demain. »
Ci-dessus : Couverture du magazine *Domus*, septembre 1991. Le directeur artistique, Italo Lupi, choisit pour son titre l'OCR-A, un caractère emblématique de la technologie informatique intermédiaire mais qui, en 1991, était devenu une référence postmoderne.

du matériel. L'apparition de ces nouvelles entreprises accéléra aussi la cure de rajeunissement des créateurs et distributeurs de caractères traditionnels, qui abandonnèrent la vente des appareils de composition, en net déclin.

La mort et la renaissance de Monotype illustrent cette évolution. En 1992, après plusieurs années de restructuration, Monotype Corporation, confrontée à l'adoption rapide de la PAO et à la disparition du marché des équipements de composition, se retrouva dans une situation critique. Elle changea de propriétaire, puis fut mise en liquidation judiciaire avant de devenir Monotype Typography et de se consacrer à la vente de logiciels. En 1997, elle célébra le centenaire de son activité de « fabrication de caractères » ; elle basait son activité sur la valorisation de son fonds de polices classiques, ainsi que sur le dessin sur

commande et le travail de consultant. Ce passage à la commercialisation de la propriété intellectuelle avait commencé avant la liquidation de Monotype Corporation : des contrats de licence avaient été signés avec Apple Computer en 1989 et avec Microsoft en 1990. Ensuite, elle édita un CD-Rom rassemblant sa collection de « classiques » avec Adobe Type Library qui, par l'omniprésence de ses logiciels, dominait le marché. Cette typothèque devint très importante grâce à la prédominance de Adobe dans la vente des logiciels de description de caractères PostScript. Pour Adobe, la vente des polices était une activité secondaire, un moyen de vendre autre chose, comme cela avait le cas autrefois pour Monotype. En 1997, la collection gravée sur double CD comprenait environ 5 000 polices. Elle ne contenait pas uniquement les typothèques Adobe et FSI, car

Berliner *24pt*

Les illustrations et caractères de cette double page font partie du projet *Fuse* lancé en 1991 par Neville Brody et Jon Wozencroft : une revue accompagnée d'un disque contenant des polices expérimentales et d'une série d'affiches, conçues par les dessinateurs, présentant leurs caractères. Ceux-ci n'avaient pas pour fonction d'être utiles ; ils remettaient en question la typographie et la communication. Le State de Brody, que l'on voit dans l'affiche illustrée à gauche, donnait le ton de cette recherche : « pénétrer à l'intérieur de la structure de l'alphabet et accentuer les formes inhérentes au langage écrit... ». Brody affirmait qu'il n'était pas destiné à un usage quotidien et ajoutait : « La lisibilité est un état conditionné. Je voulais éloigner la typographie de son rôle purement utilitaire pour l'amener vers un rôle qui fût potentiellement plus expressif et visuellement dynamique. » L'illustration de la page ci-contre a été réalisée par le graphiste suisse Cornel Windlin avec son caractère Moon Base Alpha qui, malgré une lisibilité « non conventionnelle », est aujourd'hui utilisé plus largement.

X-Fuse Fontur *12pt*

Whatthehell *18pt*

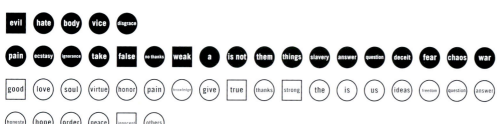

Monotype avait lancé une « Creative Alliance » avec Agfa. En cette année anniversaire, Monotype perdit finalement son indépendance et fusionna avec Agfa. Puis, en 2000, Agfa Monotype racheta ITC : les anciens fournisseurs poursuivaient leurs alliances pour créer une nouvelle grande entreprise de vente de caractères qui, en 2002, proposait 8 000 polices sur son portail Internet, fonts.com.

Linotype et Berthold, qui dans le passé avaient joué un rôle important dans la vente d'appareils de composition, connurent aussi un passage difficile dans les années 1990 : elles durent se battre pour rester dans la course et privilégier leurs actifs intellectuels par rapport à leurs anciennes activités qui périclitaient. Berthold conserva son indépendance, mais passa néanmoins un important accord de distribution de ses caractères avec Adobe. Linotype se recentra également sur

sa typothèque d'environ 4 000 polices, qu'elle fit de plus en plus distribuer par d'autres partenaires, sous la protection du fabricant d'imprimantes à qui elle appartenait.

Par contraste, Adobe, spécialisée dans les logiciels, finit par posséder l'une des plus importantes typothèques, et l'une des mieux distribuées. Elle était en position de force grâce à son leadership dans la vente des logiciels de description des pages (et polices) PostScript. Cela lui donna un avantage certain lorsqu'elle se mit à développer et à vendre sous licence des caractères et à monter des partenariats. Néanmoins, à la fin de la décennie, parallèlement à la baisse générale des actions des nouvelles technologies, sa politique d'innovation de ses logiciels atteignit ses limites et elle adopta une position de repli. En raison des problèmes de défense de la propriété intellectuelle

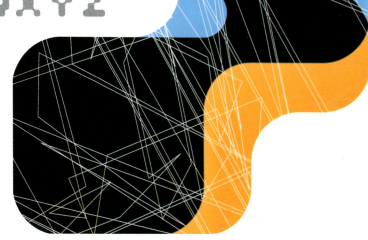

Moon Base *48pt*

ABCDEFGHIJKL
MNOPQRSTUWXYZ

Freeform One *24pt*

Atomic Circle *12pt*

Flixel *18pt*

Bits *18pt*

Crash *12pt*

et d'une offre commerciale pléthorique, la conjoncture économique n'était pas favorable, et investir dans la typographie n'était pas une priorité.

Pendant les années 1990, les CD-Roms et les catalogues étaient souvent distribués gratuitement et en grand nombre. Il suffisait d'un coup de téléphone pour déverrouiller une police sur un disque, la télécharger, se faire livrer par coursier dans la journée ou par courrier le lendemain. Le contraste était grand avec la période précédant le numérique, où les studios de création devaient attendre que les spécifications d'un caractère soient déterminées par un compositeur, qui à son tour devait commander la police à la fonderie. Pour donner une certaine « différence de marque » à une offre qui était de plus en plus identique, les fonderies numériques se mirent à soigner d'avantage sa présentation. Certains studios

investirent beaucoup dans le conditionnement de leurs polices. Carlos Segura, graphiste d'origine cubaine installé à Chicago, employa les grands moyens ; son [T-26] témoigne de la sophistication extrême qui fut atteinte dans ce domaine : les polices étaient livrées dans de jolis sachets en tissu contenant une série d'échantillons imprimés, et il réalisa des films Quick Time pour montrer les qualités des caractères en mouvement. Le [T-26] se matérialisait pour faire oublier qu'il n'était constitué que de données invisibles. De même, les polices Plazm, à Portland, empruntèrent la voie tracée par Emigre en se faisant connaître par le biais de la revue éponyme. On ne sait lequel devança l'autre, des caractères ou de la revue, mais le message implicite était que la musique, l'écriture et le dessin de caractères appartenaient au même domaine d'exploration culturelle. Ce sont là deux

des plus remarquables exemples dans l'économie la plus riche du monde, mais on pourrait en trouver des centaines d'autres ailleurs.

Internet se révéla un moyen de faire connaître et de distribuer des polices qui ne nécessitait ni emballage physique ni structure commerciale lourde. C'était vrai pour les entreprises de vente de caractères, mais cela l'était aussi pour les pirates informatiques. De nombreuses polices furent (et sont encore) proposées sur le web gratuitement ou pour une utilisation « shareware » ; comme on pouvait s'y attendre, elles étaient très incomplètes au niveau des jeux de caractères, de la fonctionnalité ou de la qualité. Le plagiat était évident ; certains logiciels de dessin de caractères, tels Fontographer (le principal), permettent en effet assez facilement de « prendre » des formes de caractères, de les adapter et de les rebaptiser. Pratique encore moins honorable, celle des propositions (illégales) sur l'Internet de typothèques entières de polices sous licence (avec d'autres logiciels) que l'on pouvait télécharger gratuitement. Dans les grandes villes, des opérateurs (illégaux) de téléchargement de logiciels, moyennant finances, venaient copier des archives entières sur le disque dur des ordinateurs.

Ces pratiques ne faisaient que renforcer les craintes des éditeurs de caractères, qui étaient confrontés à une violation délibérée de la loi sur les droits d'auteur, mais aussi à une attitude ambiguë quant à ce qui était acceptable concernant la possession et la circulation des polices. Pour les graphistes et les éditeurs, la nécessité d'acheter un caractère à la fois pour leur propre création et pour la société qui aurait ensuite à effectuer le flashage augmentait considérablement

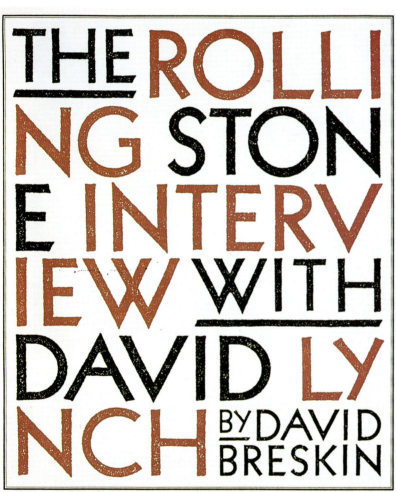

58 · ROLLING STONE, SEPTEMBER 6TH, 1990

Au cours des années 1990, la typographie expressive se propagea dans l'édition et la publicité, en partie parce que les nouvelles technologies éditoriales étaient plus faciles d'emploi et moins coûteuses qu'avant l'arrivée du numérique. Certains directeurs artistiques exercèrent une influence très importante : Fabien Baron, dans l'édition italienne de *Vogue*, puis à *Interview* (page ci-contre) à partir d'avril 1996, et plus tard à *Harper's Bazaar* aux États-Unis, introduisit une typo-illustration élégante et efficace dans les magazines de mode et culturels. Fred Woodward, directeur artistique de *Rolling Stone*, proposa dès 1987 des ouvertures d'articles entièrement typographiques, qui donnaient à la calligraphie, aux lettres en bois et aux caractères plus contemporains une présence très expressive. On voit à gauche la page d'ouverture d'un article sur David Lynch, en 1990, qui faisait face à un portrait du réalisateur. **p.159**

les coûts ; ils avaient donc tendance à fournir gratuitement une copie des polices à leurs fournisseurs. Afin de combattre cet état de fait, les développeurs se sont mobilisés pour que la législation sur les droits d'auteur soit mieux connue, pour que des contrôles soient mis en place afin de limiter le copiage numérique (jusqu'à présent pratiquement sans succès) et pour que des mesures plus sévères soient prises afin de réduire le nombre des copies illicites. Cependant, le fait qu'il n'existe pas de reconnaissance juridique des éléments de différenciation des caractères (qui viendraient remplacer les brevets déposés sur des noms) a constitué un obstacle aux poursuites judiciaires aux États-Unis et, plus généralement, a empêché une mise en évidence des violations du copyright sans aller jusqu'aux procès coûteux. Pour dire les choses simplement, les multitudes de petites

infractions étaient (et sont encore) impossibles à contrôler et ne justifiaient pas le coût des nombreuses actions en justice qu'il aurait fallu mener si l'on voulait faire appliquer à la lettre la loi sur les droits d'auteur.

Pour les créateurs de caractères, la technologie numérique risquait donc d'empêcher un véritable développement de la typographie. Depuis le milieu des années 1990, la FAST (Federation against Software Theft, « Fédération contre le vol de logiciels ») se bat pour faire évoluer la déontologie concernant l'usage des caractères numériques, mais sans résultat tangible. À partir du moment où il est devenu possible de copier parfaitement et en quelques secondes le produit de plusieurs années de travail puis de l'utiliser tel quel, l'envie de gagner sa vie en dessinant des caractères a disparu. Du non-respect de la propriété

David Carson devint le graphiste le plus connu des années 1990 grâce à ses jeux de typographie « pyrotechniques » dans les revues *Beach Culture* (1990-1991) [à droite], et *Ray Gun* (1993-1995) [page ci-contre, en haut], puis dans les ouvrages *The End of Print* et *2ndsight* (page ci-contre, en bas), créés avec l'auteur de ces lignes, qui furent tous deux des best-sellers. Pour exprimer sa réaction à un article ennuyeux, par exemple, il le composa dans une police de symboles illisibles (double page « Zapt Dingbat », page ci-contre en haut). Dans le livre *2ndsight*, on voit que, après avoir beaucoup travaillé dans le domaine éditorial, il se consacra à la publicité, comme en témoigne ici son travail sur le site web de MGM. Son usage très expressif de la typographie, utilisée comme les éléments d'une toile ou d'un collage plus que pour la lecture linéaire, lui valut de nombreuses critiques mais aussi des soutiens inconditionnels. Sa démarche influença un mouvement de jeunes graphistes intéressés par une expression très personnelle, qui rompait avec l'anonymat habituel de la profession.

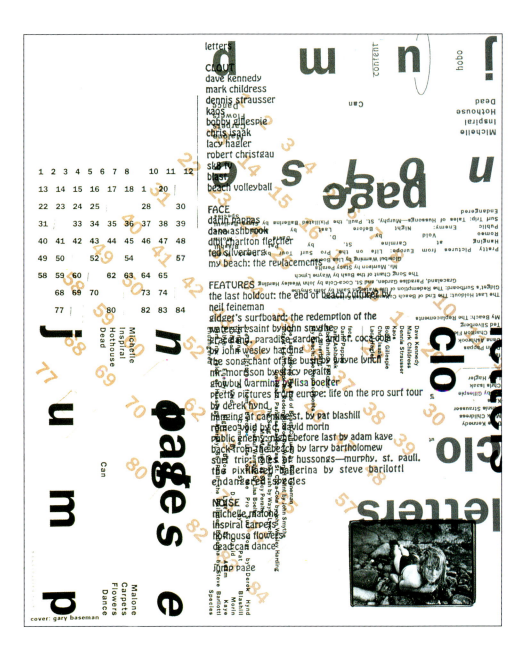

photos:Peter Morello stylist: Jill Spector

intellectuelle dans ce domaine ont découlé plusieurs phénomènes : les difficultés rencontrées par les principaux fournisseurs, l'absence d'investissements dans des programmes de recherche typographique et la rémunération insuffisante du talent investi dans le dessin de caractères.

Rudy VanderLans, le fondateur d'Emigre, a résumé cet état de fait de façon très claire dans les FAQ (« questions fréquemment posées ») sur son site[1] :

« Question : Quel est l'avenir du dessin de caractères ?

Réponse : L'art et le métier du dessin de caractère sont actuellement voués à la disparition en raison de la prolifération des logiciels typographiques illégaux, du piratage et de la non observation générale des règles de vente sous licence. Vous pouvez contribuer à la résolution de ce problème en payant une licence pour toutes les polices que vous avez en votre possession, sans exception. Si vous possédez des copies de polices pour lesquelles vous n'avez pas acheté la licence, jetez-les ou, mieux encore, prenez contact avec le fabricant et mettez-vous en règle. »

Au vu des problèmes de droits d'auteur et de distribution que connaissait la typographie numérique, il apparaissait clairement qu'une technologie offrant la possibilité de visualiser un caractère sans que l'utilisateur puisse s'en servir pour ses créations ni le faire circuler représenterait une évolution importante. La norme OpenType, en cours de mise au point pour Internet, permet à l'utilisateur d'« embarquer » des codes de dessin de caractères dans les pages web, ce qui donne un affichage net des caractères en question, sans qu'il soit nécessaire de télécharger et de conserver les polices sur l'ordinateur. Mais, pour l'instant, cela ne va pas

À gauche et ci-dessus : Depuis sa création en 1991, FontShop International s'est démarqué en signant d'importants accords de distribution et en promouvant ses nouveautés avec une grande pertinence commerciale, comme cet échantillon de caractère sous forme de signalisation nationale. A gauche : Série de graisses déclinant la norme allemande DIN par Albert-Jan Pool (1995) et le caractère Info d'Erik Spiekermann et Ole Schäfer (1996). Ci-dessus : En 1995, Pool a proposé l'OCR en différentes graisses. Page ci-contre : Mark Farrow fut l'un des chefs de file de la typographie minimaliste des années 1990. Cette tendance s'est renforcée au cours de la décennie. Parce qu'elle était imprimée avec une encre fluorescente qui rendait le texte visible la nuit, cette affiche destinée au Hacienda Club de Manchester, en Angleterre, se révéla particulièrement efficace.

plus loin. En fait, et plus largement, la question est de trouver une technique avec laquelle on pourrait « partager » la typographie pour la mise en page, mais sans diffusion illimitée ni sortie finale. Ce n'est encore qu'une construction de l'esprit, impossible à concrétiser pour le moment.

Bon nombre des changements dont nous avons parlé plus haut sont la conséquence des techniques de numérisation, mais aussi d'un nouvel usage et d'une nouvelle attitude générale envers la typographie. Comme toujours, celle-ci reflète les multiples intérêts de la société, mais l'ambivalence qui a entouré les médias en pleine mutation a encouragé des formes d'innovation à la fois hétérogènes et divergentes. En l'absence d'une esthétique forte ou d'une vision politique d'ensemble, toutes les formes graphiques antérieures furent recyclées et considérées comme autant de styles. Dans presque tous les pays du monde, on pouvait voir simultanément des lettrages pseudo-traditionnels sur les emballages alimentaires, une typographie techno-pop dans le secteur musical et des mises en page minimalistes dans les publicités de mode. La typographie devint un signifiant puissant de l'extrême diversité possible dans un monde qui avait capitulé devant le pouvoir du modèle de production capitaliste, où le choix né de la concurrence – ou, du moins, l'illusion de ce choix – est la règle. Désormais, la typographie avait pour objet d'« habiller » et de promouvoir, plutôt que de transmettre une vérité de façon transparente, ce qui était l'objectif – parfois naïf – des anciens typographes.

Cette remarque désabusée concernant l'orientation mercantile d'une grande partie de la production typographique ne doit cependant pas faire oublier le réel

climat d'innovation qui prévalut au cours de cette décennie. Les avancées en matière d'informatique et de moyens de communication mondiaux créèrent un environnement nouveau pour l'activité typographique et le dessin de caractères. Il devint courant dans les années 1990 que les caractères soient dessinés, « composés » et imprimés avec des ordinateurs. Cette révolution supprima les tâches de composition dans la plupart des applications : la saisie sur ordinateur signa la disparition du métier de compositeur. De ce fait, une grande partie des documents imprimés ne sont aujourd'hui plus contrôlés par des professionnels.

En 1990, les techniques de PAO et de traitement de texte étaient encore au stade expérimental et commençaient tout juste, dans les grandes nations occidentales, à dépasser l'étape des « premiers adeptes ». En 1995, elles étaient couramment utilisées. À la fin de la décennie, elles occupaient dans le monde entier une place prépondérante (considérée comme acquise) dans les pratiques du métier de graphiste. Alors que les techniques de composition manuelle, de composition chaude et de photocomposition subsistaient plus ou moins, soit pour des raisons économiques, soit par intérêt esthétique pour les métiers anciens, l'essentiel de la production passa à la création et à l'impression numériques des caractères et de la typographie, et souvent à la transmission numérique du message *via* Internet ou un autre type de communication sur écran.

Une anecdote personnelle illustrera peut-être comment cette révolution de la communication s'opère dans une réalité à la fois innovante et dégradée. En avril 1997, j'ai été invité dans une école de graphisme à Novosibirsk, la capitale de la

Sibérie. Avant mon départ, je n'ai trouvé aucun document imprimé concernant cette ville ; en revanche, plus de 10 000 sites Internet proposaient un choix de photographies ensoleillées et toutes sortes de données sur le climat et autres sujets du même ordre, mais affichées avec ma police par défaut en longues lignes de Times très serré. J'aurais pu tout aussi bien consulter ces sites avec d'autres polices ou dans d'autres langues. Ma technologie dernier cri présentait ainsi une image de la lointaine Sibérie où une culture se superposait à une autre. Lorsque j'arrivai dans la ville réelle (et non virtuelle), je constatai sans tarder que le financement des programmes de voirie et d'urbanisme était dramatiquement insuffisant. L'amour-propre des habitants se traduisait par l'absence de cartes postales et une signalisation déficiente, voire inexistante ; je finis tout de même par dénicher, dans un placard près du hall de mon hôtel, des documents de propagande sur les monuments communistes des années 1960 et autres trésors. Pourtant, l'école était équipée de puissants ordinateurs Macintosh et Sun, équivalents à ceux que l'on trouve dans les écoles occidentales, et les secteurs du graphisme, de la publicité et de l'impression bénéficiaient généralement d'une technologie du même ordre.

Selon moi, cet épisode révèle, que si les conditions physiques, culturelles et économiques peuvent varier considérablement d'une nation à l'autre, et même à l'intérieur d'une nation, la technologie dans laquelle s'inscrit l'activité typographique s'est connectée (ou est en train de le faire) au niveau mondial. Dans de nombreux cas, L'emploi de techniques antérieures est impossible : la technologie numérique est la seule qui permette de collaborer aux

These new typefaces are called "Multiple Masters" because two or more sets of outlines, or master designs, are integrated into each typeface. The master designs determine the dynamic range of each design axis in a typeface, and the PostScript® language enables on-demand interpolation, or generation of intermediate variations, between the master designs. For example, a light and a black master design delineate the dynamic range of possible font variations along the weight design axis, and the user can interpolate variations anywhere within this range. The particular design axes which comprise each Multiple Master typeface are based on the aesthetics and potential uses of that typeface; therefore, the number of design axes and their ranges vary from one Multiple Master typeface to another. Some of the possible design axes include weight, width, style, and optical size, which are briefly described below.

design axis ▼

dynamic range

With Multiple Master typefaces, the concept of a typeface family is essentially redefined. A typical contemporary typeface family contains only three or four different weights. Multiple Master typefaces with a *weight* axis make it possible for users to generate additional weight variations to customize the typeface family to specific needs.

weight

a a a a a a a a a a a a
light to black

Only a few typeface families supply either condensed or expanded versions of the basic design, consequently the practice of artificially compressing or stretching existing typefaces is widespread. Multiple Master typefaces with a *width* axis allow the creation of fonts of varying widths without any distortion of the letterforms.

width

a a a a a a a a a a a a
condensed to extended

The potential for typographic expression with Multiple Master typefaces with a *style* axis is nearly limitless. For example, Multiple Master typefaces with a style axis could incorporate design variations that range from sans to serif, inline to decorated, or wedge serif to slab serif, to name just a few possibilities.

style

a a a a a a a a a a a a
wedge serif to slab serif

In traditional metal typefounding each style and point size of a typeface was cut by hand, incorporating subtle adjustments to letter proportion, weight, contrast, and spacing so that the type would be optimized for readability in every point size. Multiple Master typefaces with an *optical size* axis reintroduce the practice of optically adjusting type, allowing users to generate highly readable fonts over a full range of point sizes.

optical size

a a a a a a a a a a a a
6 point to 72 point (scaled to same size)

La recherche, déjà ancienne, d'un caractère universel ne disparut pas dans les années 1990, mais ses objectifs évoluèrent. En 1993, le Meta d'Erik Spiekermann (page ci-contre à gauche) répondit au besoin d'un caractère de texte très durable et adapté à différents contextes d'impression et d'affichage. Il possède de nombreuses variantes. Le Thesis (1989-1994) de Lucas de Groot (page ci-contre, à droite) en propose trois très étonnantes : TheSans, TheSerif et TheMix, chacune existant dans huit graisses. Chaque graisse est déclinée dans six styles : romain, italique, petites capitales, petites capitales italiques, expert et expert italique. Soit au total, dès son lancement, 144 polices et plus de 32 000 caractères. Au même moment, Adobe lança ses polices *multiple master*. Cette technique permet de sélectionner des caractères grâce à un moteur intelligent ; les utilisateurs peuvent les manipuler pour obtenir le dessin qu'ils souhaitent en les modifiant selon différents axes de conception, comme la graisse ou la chasse. Le Myriad (brochure de présentation illustrée à gauche) et le Minion, lancés en 1991, furent les premiers à bénéficier de cette nouvelle technique, dont l'adoption a été lente.

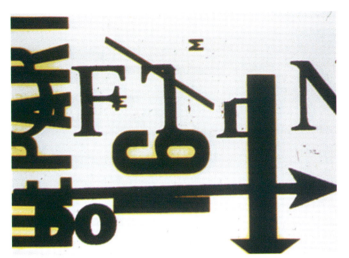
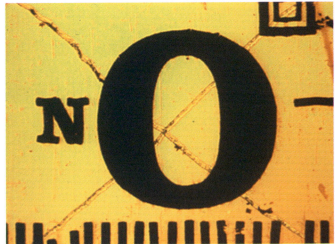

Ci-dessus : Images d'un film publicitaire, *Foggie Bummer*, concu par Jon Bambrook pour BBC Radio Scotland (1995). La typographie animée sur écran s'est beaucoup développée à la télévision. Celui-là faisait partie d'une série de six (trois réalisés par Bambrook, trois par tomato) qui furent remarqués sur le plan international. L'annonceur avait demandé aux graphistes qu'ils animent le mot parlé, en se concentrant sur le pouvoir du langage. À gauche : Une des premières polices de Bambrook, qui possède aujourd'hui sa propre « fonderie », Virus.

Bastard-Even Fatter *36pt*

ABCDEFGHIJKLM
NOPQRSTUVWXYZ
abcdefghijklmnopqrstuvwxyz

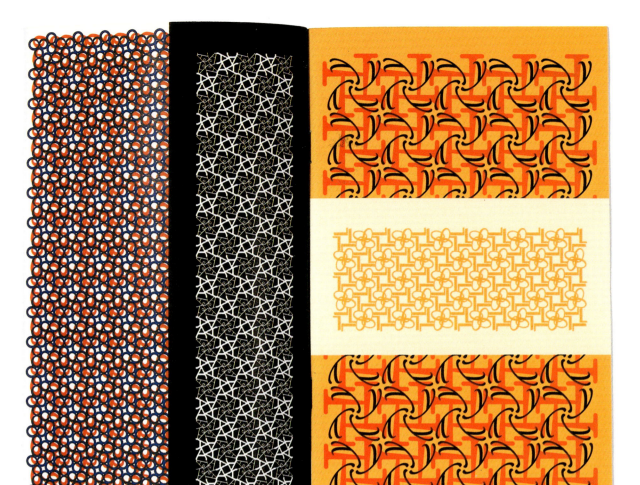

L'éclectisme graphique des années 1990 se retrouvait dans le dessin de caractères. En 1997, en même temps qu'elle lançait Hypnopaedia de Zuzana Licko, une police de motifs décoratifs créés à partir du moteur typographique (ci-dessus : la brochure de lancement), la société Emigre poursuivait une recherche sur la fin du modernisme.
À gauche : Le catalogue de la fonderie Hoefler montre comment les dessinateurs de caractères passèrent à l'auto-édition et à l'auto-distribution Ce qui pourrait, grâce à Internet, devenir la méthode de distribution la plus courante.

p.167

À droite : Images d'un projet
multimédia interactif conçu
par antirom avec tomato et
underworld autour d'une police
de Don Nendle (1997), publié par
Creative Review à Londres.
Les formes des caractères étaient
liées à des boucles sonores
et à des mouvements en trois
dimensions, ce qui permettait
à l'utilisateur de composer
avec le logiciel des séquences
sons/images. Dans un travail
de ce type, la typographie va
au-delà de son usage imprimé
ou télévisuel.
Ci-dessous, à droite : Jesus
Loves You par Lucas de Groot,
(1995) est l'un des nouveaux
styles de polices que son
distributeur, FSI, décrit comme
« destructrices » en raison de leur
effet destructeur sur la forme
des lettres. Elle fait partie de
celles qui furent choisies pour
le projet « Dimensional
Typography » (1995-1996)
[voir les exemples de caractères
page ci-contre] dirigé par
J. Abbott Miller, du studio new-
yorkais Design/Writing/Research.
Jesus Loves You devint Rhizome
(le j qui en résulta est montré
page ci-contre en haut, vu
du dessus). L'autre caractère
appartient au Polymorphous,
un développement en 3-D du
Modula Ribbed de Zuzana Licko
(1995). L'illustration en bas de la
page est la visualisation filaire
servant à construire ces formes.
Selon Miller, « le fait de donner
aux formes de lettres une
dimension spatiale et temporelle
crée des contraintes et des
perspectives nouvelles qui
augmentent leur force sur le plan
visuel et éditorial » ; pour lui, les
techniques de modélisation en
3-D (extrusion, rotation, ombrage,
etc.) ne sont pas nées avec
l'environnement virtuel, mais
sous-tendent toute l'histoire
du dessin de caractères.

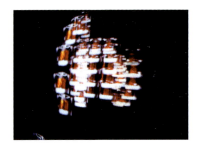

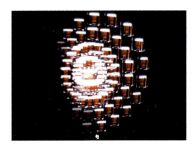

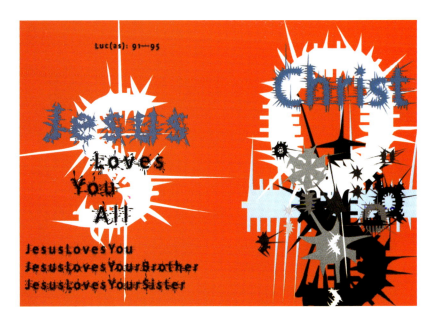

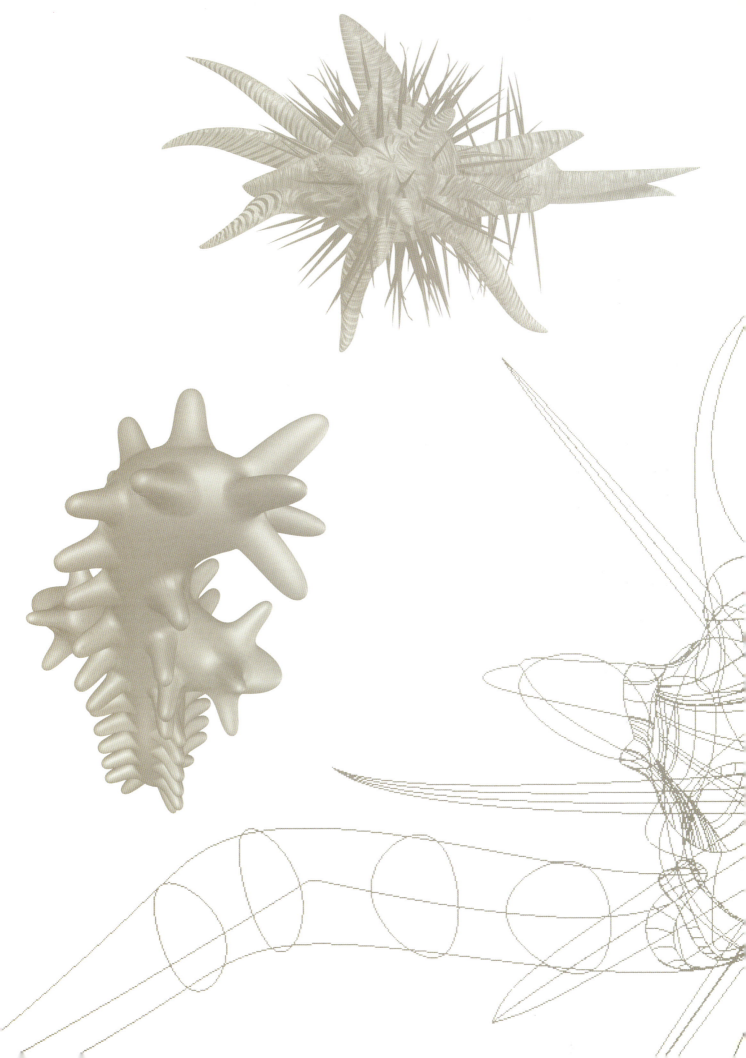

publications actuelles ou d'avoir accès aux nouveaux moyens de communication que sont Internet et le multimédia. Ils ont contribué à créer un « melting-pot » d'activités liées à la création et à la transmission d'informations qui n'avait jamais existé auparavant. Internet « gomme » souvent encore plus les différences, créant l'illusion d'une « communauté » qui disparaît lorsque les participants s'éloignent de l'écran de leur ordinateur.

À l'extrême, on a vu, à la fin des années 1990 et au début des années 2000, des aventuriers solitaires (navigateurs ou explorateurs des pôles) « publier » dans le monde entier depuis les endroits les plus reculés du globe par le biais du courrier électronique et des sites Internet. L'environnement de l'information a une longueur d'avance sur l'environnement physique : les données numériques se

déplacent sans limites et sans souci des frontières ; le processus typographique est absorbé dans l'invisible travail « d'édition » que constituent ces activités.

Pour l'essentiel, les informations contenues dans ce livre reflètent la domination anglo-américaine dans les domaines de la technologie et de la théorie typographique, car c'est cette culture impérialiste de la communication qui a orienté l'évolution des caractères. Sa progression s'est faite dans un monde où l'anglais est devenu le langage international par excellence. Pourtant, alors que la pensée politique, économique et culturelle occidentale connaît probablement son apogée, elle est aussi plus exposée qu'avant à de nouvelles influences. Même après une décennie de déclin, le Japon reste le deuxième marché publicitaire mondial, et il a délibérément conservé une signalétique vernaculaire.

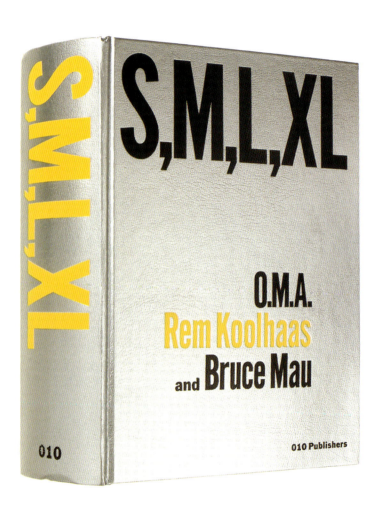

Les deux ouvrages présentés sur cette double page, dont la réalisation graphique s'étala sur cinq ans, sortaient de l'ordinaire, notamment par leur taille.
À gauche : Fruit de la collaboration de l'architecte hollandais Rem Koolhaas et du graphiste canadien Bruce Mau, *S, M, L, XL*, ouvrage de 1 300 pages paru en 1995, présentait l'œuvre du premier en mêlant typographie, images et autres éléments graphiques dans un travail « multicouches » ; l'objet graphique devenait le symbole de l'intérêt de Koolhaas pour ce qui est « gros ».
À droite : Le livre célébrant le centenaire de SHV Holdings, publié en 1996, fut réalisé par Irma Boom, d'Amsterdam. Cet ouvrage de 2 136 pages et pesant 3,5 kg, imprimé avec des encres spéciales, comporte des découpes et des finitions qui en font un objet typographique si singulier qu'il est à de nombreux égards unique en son genre.

La Chine a également commencé à s'ouvrir et va devenir un marché considérable qui n'acceptera pas facilement les alphabets occidentaux.

Le projet de développement d'Unicode[2], système de codage des caractères destiné à favoriser l'échange d'informations plurilingues, pourrait fournir une typographie « mondiale » tout en permettant le maintien de la diversité culturelle et la préservation des différents alphabets du globe. Il est prévu un jeu d'environ 65 000 caractères, rassemblant tous les signes et symboles typographiques différents utilisés dans le monde. Grâce à des logiciels et matériels compatibles avec Unicode, les claviers retrouveraient automatiquement les caractères recherchés par l'intermédiaire d'un menu de sélection. Il reste à régler le problème important de la création de fontes cohérentes contenant tous les caractères nécessaires. En pratique, un système pourrait réunir des « jeux de fontes » couvrant les options. Les principales entreprises de vente de logiciels et de matériel soutiennent ce projet, et une norme internationale a été mise au point autour d'Unicode.

Quelles que soient la façon dont Unicode se met en place et les forces économiques et sociales qui seront mobilisées pour préserver la multiplicité des différents alphabets, on voit se développer un mouvement inverse, dû au fait que les communications au niveau mondial créent un besoin toujours croissant de systèmes de signalisation planétaires. Les secteurs des médias et du commerce international sont en demande de systèmes plus efficaces, plus cohérents et pouvant transmettre des messages compatibles, comme par exemple la communication des marques. À la fin

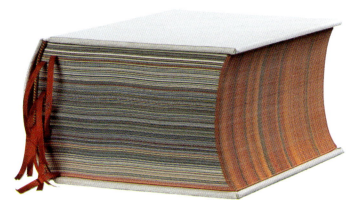

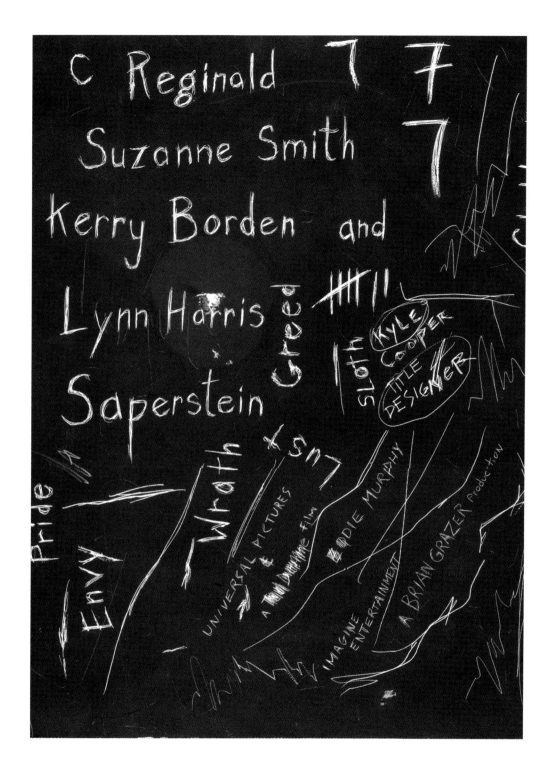

À gauche : En 1996, dans le générique du film *Seven*, l'écriture manuscrite et l'animation furent utilisées pour une séquence destinée à faire entrer le spectateur dans la structure mentale d'un meurtrier. Le lettrage, rompant avec les ordres habituels de la typographie, contribuait à créer une sensation de malaise. On voit ici l'un des dessins préparatoires du graphiste Kyle Cooper.

À droite : En 1998, la couverture de la deuxième édition anglaise de ce livre, conçue par Angus Hyland, associait deux nouvelles tendances : l'abandon des formes expressives pour une typographie minimaliste « revisitant » le style suisse, et un hommage numérique aux caractères expérimentaux de Wim Crouwel des années 1960 (voir page 121).

À l'extrême droite : L'apparition de l'assistant personnel dans les années 1990 recréa un lien entre l'écriture manuscrite et la forme typographique, qui avait été rompu depuis la naissance des caractères mobiles. Dans l'alphabet Graffit du modèle Palm, les utilisateurs doivent adapter leur écriture de façon que l'appareil distingue bien les lettres pour créer les formes typographiques.

des années 1990, les entreprises multinationales sont passées à une gestion à la fois plus rigoureuse et plus souple de leur communication institutionnelle en rendant l'information disponible sur des réseaux intranet, centralisant les données typographiques et autres, afin de favoriser une transcription plus précise des normes dans toutes les régions du monde. Il ne s'agissait pas nécessairement d'un processus didactique, à la différence des chartes graphiques centralisées qui l'avaient précédé. De plus en plus, ces programmes laissaient des espaces de « jeu » permettant des déclinaisons locales en accord avec la philosophie de la maison mère, ainsi qu'un retour d'informations pour les prévisions futures. Le succès des familles de caractères nouveaux, tel le Meta, est dû au fait qu'ils s'adaptaient parfaitement à ces schémas.

Avec l'accroissement des liens à l'échelle mondiale dans tous les secteurs de la société – des médias que nous regardons et avec lesquels nous interagissons aux équipes que nous soutenons ou aux organismes qui partent en guerre en notre nom –, notre conception du langage visuel a changé. Les « typographies transnationales » possèdent une dynamique très différente des conceptions d'un « style international » ou de la rigidité des anciennes images de marque. Cela constitue aujourd'hui le domaine de recherche typographique probablement le plus fascinant et le plus important socialement, car il doit fournir une réponse à des questions touchant à des problèmes politiques de fond, et notamment : « comment communiquer mieux, et comment communiquer dans un langage des signes fondamental que nous puissions tous comprendre, tout en respectant la

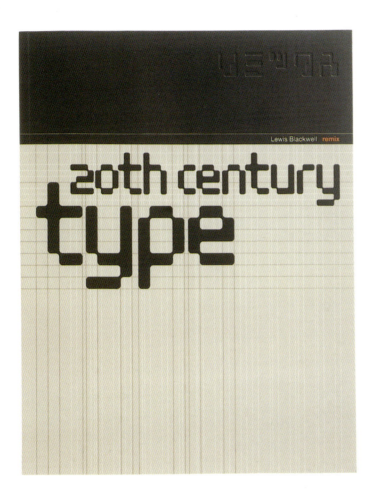

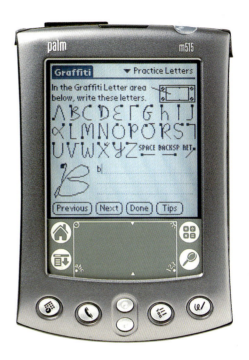

diversité des cultures et le champ de significations qu'elle englobe ? »

Le champ sémantique de la typographie – qui est à la fois un langage en soi et un outil de représentation des langues – se situe entre le « parfaitement compris » et le « parfaitement incompréhensible ». Dans les années 1990, l'attention s'est portée vers ce domaine créatif important et des expériences continuent à être menées à ce sujet. C'est dans cette problématique que doivent s'inscrire une chaîne de télévision mondiale comme CNN ou Discovery, un moteur de recherche comme Google, un géant du secteur pharmaceutique ou une marque de confection internationale. Lorsqu'ils communiquent, ils cherchent à le faire globalement : ils apportent de nouvelles informations à la connaissance du public, mais toujours dans

la limite de ce qui peut être compris au niveau de la planète. Potentiellement, la portée de leurs messages doit être globale, même si leur objectif est beaucoup plus concentré. En faisant converger des langues, des typographies et des caractères dans un nouveau langage « transnational » qui pourrait être compris, au moins partiellement, à New York, Berlin, Moscou, Pékin ou Tokyo (et d'autres endroits plus éloignés), nous sommes confrontés au défi le plus excitant jamais lancé à la typographie. Cela ne gommera évidemment pas les différences de langage, mais cela contribuera à les surmonter pour certains types de signalisation, qu'il s'agisse de panneaux indicateurs dans le métro, d'étiquettes de médicaments commercialisés dans le monde entier, ou d'un moyen de communication à faire connaître au niveau planétaire.

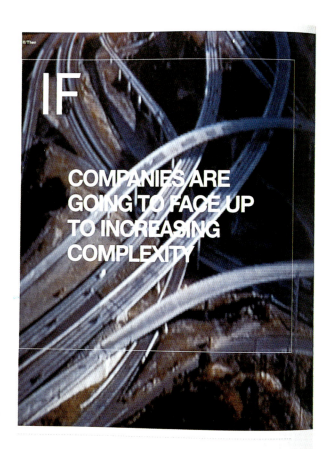

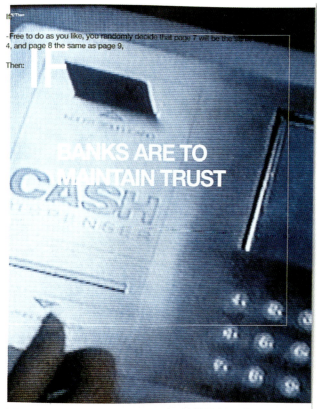

Pierre Bismuth. If/Then January 1999. Page 7

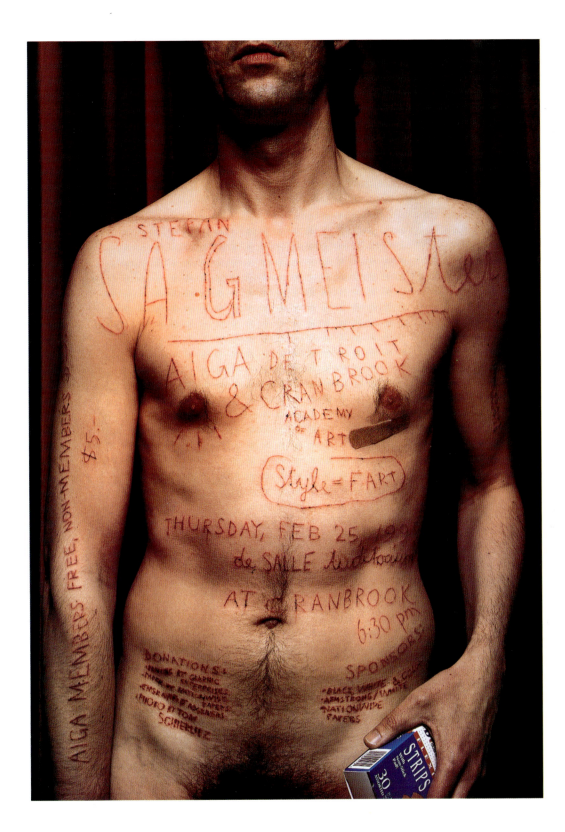

Page ci-contre : Double page de la revue *If/Then*, dont un seul numéro parut aux Pays-Bas en 1998. Son titre faisait référence à la structure déterminant le codage informatique. Le texte était déstructuré en hiérarchies originales qui remettaient en question la construction habituelle du contenu éditorial. À partir de la logique de la programmation, basée sur le conditionnel, s'articulait un discours engagé sur les forces sous-jacentes de la communication et du graphisme. La typographie était due aux graphistes Mevis & Van Deursen du Netherlands Design Institute. À gauche : En 1999, pour une affiche de l'AIGA (American Institute of Graphic Arts), Stefan Sagmeister se servit d'une lame de rasoir pour transformer son corps en œuvre d'art. En même temps qu'il trouvait une solution graphique à un problème de lettrage, il rendait hommage au processus créatif et exprimait sa résistance aux technologies invisibles (il aurait pu obtenir le même effet grâce à la numérisation, mais ce n'est pas le cas).

Bien entendu, tout cela existe de façon marginale depuis longtemps, mais le langage numérique mondial et les médias qu'il a fait naître ont accéléré de façon spectaculaire le rythme des changements, parallèlement au mouvement de mondialisation des marchés financiers au cours des années 1990. Aujourd'hui, nous prenons part à cette culture au lieu de la considérer comme plus ou moins secondaire en regard de notre culture locale. Elle n'est pas la conséquence des changements ; elle en est plutôt, de façon significative, le moteur. Un peu à l'image de la « world music », qui a nourri les différentes cultures musicales autour du monde, la typographie réunit ses données sur le plan mondial et influence la façon dont on la pratique localement, ce qui était inconcevable avant les techniques de création et de médias actuelles.

Si le jeu de 65000 caractères rassemblé par Unicode représente peut-être le travail d'une vie de dessinateur de caractères, la mutation qui s'est effectuée au cours des années 1990 dans la méthode de dessin des caractères a également abouti au scénario opposé : en une journée, grâce au web, on pouvait réaliser une nouvelle police et la distribuer dans le monde entier. Les logiciels de typographie permirent de dessiner ou de modifier des lettres très rapidement. Il y avait bien sûr peu de chances que ces lettres « instantanées » aboutissent à un caractère durable et utilisable, mais les étapes de fabrication et d'essais ne constituaient plus un paramètre déterminant. Une création individuelle et une distribution mondiale du message typographique étaient devenues possibles, et le processus intégrait des outils de manipulation et de feed-back.

À gauche : Numéro d'août-septembre 2001 de la revue antipublicité et antimondialisation *Adbusters*. Cette publication s'est montrée très critique à l'égard du graphisme, comme en témoigne cette couverture, par le biais de pastiches très élaborés destinés à montrer les liens unissant les formes typographiques, les autres expressions visuelles, leurs créateurs et le capitalisme mondial qui en partie les oriente. En cela, cette revue a joué un rôle essentiel dans le nouveau mouvement éthique qui, entre autres sujets, remet en question la finalité des nouvelles typographies.
À droite : Le retour à des formes plus proches de la calligraphie rejoignit la tradition de l'affiche d'art calligraphiée, qui est toujours restée vivace en France et en Europe de l'Est. Cette affiche de théâtre de Josef Flejsar (né en 1922), créée en 2000 et publiée en couverture de la revue française *Étapes* en 2002, perpétue une longue tradition et s'inscrit dans un nouveau courant d'artisanat « post-numérique ».

Internet est l'élément central de ce changement, mais d'un point de vue typographique il était à l'origine peu perfectionné. Le code d'instructions pour la mise en page (l'HyperText Mark-Up Language, HTML) ne comportait que des instructions rudimentaires, tels l'alignement du texte à gauche ou à droite et le centrage. Soit les polices de l'utilisateur ou les polices par défaut étaient très visibles (elles le sont encore souvent), soit il fallait transformer les mots en images et incorporer dans la page des fichiers plus lourds, ce qui ralentissait la transmission des informations. La solution pourrait venir d'OpenType, mentionné plus haut. En 2003, alors que nous mettons fin à cet ouvrage, une grande partie du globe est encore équipée de modems très lents : dans ce domaine, le monde fonctionne à plusieurs vitesses. Alors que les créatifs et les professionnels des médias naviguent sur la

bande passante large, d'autres doivent se contenter d'une connexion occasionnelle lente. Cette transition limite la richesse graphique du web et oblige les créateurs de sites à tenir compte des types d'affichage des ordinateurs des internautes quand ils intègrent de la typographie sur les pages web.

Dans les années 1990, à la fin de la toute dernière décennie d'un millénaire, l'heure était à la rétrospective, et la tentation était grande de tirer des conclusions solennelles – en nous plaçant au terme de quelque chose, ou à l'aube d'une nouvelle ère. C'est ce que firent de nombreux ouvrages (leur titre contenait souvent le mot «fin»; ce fut d'ailleurs le cas de celui que j'ai écrit avec David Carson, *The End of Print*, *La fin de l'impression*). Nous pensions, peut-être avec arrogance, que les graphistes des années 1990

travaillaient dans un environnement typographique qui aurait fait rêver la génération précédente, tant le changement avait été rapide. L'excitation qui accompagna la technologie du « point com », surtout entre 1996 et le début de l'an 2000, balaya notre profession, et l'on assista à de passionnantes réflexions « technophiles » à propos de l'avenir du web et du graphisme. Malgré la chute des nouvelles technologies, intervenue depuis, les effets de cette mutation sont restés présents dans notre secteur. Ces outils et techniques n'ont peut-être pas été financièrement rentables, mais ils ont indéniablement fait avancer nos pratiques professionnelles. Même les opposants les plus farouches au capitalisme mondial – par exemple la revue anti-consommation *Adbusters* (*Casseurs de pub*), au graphisme particulièrement présent et au positionnement marketing pertinent – ont utilisé

les outils et les médias qu'avait apportés ou élaborés la nouvelle culture. Il n'y avait pas d'autre espace digne de ce nom pour la communication de masse. Désormais, seuls des changements de l'intérieur peuvent être envisagés.

L'enthousiasme qu'a provoqué le numérique peut aussi être lu comme la concrétisation d'expériences encore inabouties ou de principes sous-tendant des mouvements plus anciens. Qu'aurait fait le Bauhaus avec Internet ? Le cubisme n'annonçait-il pas l'exploration de la quatrième dimension par le multimédia ? Le futurisme enfin, fasciné par le mouvement, par la guerre et par l'énergie en général, aurait sans doute trouvé sa justification dans l'énergie qui est à la base de l'information diffusée sur le web.

Cela, bien entendu, pour rationaliser *a posteriori* l'histoire à partir des préoccupations et des données actuelles. Si

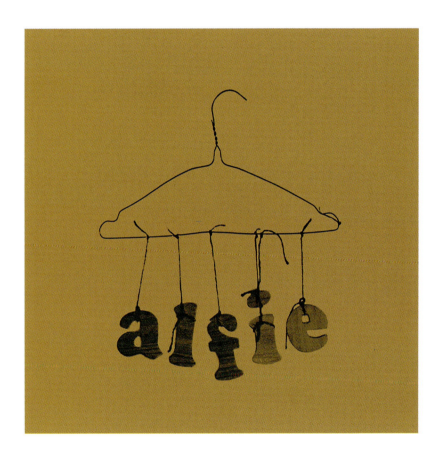

À gauche : Ce logo d'un groupe de la maison de disques Twisted Label est l'un des nombreux travaux d'Andrew Shallcross (*alias* Andy Votel) visibles sur le site twistednerve.com. Il privilégie la « main » par rapport à la machine dans ses compositions typographiques.
À droite : Caractères modulaires en trois dimensions de Warren Corbit chez one9ine, conçus pour un numéro spécial de la revue *ESPN* en 2002. En mutant, les formes subissent des transformations qui laissent apparaître une structure de base complexe mais cohérente pour toutes les formes de lettres.

nous lisons notre recherche sur l'histoire de la typographie uniquement en fonction des critères qui nous viennent à l'esprit aujourd'hui, nous occultons la complexité des questions passées et présentes. Mais cette lecture révèle bien les continuités, les connections et l'intérêt du retour sur le passé dans le graphisme de notre époque.

Pour nous graphistes, la leçon à tirer des connexions ainsi mises en lumière est que nous sommes condamnés à toujours « remixer » le passé sous des formes actuelles. Si nous ne le faisions pas, nous ne pourrions communiquer, nos messages ne seraient pas compris par le public d'aujourd'hui, dont les capacités d'interprétation reposent sur son expérience. Mais au-delà de cette connexion séquentielle de base avec ce que le public connaît, il y a une connexion thématique plus profonde, suggérée plus haut : les graphistes

redécouvrent actuellement certains enseignements du passé et retravaillent volontairement certains éléments à la lumière du présent. Il s'agit peut-être, pour partie, d'une réaction au mouvement de déconstruction des années 1990, où les créatifs se laissèrent emporter par le potentiel de leurs nouveaux outils pour proposer du « neuf ». Aujourd'hui moins naïfs, moins emballés par les possibilités des techniques ou des médias, nous sommes, dans nos créations, plus prudents et plus conscients de notre place dans l'histoire. D'où, peut-être, la tendance récente à une renaissance du style suisse – une réintroduction de la rigueur et de l'ordre après le chaos expressif de certains travaux de la dernière décennie. Ce courant m'a été décrit par la graphiste américaine Paula Scher comme la « pause sorbet » du graphisme, destinée à préparer notre palais au « plat de

résistance graphique » suivant. Quoique apparent dans les médias, les images de marque, l'emballage publicitaire et d'autres secteurs, ce renouveau apparut probablement en 1997, avec le magazine *Wallpaper**, qui sut saisir l'esprit graphique de cette période : au moment où s'amorçait la réaction contre la « déconstruction », il associa un graphisme épuré et un mélange d'éléments éclectiques. Tyler Brûlé, son directeur, fonda par la suite l'agence Winkreative et conçut en 2002 l'image de marque de la compagnie aérienne Swiss International Air Lines, qui succéda à Swissair. Cette identité graphique conserve l'esprit de l'ancienne compagnie, et son aspect sobre et fonctionnel rompt avec l'image institutionnelle conviviale et brouillonne d'autres compagnies aériennes. La simplicité du choix typographique ressort d'autant plus quand on la compare avec l'aspect chargé et confus de ses concurrentes. C'est bien une « pause sorbet » dans le graphisme de ce secteur d'activité.

Une autre force conservatrice est encore présente à la fin des années 1990 et au début des années 2000. Alors que le graphisme numérique – sa sortie sur papier ou à l'écran – a ouvert de nombreuses possibilités grâce à sa grande souplesse, il conserve un aspect souvent très désuet dans le plus répandu des affichages écran : l'interface de l'utilisateur. On prendra pour exemple le graphisme très conventionnel de l'interface des navigateurs Netscape Navigator et Microsoft Explorer (les deux principaux compétiteurs de la « guerre du navigateur » au milieu des années 1990, qui fut remportée par Explorer grâce au quasi-monopole de Microsoft). Ces interfaces se sont conformées au modèle GUI (Graphical-User Interface, « interface de l'utilisateur graphique »), lancé par

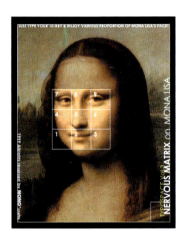
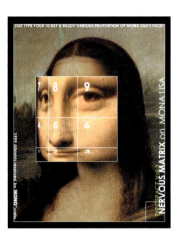
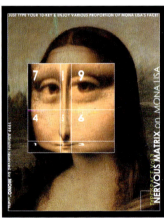
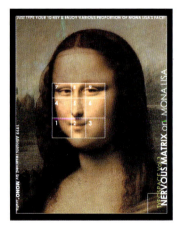

À gauche : La « matrice nerveuse » de Yugo Nakamura est un travail expérimental à partir de l'animation Flash ; en pianotant sur le clavier, on peut déformer temporairement la Joconde. Elle montre que le moteur typographique peut aller au-delà des caractères en deux dimensions et interagir dans le temps avec d'autres éléments graphiques. La frappe simultanée de différentes touches crée un nombre infini de possibilités. À droite : Dans le travail impressionnant qu'il a mené à partir de l'animation Flash, Joshua Davis a conçu une typographie de style « fin du modernisme », comme en témoignent les « machines animées » de son site praystation.com. Renouvelées sans fin, ces expérimentations génèrent de l'« art » dans le cadre de paramètres définis par le graphiste, qui, là encore, a trouvé une application du moteur typographique dépassant la typographie traditionnelle.

Macintosh puis largement copié par le logiciel Microsoft Windows. Il reprenait une technologie expérimentée par Xerox à la fin des années 1970, elle-même inspirée du travail d'informaticiens des années 1960 (nous sommes encore loin du rêve de Ted Nelson d'un « hypertexte » non linéaire). Le bureau virtuel qui, depuis le début, apparaît à l'écran pour les outils des logiciels, composé d'icônes généralement plates, est un affichage graphique hérité de la culture de l'impression à laquelle les utilisateurs sont habitués, et non un langage qui prend sa source dans la fluidité des formes possible à l'écran.

Pour que la communication et ses typographies soient efficaces, un certain classicisme dans la forme est une solution sûre, et peut-être inévitable. Le fait de reprendre ou d'imiter les formes antérieures dans les nouveaux moyens de communication remonte au premier livre imprimé : pour sa

Bible de 1452, Gutenberg s'inspira des manuscrits. Depuis, l'écriture manuscrite a toujours conservé un lien avec les formes des caractères. Aujourd'hui, les polices d'écran s'inspirent des médias imprimés. Depuis 1997, Adobe et Microsoft, qui dominent le marché de la typographie numérique et sur Internet, incitent à une application restreinte des principes typographiques en proposant sur leurs sites une série limitée d'une douzaine de polices adaptées au web. Ils présentent cette solution comme un moyen d'améliorer la typographie sur le web : si les concepteurs de sites les codent de sorte qu'ils fonctionnent avec ces polices, en principe présentes sur tous les systèmes des utilisateurs, les polices par défaut, plus grossières, seront moins nécessaires. Cela implique néanmoins de fixer une nouvelle « orthodoxie ». Et si Myriad et Minion, les polices *multiple*

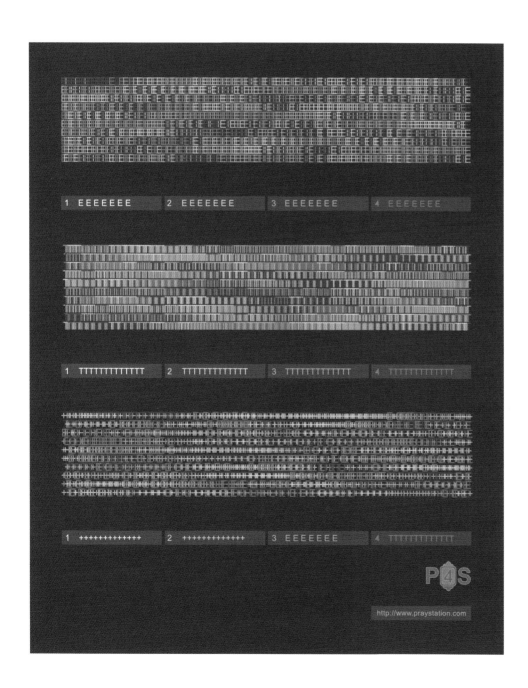

master de Adobe, connaissent une réelle popularité et ouvrent de nombreuses possibilités expressives, on ne peut en dire autant d'autres caractères proposés dans la série de lancement. La diffusion gratuite de ces polices a lésé en partie ceux qui – à la différence de Adobe et Microsoft – vivent du dessin et de la vente des caractères.

Ces réflexions s'orientaient au mieux vers une évolution et non vers une révolution. En revanche, les progrès réalisés dans les années 1990 dans le «moteur» typographique et le travail sur les lettres en trois – voire quatre – dimensions ouvrirent la perspective d'un nouveau paysage typographique. Ces caractères n'étaient pas destinés à trouver une place dans des catalogues ; ils étaient plus des «activités» que des produits. Les expérimentations, toujours en cours, tendaient à faire évoluer les caractères à l'écran

d'une façon entièrement nouvelle, et cherchaient à voir comment ils peuvent associer le graphisme en trois dimensions et la quatrième dimension, basée sur le temps. Ces questionnements, d'un immense intérêt pour notre profession, naquirent d'expériences menées par des graphistes non typographes qui, dans le cadre de leur travail sur l'interactivité, durent régler des problèmes de typographie.

Les premières expériences de formes typographiques en 3-D évoluant dans l'espace et dans le temps, et les typographies explorant l'organisation de l'espace virtuel à quatre dimensions, permirent d'imaginer qu'une révolution était peut-être encore à venir après le passage au numérique. Les premières polices dites «intelligentes» (dont la forme répond à l'utilisateur en se modulant, en se modifiant de

façon aléatoire selon les options, ou en se déstabilisant) sont apparues en 1990 avec Beowolf, conçu par Just Van Rossum et Erik Van Blokland, et se sont développées au point de constituer une nouvelle classe de caractères. Les expérimentations en 3-D menées par J. Abbott Miller en 1996 dans son projet « Dimensional Typography » annonçaient également les possibilités offertes par l'environnement très différent dans lequel évoluent aujourd'hui les caractères et la typographie à l'écran. Les polices expérimentales, souvent illisibles et basées sur des symboles, mises au point pour *Fuse* (voir pages 156) exploraient aussi la dynamique du moteur typographique d'une façon qui dépassait les limites de nos alphabets conventionnels.

Plus près de nous, les « moteurs » créés par l'artiste Joshua Davis sont le résultat d'une recherche créative approfondie sur le potentiel interactif de l'espace graphique informatisé et représenté à l'écran. Il n'y a pas dans ce cas de signes typographiques conventionnels, mais les expériences qu'il présente sur son site créé en 2000 (praystation.com) peuvent être rattachées à la typographie comme à d'autres champs créatifs. L'univers numérique dans lequel s'inscrit aujourd'hui la typographie l'intègre dans un flux d'expérimentations plus ouvert, en phase avec l'ensemble de la créativité numérique.

Cette notion du caractère considéré comme un « organisme » informatisé pour générer du texte constitue probablement la principale évolution typographique des années 1990. La typographie ne peut plus être la simple description d'un objet statique et immuable. Jusqu'alors objets physiques (métal, film), les caractères sont devenus

Page ci-contre : Série de polices créées par Büro Destruct, en Suisse, entre 1995 et 2001. Les graphistes travaillèrent l'idée selon laquelle la « construction » est la véritable nature de tous les caractères numériques, en relation avec de nombreuses autres lettres (comme les pochoirs ou les onciales). La lisibilité n'est pas un critère prioritaire, malgré l'aspect familier des formes « rétro ». À gauche : Pour la promotion du musicien japonais Towa Tei, The Designers Republic a repris le style des lettres-transfert Letraset. C'est leur qualité de technique intermédiaire qui les intéressait, un peu comme les disques vinyl qui conservent une « niche » commerciale dans l'industrie musicale.

Ci-dessus : Logo Sony adaptable conçu par tomato. Les utilisateurs pouvaient le télécharger sur leur ordinateur, le modifier puis charger leur propre version. Le résultat était incorporé dans le style graphique global. À droite : En 2001, l'ouvrage *The New Sins/Los Nuevos Pecados* du musicien et écrivain David Byrne fut conçu par l'auteur et Dave Eggers, romancier et rédacteur en chef de la revue *McSweeney's*. Il témoigne de la passion de Eggers pour la conception traditionnelle, inspirée notamment des bibles du XIXe siècle, qu'il associe à des jeux sur l'illustration. Il s'inscrit dans une culture de l'auto-édition, permise par la PAO et souvent pratiquée par les opposants aux grands groupes d'édition.

Page ci-contre, à droite : Extrait de la charte graphique de la compagnie d'aviation Swiss International Air Lines, conçue en 2002 à Londres par Winkreative et The Foundry. Avec un rappel sur l'emblème national (la croix rouge du drapeau) et l'emploi d'un élégant caractère bâton dans une grille moderniste stricte rappelant la tradition typographique suisse, cette image possède une certaine fraîcheur dans sa simplicité et une grande richesse par son évocation du passé.

des informations abstraites. Actuellement, ce sont des instructions de bitmaps ou de courbes de Bezier qui « construisent » les lettres par le biais de données mathématiques, qui peuvent inclure des éléments fixes ou aléatoires. Ce que nous appelons aujourd'hui caractères – affichés ou imprimés – ne sont que des représentations à une certaine résolution sur une imprimante laser ou une flasheuse. Bien sûr, les caractères ont toujours été en fin de compte une information : les lettres en métal ou en bois n'étaient qu'un moyen de suggérer à travers différentes impressions l'intention originale, impossible à atteindre, du dessinateur ou du graveur de poinçons.

Les possibilités offertes par la communication sur écran laissent penser que des polices intelligentes, actives dans l'espace et le temps virtuels, peuvent devenir un outil de base pour la création et l'utilisation de contenus multimédia et Internet. Les caractères commencent tout juste à évoluer au-delà du mot imprimé.

Le numérique a retiré du « programme de développement » des caractères les considérations physiques, mécaniques et esthétiques. Celles-ci sont englobées dans une problématique plus large, liée à la représentation sur écran et aux technologies générées par le web qui, de plus en plus, véhiculent les caractères. Dans ce mouvement, la typographie a suivi la même voie que l'art en général : elle s'est éloignée du figuratif comme meilleure façon d'exprimer le potentiel des caractères. Le figuratif existe encore, mais il ne constitue plus le débat principal. La typographie est devenue un sujet conceptuel. La question fondamentale n'est plus l'aspect d'un caractère ou d'une

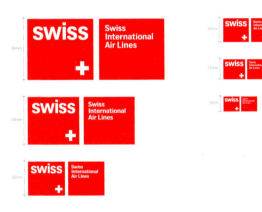

composition typographique (tout est possible dans cette période si éclectique, où il n'est aucune règle qui ne puisse être remise en question) ; il dépend en fait du type de visibilité que l'on recherche. Il ne constitue plus le défi principal, mais fait partie de la « mécanique » de réalisation d'un caractère. Aujourd'hui, le plus important est de définir ce que signifient les caractères et la typographie, et ce à quoi ils peuvent servir. Le « pourquoi ? » est plus important que le « comment ? », comme souvent dans les enquêtes. Cette remise en question de la signification même des caractères et de la typographie est à l'origine des moteurs intelligents dont nous avons parlé plus haut, et des « anti-caractères » subversifs des exercices calligraphiques que nous voyons depuis la fin des années 1990. Elle continue à engendrer

l'éventail apparemment infini d'« actions » typographiques qui sont proposées aujourd'hui, et que l'on ne peut mesurer à l'aune d'aucune véritable orthodoxie.

Une interrogation du moteur de recherche Google sur les termes « caractères et typographie » donne aujourd'hui 220 000 réponses. C'est plus qu'il n'en serait apparu il y a cinq ans, et très vraisemblablement moins qu'il y en aura dans cinq ans. Félicitations au magazine en ligne *Serif* qui arrive pour l'instant en tête de liste, même si Microsoft est le premier cité lorsqu'on inscrit uniquement le mot « typographie ». Devons-nous en conclure que notre sujet est omniprésent et a vu son importance croître, ou qu'il est simplement fragmenté et « grossi » par cette statistique de recherche ?

Dans notre soif d'en savoir plus sur la typographie, ces

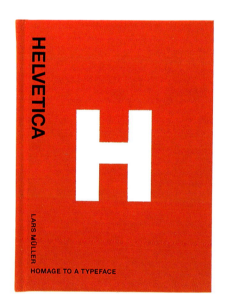

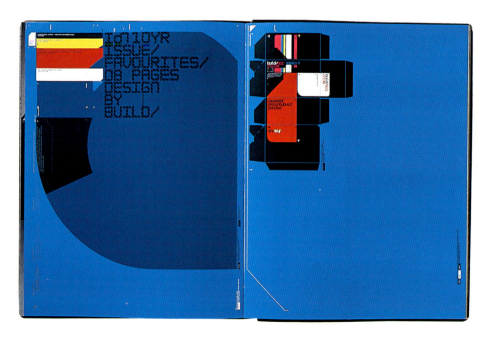

Ci-dessus : Le livre *Helvetica: Homage to a Typeface* (*Helvetica : hommage à un caractère*) de Lars Müller, publié en 2002, montre à quel point ce caractère, qui représente pour lui « le parfum de la ville », est omniprésent dans notre environnement.
À gauche : De Michael Place/Build in London pour la revue *IdN* de Hong Kong, 2002. Place repousse les limites de la forme imprimable avec des formes de lettres construites, des contrastes marqués entre textes et objets, et l'emploi de couleurs et de vernis spéciaux.

questions et bien d'autres doivent encore trouver une réponse. Si nous lisions ces 220 000 entrées, nous n'obtiendrions pas forcément les éclaircissements que nous cherchons. Ce livre présente un peu plus d'un siècle de la « quête typographique », qui semble avoir pris de plus en plus de place dans la société au cours des ans, même si elle s'éloigne d'une résolution finale, quelle qu'elle soit. Mais en dépit de toute cette abstraction, et de la diversion qu'entraîne une telle quantité d'informations, nous sommes aujourd'hui tous typographes. Cela n'est pas uniquement dû aux outils numériques, mais à l'envie que nous avons tous de travailler avec eux. Au cours de cette dernière décennie, la « quête » typographique s'est installée dans notre vie quotidienne.

Qu'importent les manifestes, les débats esthétiques, les outils des époques précédentes : nous vivons aujourd'hui

une démocratisation de la typographie et du graphisme. En dépit de tout ce que la démocratie a de bon et de mauvais, en dépit de la valeur discutable du fait que chacun peut jouer avec la mise en page typographique plutôt que de se contenter de taper ses messages, les choses sont ainsi. Les forces jointes du capitalisme et de la démocratie font que nous possédons tous une large gamme d'outils (si nous les achetons), à défaut d'autant d'expérience, de connaissances ou de compétences. Telle est la philosophie qui a mené la typographie à son stade actuel. Nous pianotons sans cesse sur nos claviers, confrontés à des choix, des possibilités, des sources d'information multiples, mais sans règles précises pour nous guider. La communauté des typographes du xxie siècle a encore beaucoup à découvrir.

Ci-dessous : Cette armoire, illustrée par Marion Deuchars en 2002, fait partie d'une série qui fut exposée dans les magasins Howies. S'inspirant de l'art rupestre, de l'affiche et des graffitis, l'artiste a choisi des mots extraits de l'univers automobile pour critiquer une société où tout est à jeter.

Description
des caractères

Angle d'empattement Liaison plus ou moins incurvée entre l'empattement et le fût.

Axe Inclinaison suggérée par la relation entre les pleins et les déliés. L'axe est le plus souvent vertical ou oblique.

Barre (ou traverse) Trait horizontal, comme dans le A, le H ou le t.

Boucle Partie du g qui descend sous la ligne de pied (dite aussi goutte).

Cicero Unité de mesure typographique utilisée en Europe, équivalant à 12 points Didot, soit 4,155 mm. Également appelé « douze ».

Corps Taille d'un caractère, exprimée généralement en points typographiques ou en dixièmes de millimètres.

Contrepoinçon Espace blanc à l'intérieur de la panse d'un caractère.

Délié de jonction Trait fin qui relie par exemple la panse du g et sa boucle.

Empattement Sorte de petit trait qui prolonge les extrémités des traits droits et obliques des lettres.

Fût Trait principal, vertical ou oblique, comme dans L, B, V ou A. Également appelé haste ou hampe.

Hauteur de capitale Hauteur de la capitale d'une police, comprise entre la ligne de pied et l'extrémité supérieure du caractère.

Hauteur d'x Hauteur du caractère bas de casse, à l'exclusion des jambages inférieurs et supérieurs.

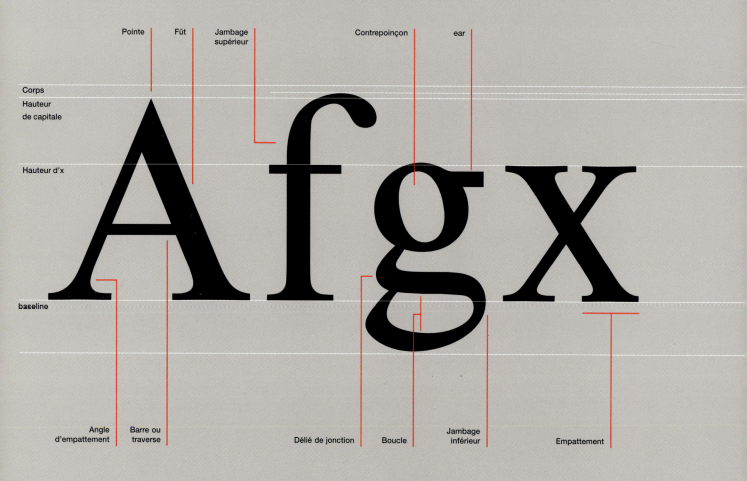

Jambage inférieur Partie inférieure d'une lettre bas de casse qui descend sous la ligne de pied, comme pour le p ou le g. Se dit aussi longue descendante.

Jambage supérieur Partie supérieure d'une lettre bas de casse qui s'élève au-dessus de l'œil, comme dans le b, le d ou le k. Se dit aussi longue (ou hampe) ascendante.

Ligne de pied Ligne sur laquelle s'alignent les caractères, dite également base.

Panse Trait ovale qui renferme le contrepoinçon, comme dans le b, le p ou le O.

Pica Unité de mesure typographique des pays anglo-saxons, égale à 1/6 de pouce (1 pouce = 2,54 cm). Un pica vaut 12 points anglais, ce qui correspond à peu près à 11 points Didot.

Point Unité de mesure typographique, équivalent à 0,346 mm en Europe (point Didot) et 0,351 mm (point pica) dans les pays anglo-saxons.

Pointe Point extérieur de jonction de deux traits, comme à l'extrémité supérieure du A.

Queue Trait court qui, dans le cas du Q par exemple, descend plus bas que la ligne de pied.

Spur Projection que l'on peut parfois observer à la base d'un b ou d'un G.

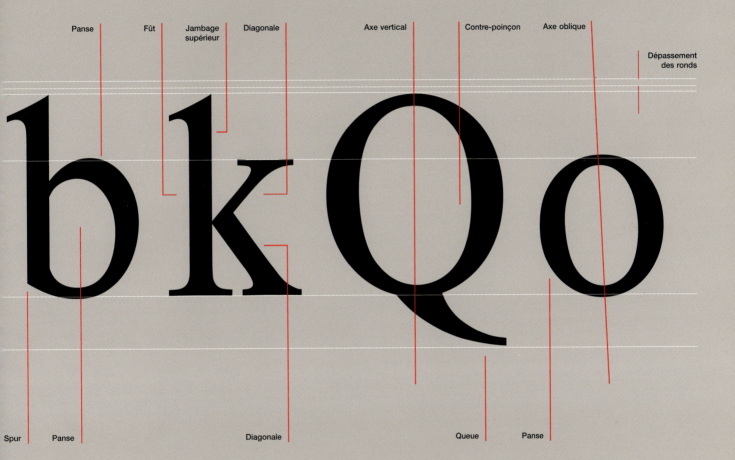

Panse — Fût — Jambage supérieur — Diagonale — Axe vertical — Contre-poinçon — Axe oblique — Dépassement des ronds

Spur — Panse — Diagonale — Queue — Panse

Classification des caractères

Tous les caractères sont présentés ici en corps 18.

La description et l'analyse des caractères ont occupé de nombreux esprits, provoqué de nombreux désaccords et d'interminables débats. La multiplication des dessins de caractères, les modifications de leurs méthodes de production et de leur usage ont rendu beaucoup plus complexe la question de leur classification. Alors pourquoi le faire ? Il y a deux raisons principales à cela. La première est d'ordre pratique : la description et la classification permettent de retrouver un caractère beaucoup plus facilement. La seconde est que ce processus d'analyse permet de dégager des constantes dans les formes, et parfois de déterminer des influences, un certain « sens », lorsque des nouvelles formes sont inventées.

Différentes méthodes ont été mises au point pour distinguer les caractères d'imprimerie, les polices, les familles de polices, et pour établir des regroupements entre eux. Si ces méthodes ont une valeur explicative, elles peuvent aussi engendrer une certaine confusion. En effet, divers paramètres, tableaux et systèmes de mesure ont été mis au point au cours des siècles, mais d'une part les nouvelles théories et technologies ont modifié la nature des caractères et d'autre part, les pratiques typographiques récentes remettent en cause ces classifications. La question des unités de mesure, reposant par définition sur la précision et la comparaison entre les différents systèmes existants, est simple. La description des éléments d'un caractère – fût, empattement, panse, etc. – comporte également peu d'ambiguïtés, bien que, sur certains points, les difficultés affleurent (on peut se demander, par exemple, à partir de quel moment l'évasement d'un trait devient un empattement).

Les problèmes naissent lorsqu'on tente d'assigner les caractères à des catégories. Les catégories de caractères sont apparues progressivement, chaque forme découlant de la précédente et donnant naissance à une série de caractères, mais leurs relations ne s'expliquent pas uniquement par des données historiques. La classification mise au point par Maximilien Vox dans les années 1950, et largement adoptée ensuite sous des formes diverses, se révèle aujourd'hui inadaptée face au nombre considérable de caractères récents. Les gothiques numériques que l'on a vu apparaître dans les années 1990 peuvent ainsi être rattachées à diverses origines, tandis que certaines réinterprétations de caractères anciens comportent des modifications (l'agrandissement de l'œil, par exemple) qui les éloignent du caractère que leur nom suggère. Même une distinction apparemment simple, fondée sur la présence ou non d'empattements, peut se compliquer lorsque les lettres possèdent des empattements « évasés », comme l'Optima, ou le Copperplate Gothic, où les minuscules terminaisons sont un renforcement de l'extrémité des traits plus que de véritables empattements. Les polices *multiple master* créées par Adobe, modifiables par l'utilisateur, échappent un peu à toute classification, tandis que le Beowolf a initié un type de polices possédant un élément de dessin « organique » qui se modifie à l'intérieur de paramètres fixes. Les classificateurs auront du mal à trouver de nouvelles méthodes de description des caractères et n'ont pas réussi à définir un système universel valable. Les distributeurs emploient différents systèmes, qui ont tous des défauts. Certains ne déterminent aucune catégorie, d'autres donnent des titres qui semblent plus inspirés par des considérations de marketing que par un raisonnement rationnel. Parallèlement, des projets de recherche proposent de nouveaux critères de description. Notre système se rapproche de la classification par groupements historiques de Vox, à laquelle nous avons ajouté des subdivisions et des extensions qui prennent en compte les dessins non conventionnels et contemporains. Ces catégories sont à considérer comme un guide explicatif mais non définitif. À vous de « remixer » si vous le pouvez.

Tous les caractères sont présentés ici en corps 18, à partir de dessins du xxe siècle numérisés. Ce sont des indications des caractères plus que des gravures de référence : leur aspect diffère en fonction des techniques d'impression et du papier. (Pour se faire une idée exacte du travail d'Alde Manuce ou de Garamond par exemple, le mieux reste encore d'observer les documents originaux.) Dans ce contexte, on comprend pourquoi certains caractères ont été dessinés – pour éviter le bouchage, rester lisibles dans certains corps, etc. –, de la même façon que les dessins contemporains doivent êtres adaptés à l'affichage sur écran et à d'autres technologies récentes. Ces classifications recouvrent les principaux domaines du dessin de caractères que nous avons présentés dans ce livre et n'incluent donc pas les caractères non romains ni les symboles.

Dans la prochaine édition de ce livre, de nouvelles classifications apparaîtront sans doute, ou ce référent essentiellement historique sera remplacé par une analyse plus synchronique.

Abefgor

Kennerley

Horley Old Style

abcdefghijklmnopqrstuvwxyz
ABCDEFGHIJKLMNOPQRSTUVWXYZ
1234567890

Jenson-Eusebius

abcdefghijklmnopqrstuvwxyz
ABCDEFGHIJKLMNOPQRSTUVWXYZ
1234567890

Cloister

abcdefghijklmnopqrstuvwxyz
ABCDEFGHIJKLMNOPQRSTUVWXYZ
1234567890

Kennerley

abcdefghijklmnopqrstuvwxyz
ABCDEFGHIJKLMNOPQRSTUVWXYZ
1234567890

Ces caractères s'inspirent de la tradition du romain, et en particulier du travail de Nicolas Jenson (1420-1480), imprimeur français dont les travaux les plus remarquables furent réalisés lors de son séjour à Venise, à la fin de sa vie. Ils sont fondés sur l'écriture des manuscrits humanistes du xve siècle, par opposition à la gothique qu'employa Gutenberg dans les années 1450 pour la première impression avec des caractères mobiles. L'écriture des humanistes était plus ronde et plus large. Ils utilisaient une plume à pointe large qui permettait de donner certaines inflexions. (L'inclinaison de ces caractères correspond à celle qui serait donnée par exemple à un O avec une plume à pointe large posée en un certain angle par rapport à la page.) Les traits qui distinguent les humanes des romains ultérieurs sont les suivants : traverse oblique sur le e, axe nettement incliné vers l'arrière et faible contraste entre les pleins et les déliés. Plusieurs fondeurs ont réalisé des réinterprétations du caractère des ouvrages de Jenson. Le Cloister Old Style, dessiné en 1897 par Morris Fuller Benton pour American Type Founders, en fut le premier exemple à l'époque de la composition mécanique. Le Golden de William Morris, tout comme le Doves, s'inspirait du caractère de Jenson mais s'en éloignait plus. Le Kennerley de Goudy (1911), et le Centaur de Bruce Rogers (1914-1929), eux aussi tirés du Jenson, s'en démarquent à plusieurs égards : le Kennerley possède des jambages inférieurs nettement plus courts et le Centaur est plus léger. La traverse inclinée, caractéristique du groupe, est très nette dans le Horley Old Style, caractère compact et robuste réalisé par Monotype en 1925, qui se rapproche aussi des garaldes apparues plus tard.

p.191

Garaldes

Abefgor

Sabon

abcdefghijklmnopqrstuvwxyz
ABCDEFGHIJKLMNOPQRSTUVWXYZ
1234567890

Garamond

abcdefghijklmnopqrstuvwxyz
ABCDEFGHIJKLMNOPQRSTUVWXYZ
1234567890

Bembo

abcdefghijklmnopqrstuvwxyz
ABCDEFGHIJKLMNOPQRSTUVWXYZ
1234567890

Times New Roman

abcdefghijklmnopqrstuvwxyz
ABCDEFGHIJKLMNOPQRSTUVWXYZ
1234567890

Ces caractères, dont le e comporte une traverse horizontale, possèdent par ailleurs des points communs avec les humanes. L'écriture à la plume reste visible : l'axe des attaques de jambages supérieurs dans les bas de casse est oblique et les caractères ont tendance à s'incliner vers la gauche (quoique de façon moins marquée que dans les humanes). Les pleins et les déliés sont plus contrastés. Les premières garaldes sont celles de l'imprimeur vénitien Alde Manuce (1450-1515) et du graveur de poinçons Francesco Griffo, qui apparurent à partir de 1490. La réinterprétation du XXe siècle, le Bembo (par Monotype, en 1929, puis par d'autres fonderies) reprend le nom du cardinal, auteur d'un ouvrage paru en 1495, *De Aetna*, dans lequel le caractère de Manuce/Griffo fut utilisé pour la première fois. C'est néanmoins le dessinateur de caractères et graveur Claude Garamond (1500-1561) qui, le premier, grava une révision remarquable des caractères des presses d'Alde Manuce. Son caractère, utilisé depuis 1530, a été redessiné au XXe siècle par la plupart des fonderies. Le Granjon, fondé sur le caractère dessiné au XVIe siècle par le Français Robert Granjon, est proche du Garamond. Ces caractéristiques sont encore présentes dans le Caslon, du XVIIIe siècle, inspiré des caractères hollandais du XVIIe siècle que l'on associe à Christophe Plantin. Le Times New Roman de Stanley Morison (1932), tout en possédant les jambages inférieurs et supérieurs courts des caractères de presse, s'inscrit, pour ce qui est de l'axe et du contraste, dans la tradition du Plantin et du Caslon.

Plantin

abcdefghijklmnopqrstuvwxyz
ABCDEFGHIJKLMNOPQRSTUVWXYZ
1234567890

Palatino

abcdefghijklmnopqrstuvwxyz
ABCDEFGHIJKLMNOPQRSTUVWXYZ
1234567890

Caslon Old Face

abcdefghijklmnopqrstuvwxyz
ABCDEFGHIJKLMNOPQRSTUVWXYZ
1234567890

Le Palatino, dessiné par Hermann Zapf en 1950, porte le nom d'un calligraphe italien du XVIᵉ siècle. Il se rapproche des lettres de la Renaissance italienne et des caractères gravés romains, ce qui explique ses contrepoinçons importants et ses empattements inhabituels (à l'extérieur seulement de certaines lettres). Le Sabon est une garalde que Jan Tschichold dessina afin qu'elle s'adapte aux différentes techniques de composition (c'est-à-dire, en 1960, la composition chaude, la composition froide et la photocomposition).

Abefgor

Baskerville

Baskerville

abcdefghijklmnopqrstuvwxyz
ABCDEFGHIJKLMNOPQRSTUVWXYZ
1234567890

Caslon

abcdefghijklmnopqrstuvwxyz
ABCDEFGHIJKLMNOPQRSTUVWXYZ
1234567890

Fournier

abcdefghijklmnopqrstuvwxyz
ABCDEFGHIJKLMNOPQRSTUVWXYZ
1234567890

Perpetua

abcdefghijklmnopqrstuvwxyz
ABCDEFGHIJKLMNOPQRSTUVWXYZ
1234567890

Les réales sont des caractères de transition entre les garaldes et les didones, qui apparurent à la fin du XVIIIe siècle. Elles sont en général plus verticales que les garaldes, ou seulement très légèrement inclinées. Leurs contrastes peuvent également être plus marqués. Les empattements sont parfois arrondis, comme c'était le cas auparavant, ou horizontaux et tendant vers la rigueur des didones. Les principaux caractères de cette catégorie sont ceux du typographe anglais John Baskerville (1706-1775) et du fondeur français Pierre Fournier (1712-1768). Les liens avec les caractères antérieurs sont suggérés par l'inclusion dans ce groupe de certaines révisions du Caslon et du Garamond réalisées au XXe siècle. Le Caledonia, dessiné par W.A. Dwiggins en 1938, est une réale qui incorpore certains aspect des didones, comme les empattements horizontaux légèrement arrondis, mais le t ne comporte pas d'attaque de montant.

Didones

Abefgor

Bauer Bodoni

Bauer Bodoni

abcdefghijklmnopqrstuvwxyz
ABCDEFGHIJKLMNOPQRSTUVWXYZ
1234567890

Bodoni

abcdefghijklmnopqrstuvwxyz
ABCDEFGHIJKLMNOPQRSTUVWXYZ
1234567890

Torino

abcdefghijklmnopqrstuvwxyz
ABCDEFGHIJKLMNOPQRSTUVWXYZ
1234567890

Walbaum

abcdefghijklmnopqrstuvwxyz
ABCDEFGHIJKLMNOPQRSTUVWXYZ
1234567890

Le contraste entre les pleins et les déliés devient extrêmement marqué. Les empattements des bas de casse sont horizontaux et souvent sans angulation. L'axe est vertical. Firmin Didot dessina en 1784 la première didone (qui donna son nom à ce groupe de caractères). Son travail fut repris à Parme par Giambattista Bodoni (1740-1813), qui travailla en outre à partir du caractère de Fournier. Ces modifications dans la forme des lettres (empattements et déliés très fins, contrastes marqués) tiraient parti de l'amélioration de la qualité du papier et de l'impression. Bodoni poussa ce principe jusqu'à ses limites, avec des blancs généreux en harmonie avec l'éclat et le contraste du caractère. Plusieurs réinterprétations du xxe siècle ont tenté de conserver ces particularités tout en réduisant l'espace qu'occupait le caractère (la gravure de l'ATF fut la première et la plus courante ; le Bauer Bodoni est une version plus élégante mais moins résistante). Le Torino est une révision du début du xxe siècle de la fonderie Nebiolo, avec des empattements excessifs et des terminaisons ornementées. Le Didi ITC est une didone créée pour l'affichage par Bonder et Carnase en 1970. Le Walbaum, plus large et moins rond, est fondé sur des dessins du graveur de poinçons allemand Justus Erich Walbaum (1768-1839), qui s'inspira plus de Didot que de Bodoni.

Mécanes de transition

Abefgor

Bookman

Bookman

abcdefghijklmnopqrstuvwxyz
ABCDEFGHIJKLMNOPQRSTUVWXYZ
1234567890

Century Schoolbook

abcdefghijklmnopqrstuvwxyz
ABCDEFGHIJKLMNOPQRSTUVWXYZ
1234567890

Cheltenham

abcdefghijklmnopqrstuvwxyz
ABCDEFGHIJKLMNOPQRSTUVWXYZ
1234567890

Ce groupe rassemble des caractères à empattements présentant un mélange complexe de caractéristiques qui ne correspondent pas à l'évolution historique de la forme antérieure. Ce sont des caractères plus robustes que les didones fines, gravés pour la plupart au XIXᵉ siècle pour s'adapter aux modifications qui s'opéraient dans les méthodes de reproduction. À cette époque en effet, les tirages plus importants, les papiers de moins bonne qualité et la demande de caractères plus compacts imposaient aux caractères d'édition des contraintes qu'ils ne pouvaient satisfaire. Le Bookman fut créé au milieu du XIXᵉ siècle et redessiné dans les années 1920. Baptisé d'abord Antique Old Style, il ne se présentait pas comme une garalde habituelle et revendiquait diverses origines. Le Century Schoolbook, dessiné par Morris Fuller Benton et présenté en 1915, était destiné aux manuels scolaires. Il s'inspirait du Century, le caractère légèrement étroitisé que conçut Linn Boyd Benton dans les années 1890 pour la revue du même nom : un axe vertical, des jambages inférieurs et supérieurs courts, des empattements épais constituent des lettres compactes mais lisibles. L'Excelsior, caractère de presse datant de 1931, possède des propriétés analogues puisqu'il vise à une lisibilité maximale dans des conditions d'impression contraignantes. La grande popularité du Cheltenham, apparu dans les années 1890, tenait à sa robustesse et au maintien du dessin quels que fussent la graisse, la chasse, le corps et autres variantes.

Mécanes

Abefgor

Memphis

Clarendon

abcdefghijklmnopqrstuvwxyz
ABCDEFGHIJKLMNOPQRSTUVWXYZ
1234567890

Memphis

abcdefghijklmnopqrstuvwxyz
ABCDEFGHIJKLMNOPQRSTUVWXYZ
1234567890

Serifa

abcdefghijklmnopqrstuvwxyz
ABCDEFGHIJKLMNOPQRSTUVWXYZ
1234567890

Calvert

abcdefghijklmnopqrstuvwxyz
ABCDEFGHIJKLMNOPQRSTUVWXYZ
1234567890

Ces caractères, que l'on appelle aussi égyptiennes, possèdent des empattements épais et carrés, placés à angle droit ou incurvés. Le Clarendon, lancé par R. Besley & Co. en 1845, fut le prototype des mécanes, qui comptent un grand nombre de caractères. Leur clarté et leur robustesse les rendaient utiles pour mettre en valeur un texte et elles furent largement employées dans des grands corps, en particulier pour les affiches. Imitant le style des affiches de théâtre de l'époque victorienne, le Playbill, dessiné par Robert Harling en 1938, pousse ces caractéristiques à l'extrême, avec des empattements plus épais que les traits principaux. À la fin des années 1920 et au début des années 1930, on assista à un grand retour des mécanes, dont on voit ici quelques exemples : le Memphis de Rudolf Weiss (1929), qui fut le premier et le plus durable, puis le Rockwell pour Monotype (1934). Le Serifa fut dessiné par Adrian Frutiger en 1967 à partir de sa linéale Univers. Le Calvert, créé par Margaret Calvert pour Monotype en 1980, est issu d'une signalétique qu'elle avait conçue pour la compagnie de transport de la ville de Tyne and Wear, en Angleterre.

Abefgor

News Gothic

Franklin Gothic

abcdefghijklmnopqrstuvwxyz
ABCDEFGHIJKLMNOPQRSTUVWXYZ
1234567890

News Gothic

abcdefghijklmnopqrstuvwxyz
ABCDEFGHIJKLMNOPQRSTUVWXYZ
1234567890

Trade Gothic

abcdefghijklmnopqrstuvwxyz
ABCDEFGHIJKLMNOPQRSTUVWXYZ
1234567890

Les linéales, que l'on appelle également antiques ou caractères bâtons, apparurent dans les catalogues au début du xixe siècle. Elles étaient assez volumineuses et n'existaient souvent qu'en capitales. Les caractères en bois servaient pour l'impression des affiches. Au début du xxe siècle, l'intérêt pour leur forme s'accrut avec l'essor de l'impression des affiches. Morris Fuller Benton se hâta de couvrir le marché pour l'ATF avec l'Alternate Gothic (1903), le Franklin Gothic (1904) et le News Gothic (1908). Les traits sont contrastés et les courbes assez anguleuses. Le Trade Gothic, dessiné en 1948 par Jackson Burke, est dans l'ensemble plus fluide. Le Franklin Gothic a bien surmonté l'épreuve du temps et est encore très employé dans l'édition et la publicité.

Linéales (milieu du siècle)

Abefgor

Univers

Akzidenz Grotesk

abcdefghijklmnopqrstuvwxyz
ABCDEFGHIJKLMNOPQRSTUVWXYZ
1234567890

Folio

abcdefghijklmnopqrstuvwxyz
ABCDEFGHIJKLMNOPQRSTUVWXYZ
1234567890

Helvetica

abcdefghijklmnopqrstuvwxyz
ABCDEFGHIJKLMNOPQRSTUVWXYZ
1234567890

Univers

abcdefghijklmnopqrstuvwxyz
ABCDEFGHIJKLMNOPQRSTUVWXYZ
1234567890

Elles sont proches des premières linéales mais les contrastes d'épaisseur des traits sont moins marqués. Les caractères semblent plus dessinés et moins proches de l'écriture à la plume. Les « mâchoires » du C sont plus ouvertes. La principale distinction entre les deux groupes est que la boucle inférieure des linéales plus récentes n'est pas fermée mais ouverte. L'Akzidenz Grotesk, lancé par Berthold en 1896 et connu également sous le nom de Standard, fut très employé par les typographes du style suisse. Dans les années 1950, il servit de base au dessin du Neue Haas Grotesk/Helvetica de Max Miedinger et Edouard Hoffmann, ainsi que de l'Univers d'Adrian Frutiger. Le Folio, de Konrad Bauer et Walter Baum, créé en 1957, est dans le même esprit. Le Venus, dessiné par Wagner & Schmidt pour Bauer en 1907, fut apprécié des modernistes et existe dans une large gamme de dessins.

Linéales (géométriques)

Abefgor

Futura

Futura

abcdefghijklmnopqrstuvwxyz
ABCDEFGHIJKLMNOPQRSTUVWXYZ
1234567890

Kabel

abcdefghijklmnopqrstuvwxyz
ABCDEFGHIJKLMNOPQRSTUVWXYZ
1234567890

Eurostile

abcdefghijklmnopqrstuvwxyz
ABCDEFGHIJKLMNOPQRSTUVWXYZ
1234567890

Avant Garde

abcdefghijklmnopqrstuvwxyz
ABCDEFGHIJKLMNOPQRSTUVWXYZ
1234567890

Ce groupe comprend les linéales aux formes géométriques minimalistes. La largeur des traits est plus constante. L'une des plus connues est le Futura, dessiné par Paul Renner en 1927. Ce caractère est rapidement devenu populaire et l'est resté, car le dessin des lettres et leur juxtaposition exprimaient à la fois le modernisme et le sens des proportions classiques. Il fut beaucoup copié. Il est proche de l'Erbar, conçu en 1922 par Jakob Erbar. Plus personnel, le Kabel de Rudolf Koch (1927), se démarque de ses contemporains minimalistes. L'Eurostile (1962), d'Aldo Novarese, est parfois regroupé avec les linéales antérieures, mais il est très géométrique avec ses lettres au module carré. L'Avant-Garde Gothic, de Herb Lubalin et Tom Carnase, date de 1970. Ces deux graphistes firent évoluer le modèle géométrique vers un caractère qui devait être très lisible pour différents usages ; les nombreuses ligatures des capitales le rendaient utilisable pour l'affichage.

Linéales (humanistes)

Abefgor

Gill Sans

Gill Sans

abcdefghijklmnopqrstuvwxyz
ABCDEFGHIJKLMNOPQRSTUVWXYZ
1234567890

Optima

abcdefghijklmnopqrstuvwxyz
ABCDEFGHIJKLMNOPQRSTUVWXYZ
1234567890

Goudy Sans

abcdefghijklmnopqrstuvwxyz
ABCDEFGHIJKLMNOPQRSTUVWXYZ
1234567890

Rotis Sans Serif

abcdefghijklmnopqrstuvwxyz
ABCDEFGHIJKLMNOPQRSTUVWXYZ
1234567890

Ces caractères ne se rapprochent pas tant des linéales du xixe siècle que des lettres romaines gravées et de l'écriture humaniste (référence également présente dans les humanes et les garaldes). On note une légère variation de l'épaisseur du trait. Le Gill Sans, dessiné en 1928 par Eric Gill, est dans la lignée du caractère qu'Edward Johnston créa pour le métro londonien. Gill tira également parti de sa pratique de la peinture de lettres et de la gravure sur pierre. De ce fait, le caractère se rapproche des inscriptions lapidaires romaines. L'Optima de Hermann Zapf (1958) et le Pascal de José Mendoza y Almeida (1960) présentent d'importantes variations de la largeur du trait, qui rompent avec les lignes uniformes des linéales géométriques et du milieu du siècle, les plus courantes à l'époque. Le Goudy Sans, de Frederic Goudy (1925) est plus fantaisiste, avec des lettres qui varient et une nette référence aux lettres gravées dans les jonctions « ciselées » qui le rapprochent du groupe des incises. Le problème de définition se complique encore avec le Rotis, dessiné par Otl Aicher et lancé en 1989 : les nombreuses polices de cette famille présentent des similitudes dans le dessin tout en trahissant des origines historiques différentes ; le Sans Serif évoque par exemple la tradition des linéales humanistes.

Incises

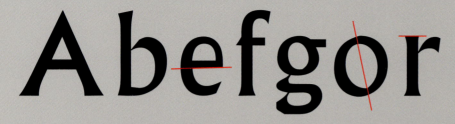

Albertus

Albertus

abcdefghijklmnopqrstuvwxyz
ABCDEFGHIJKLMNOPQRSTUVWXYZ
1234567890

Friz Quadrata

abcdefghijklmnopqrstuvwxyz
ABCDEFGHIJKLMNOPQRSTUVWXYZ
1234567890

Trajan

ABCDEFGHIJKLMNOPQRSTUVWXYZ
1234567890

Amerigo

abcdefghijklmnopqrstuvwxyz
ABCDEFGHIJKLMNOPQRSTUVWXYZ
1234567890

Ces caractères s'éloignent de la base calligraphique et suggèrent la gravure plus que l'écriture, les inscriptions lapidaires de la Rome antique plus que le tracé d'une plume sur le papier. Les caractères sont d'une largeur assez uniforme, comme s'ils avaient été mesurés sur la page – ou sur la pierre – avant d'être gravés. De grands empattements, précis et triangulaires, sont fréquents. Le principe de l'Albertus, de Berthold Wolpe pour Monotype (1932), est différent : les empattements sont des terminaisons épaissies plus que des traits séparés. Il ressemble de ce fait à une linéale humaniste tout en suggérant encore la gravure sur pierre plus que l'écriture. Curieusement, l'Albertus a plusieurs fois été utilisé pour l'emballage alimentaire (par exemple, le chocolat Cadbury dans les années 1930), pourtant bien éloigné de l'intemporalité de son dessin. Le Fritz Quadrata, d'Ernst Fritz pour ITC (1978), est caractéristique de la production d'ITC : son grand œil provoque une étrange distorsion de la forme incise ; dans les bas de casse, l'évasement du trait sur les panses et la diagonale du s attire le regard et peut gêner la lisibilité. L'Amerigo, dessiné en 1987 par Gerard Unger pour Bitstream, est un peu un hybride, avec la même tendance vers un grand œil que le Quadrata, mais légèrement étroitisé. Le Trajan, dessiné par Carol Twombly en 1989, est une incise plus authentique : elle s'inspire des capitales gravées sur la colonne Trajan à Rome (qui servent de référence à de nombreux dessinateurs de caractères au cours des ans), ce qui donne une gravure très élégante.

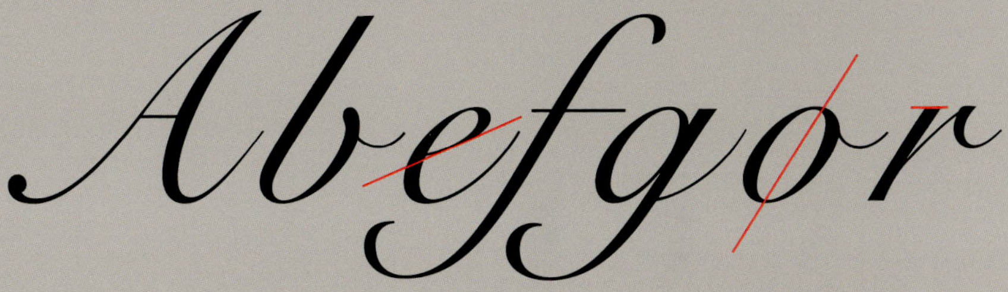

Scriptes

Abefgør

Snell Roundhand

abcdefghijklmnopqrstuvwxyz
ABCDEFGHIJKLMNOPQRSTUVWXYZ
1234567890

Shelley Andante

abcdefghijklmnopqrstuvwxyz
ABCDEFGHIJKLMNOPQRSTUVWXYZ
1234567890

Coronet

abcdefghijklmnopqrstuvwxyz
ABCDEFGHIJKLMNOPQRSTUVWXYZ
1234567890

Mistral

abcdefghijklmnopqrstuvwxyz
ABCDEFGHIJKLMNOPQRSTUVWXYZ
1234567890

Ce groupe très étendu rassemble des caractères qui tendent à reproduire l'écriture manuscrite. Les nombreuses enjolivures du Coronet, de Robert Hunter Middleton (1937) en sont effectivement très proches, mais le Choc (1955) et le Mistral (1953) de Roger Excoffon rappellent plus le travail à la brosse. Les liaisons entre les minuscules du Mistral sont particulièrement réussies. La technique « à la brosse » d'Excoffon éloigne un peu ces polices des scriptes et les rapproche de la stylisation propre à tant de caractères contemporains. C'est également vrai du Snell Roundhand de Matthew Carter (1965) : Carter s'est inspiré du travail du grand calligraphe du XVIIe siècle Charles Snell (ses règles de régularité ont facilité l'imitation de son écriture en caractères d'imprimerie). Le Shelley Script, toujours de Carter pour Linotype, était proposé en trois variantes aux noms exotiques (Allegro, Andante et Volante) plus ou moins ornementées. Le Chancery, dessiné par Hermann Zapf pour ITC en 1979, est un caractère plus retenu et plus lisible, qui présente toutefois de nombreuses inflexions rappelant l'écriture à la plume. Il a eu beaucoup de succès.

Gothiques

Abefgor

Fette Fraktur

abcdefghijklmnopqrstuvwxyz
ABCDEFGHIJKLMNOPQRSTUVWXYZ
1234567890

Goudy Text

abcdefghijklmnopqrstuvwxyz
ABCDEFGHIJKLMNOPQRSTUVWXYZ
1234567890

Wittenburger Fraktur

abcdefghijklmnopqrstuvwxyz
ABCDEFGHIJKLMNOPQRSTUVWXYZ
1234567890

Wilhelm Klingspor

abcdefghijklmnopqrstuvwxyz
ABCDEFGHIJKLMNOPQRSTUVWXYZ
1234567890

Les gothiques, inspirées des scriptes médiévales, furent les premiers caractères mobiles utilisés par Gutenberg. Il paraissait très improbable que ces caractères, qui avaient été omniprésents dans toute l'Europe et en Allemagne jusque dans l'entre-deux-guerres, pussent un jour retrouver le même usage pour le titrage ou les textes courants. Aujourd'hui, on les utilise surtout comme des ornements stylisés et peu lisibles – une sorte de clin d'œil à la tradition – pour le titre d'un quotidien par exemple. Quelle meilleure preuve pourrait-on trouver de la maxime des années 1990 : « on lit mieux ce qu'on lit le plus » ? Les gothiques se répartissent en quatre groupes : fraktur, textur, bastarda (schwabacher) et rotunda. Le Fette Fraktur fut réalisé à Offenbach en 1867-1872 – son dessinateur est inconnu. Gras avec une fioriture romantique, il évoque le tracé de la plume à main levée. Le Wittenburger Fraktur est une variante de la forme anguleuse mais fluide de la fraktur. Par contraste, le Goudy Text est une textura, aux angles plus nets mais conservant l'aspect du dessin à la plume, alors que quand il le dessina en 1928, Frederic Goudy s'inspira de la Bible « à 42 lignes » de Gutenberg. Le Wilhelm Klingspor est une textura très ornementale, que Rudolf Koch dessina pour la fonderie Klingspor à Offenbach en 1920-1926. Ses terminaisons très ornementées donnent un effet « échevelé » aux caractères ; on peut y voir une source d'inspiration pour le caractère expérimental qu'est le Jesus Loves You (voir page 160).

Aefgor

Cooper Black

Broadway

abcdefghijklmnopqrstuvwxyz
ABCDEFGHIJKLMNOPQRSTUVWXYZ
1234567890

Arnold Böcklin

abcdefghijklmnopqrstuvwxyz
ABCDEFGHIJKLMNOPQRSTUVWXYZ
1234567890

Cooper Black

abcdefghijklmnopqrstuvwxyz
ABCDEFGHIJKLMNOPQRSTUVWXYZ
1234567890

Copperplate Gothic

ABCDEFGHIJKLMNOPQRSTUVWXYZ
ABCDEFGHIJKLMNOPQRSTUVWXYZ
1234567890

Le terme peut paraître vague – il l'est –, mais comment décrire ces polices, de plus en plus nombreuses, qui ne s'apparentent à aucune tradition historique précise mais se distinguent parce qu'elles expriment un des multiples aspects de la culture visuelle de leur époque ? Certaines s'inspirent à l'évidence de mouvements esthétiques, tel l'Arnold Böcklin, emblématique de l'Art nouveau (mais il évoque aussi les gothiques). Le Copperplate Gothic, dessiné par Frederic Goudy en 1902, est en fait un caractère très fonctionnel (il conserve ses terminaisons dans les petits corps sur les cartes de visite, par exemple). Son usage semble cependant être plutôt décoratif. Le Cooper Black est un caractère d'affiche très gras, conçu en 1921-1925 par Oswald B. Cooper. Depuis, il a parfois été très à la mode, et souvent considéré comme très démodé. On peut en dire autant du Broadway, dessiné par Morris Fuller Benton en 1929. Ce dessin presque géométrique, très contrasté, est issu de l'esthétique Art déco américaine (et a également servi à la définir) ; il évoque la calligraphie mais est à l'évidence dessiné. Et c'est peut-être ce critère (des lettres assemblées avec soin pour obtenir un aspect particulier ou typique) qui caractérise ce groupe, même si l'on pourrait aussi affecter ces caractères à d'autres catégories, selon qu'ils possèdent ou non des empattements, ou qu'ils rappellent les lettres gravées, comme le Copperplate Gothic.

Contemporains

Abefgor

Blur

Blur

abcdefghijklmnopqrstuvwxyz
ABCDEFGHIJKLMNOPQRSTUVWXYZ
1234567890

Beowolf

abcdefghijklmnopqrstuvwxyz
ABCDEFGHIJKLMNOPQRSTUVWXYZ
1234567890

Trixie

abcdefghijklmnopqrstuvwxyz
ABCDEFGHIJKLMNOPQRSTUVWXYZ
1234567890

Exocet

ABCDEFGHIJKLMNOPQRS+UVWXYZ
1234567890

Terrible étiquette pour un groupe de caractères : ce fut le qualificatif que l'on donna à la musique rock dans les années 1970, juste avant qu'elle soit menacée de disparition par le mouvement punk... Pourtant, les polices des années 1990 sont devenues de plus en plus difficiles à regrouper et mettent en lumière l'inadaptation des systèmes de classement. La grille d'analyse employée dans les pages qui précèdent fut acceptée jusque dans les années 1980. Elle croise différentes lectures des caractères : historique, formaliste et même « intentionnaliste ». Elle nous aide à comprendre certains liens, mais elle en masque ou en oublie d'autres. Les milliers de nouvelles polices numériques peuvent-elles trouver une place dans la grille existante ? Cela est devenu impossible, mais on ne sait pas encore ce qui va remplacer l'ancienne structure. Les vendeurs de caractères n'ont pas réussi à déterminer des regroupements valables dans leurs catalogues. Par exemple, le Blur, dessiné par Neville Brody en 1992, est-il un caractère bâton géométrique... bien qu'il soit un peu flou ? Pour Fontshop International, il est « amorphe », mais il n'est pas sans rappeler le Trixie, conçu par Erik van Blokland en 1991, qui, lui, est qualifié d'« ironique ». Et ils sont tous deux cousins du Beowolf, dessiné par van Blokland et Just van Rossum en 1990 ; en raison de ses modifications aléatoires, il est classé sous le terme d'« intelligent ». L'Exocet, de Jonathan Barnbrook, dessiné pour Emigré Fonts en 1994, porte un nom emprunt d'humour noir, mais s'inspire des gravures sur pierre de la Grèce antique. Ses empattements et ses lignes géométriques rigides (voir le U et le Y) mettraient à rude épreuve un graveur sur pierre.

Au-delà des classifications

Abefgor

Template Gothic

Template Gothic

abcdefghijklmnopqrstuvwxyz
ABCDEFGHIJKLMNOPQRSTUVWXYZ
1234567890

Emigre Ten

abcdefghijklmnopqrstuvwxyz
ABCDEFGHIJKLMNOPQRSTUVWXYZ
1234567890

OCR-A

abcdefghijklmnopqrstuvwxyz
ABCDEFGHIJKLMNOPQRSTUVWXYZ
1234567890

New Alphabet

abcdefghijklmnopqrstuvwxyz
ABCDEFGHIJKLMNOPQRSTUVWXYZ
1234567890

Les formes des caractères présentés sur cette page sont très influencées par la technologie : le Template Gothic de Barry Deck (1990) s'inspire de la signalétique des laveries automatiques ; l'Emigre Ten est l'une des premières polices que Zuzana Licko dessina pour Emigre lorsqu'elle travaillait sur le bitmap ; l'OCR-A fut mis au point par des ingénieurs qui cherchaient un caractère lisible par les ordinateurs ; le New Alphabet de Wim Crouwel (1967) réduit les formes de lettres à des structures minimalistes adaptées aux premiers systèmes de photocomposition informatique. Mais étant donné que le New Alphabet a été numérisé et transformé en « caractère des années 1990 » par The Foundry, que l'OCR-A est devenu un article de mode ; que le Template Gothic et l'Emigre Ten vont connaître d'ici peu le retour en vogue du début des années 1990, nous devons revoir nos critères de description : ces caractères appartiennent désormais à notre « patrimoine » typographique. Pour retrouver un caractère, pour le définir précisément selon une lecture à la fois historique et formelle, nous devons employer un système à paramètres multiples, qui détermine la nature d'un dessin selon plusieurs axes. Il n'est plus possible de s'en tenir à un système de classification rigide, car la créativité typographique actuelle fait que certaines formes « sortent » des catégories définies. Il n'y a pas de règle, seulement une série de lectures possibles de chaque nouvelle police, à partir desquelles on peut déterminer ses caractéristiques. Mais elles ne sont jamais fixes. Il n'y a plus aujourd'hui de « bible » de classification, s'il y en eut jamais.

Glossaire

Note : Certains termes ayant trait aux caractères et aux groupes de caractères sont expliqués dans les pages précédentes.

Bas de casse

Nom donné aux caractères minuscules, par opposition aux capitales.

Bitmap

Système de définition d'une image graphique par un ensemble de points indépendants. Les caractères numériques possèdent une image bitmap pour l'affichage à l'écran, à basse résolution, et un second fichier à information vectorielle, codé dans un langage tel que PostScript, qui permet une sortie de meilleure qualité.

Caractère de labeur

Caractère utilisé pour le texte en lecture continue, par opposition aux caractères d'affiche ou de titrage. Leur corps est le plus souvent compris entre 6 et 14.

CD-ROM

(Initiales de l'expression anglo-saxonne *Compact disc, read-only-memory*.) Dans les années 1990, des typothèques ont été transférées sur des CD pouvant être lus par des ordinateurs équipés de lecteurs spéciaux. On peut ainsi stocker plusieurs milliers de caractères dans une typothèque et les visualiser, mais il est possible de n'en utiliser que certains grâce à des codes qui permettent de déverrouiller (et donc de payer) uniquement les caractères du disque que l'on souhaite employer. Il semble que les moteurs de recherche sur Internet, avec système de paiement en ligne, vont de plus en plus remplacer les CD-Rom pour la promotion et la distribution des polices.

Châssis

Cadre métallique dans lequel les galées de caractères étaient serrées sous forme de pages prêtes à l'impression ou au clichage.

Composition

Processus qui consiste à assembler des caractères pour former des mots, des phrases et des pages. Cette opération s'effectue à la main, sur une machine à composer au plomb, en photocomposition ou électroniquement à partir de données numériques.

Composition chaude

(Dite aussi composition au plomb.) Procédé de composition qui comprend la fabrication de caractères d'impression à partir de métal en fusion coulé dans des matrices.

Composition froide

Technique de composition qui n'emploie pas de métal en fusion mais des caractères fondeurs, la photocomposition ou les procédés électroniques.

Composition mécanique

Processus qui consiste à sélectionner et disposer les caractères avec une machine et non plus à la main. Avant l'arrivée de la Linotype et de la Monotype à la fin du XIXe siècle, il n'existait pas, dans le commerce, de méthode de composition mécanique capable de sélectionner, fondre et trier (ou refondre) les caractères.

Couleur

En typographie, ce terme peut s'appliquer à des pages monochromes car il a trait à la densité du noir/gris/blanc créée par la masse de caractères sur la page. De nombreux paramètres, parmi lesquels le choix des caractères, la longueur des lignes, l'interlignage et l'interlettrage, peuvent modifier la « couleur » de la typographie.

Courbes de Bézier

Courbes simplifiées, calculées mathématiquement, sur lesquelles se fonde le langage de description de la page PostScript.

Crénage

Modification de l'espace entre certains caractères qui, sinon, apparaîtraient mal interlettrés (par exemple lorsque le A et le V sont voisins). Dans les systèmes de composition informatisée, réduction de l'espacement entre les lettres afin d'obtenir une régularité optique entre les caractères.

dpi

(Initiales de l'expression *dots per inch*.) En français : ppp (points par pouce). Voir ppp.

Électrotype

Plaque (ou cliché) d'impression formé par la déposition de cuivre par électrolyse sur un moulage en cire de la plaque d'impression originale. Voir Stéréotype.

Em

Unité de mesure fixée à partir de la largeur de la lettre m.

Étroitisé

Se dit d'un caractère lorsqu'il est comprimé dans sa largeur (à l'opposé d'extra-large). Les nouvelles techniques de photocomposition et de composition informatisée permettent d'étroitiser ou d'élargir les caractères sur machine au lieu de les graver spécialement, comme c'était nécessaire à l'époque de la composition chaude.

Extra-large

Qualifie un caractère auquel on a donné une largeur supérieure à la normale (voir Étroitisé).

Famille

En typographie, terme donné à une série de dessins du même caractère, variantes d'un dessin de base. Elle est composée de plusieurs types : romain, italique, gras, maigre, étroitisé et large.

Fer

On dit d'un texte qu'il est composé au fer quand seule une extrémité des lignes est alignée verticalement. Un texte peut être composé au fer à gauche ou au fer à droite. (On dit aussi : en drapeau.)

Folio

Chiffre qui numérote chaque page d'un document imprimé.

Fonderie

Lieu où sont fabriqués les caractères. Ce terme remonte à l'époque où l'on fondait les caractères en métal. Aujourd'hui utilisé parfois pour désigner les petits studios de création et de distribution de caractères numériques.

Fonte voir Police

Garnitures

Éléments d'une mise en page qui ne sont pas des caractères : filets, barres, fleurons, etc.

Galée

Bande de texte composé soit au plomb sur le marbre soit sous forme de bromure réalisé à partir d'une photocomposeuse.

Galvanoplastie, Voir Électrotype

Gothiques

Caractères inspirés des scriptes médiévales bas de casse (appelés également manuaires). Il en existe plusieurs groupes : textur, fraktur, rotunda et schwabacher.

Graveur de poinçons

Artisan hautement qualifié qui gravait le dessin d'un caractère sur des poinçons en métal. Avant l'utilisation de la pantograveuse, ce travail demandait un tel savoir-faire que le graveur de poinçons était presque toujours le dessinateur du caractère.

Gravure

Ce terme remonte à l'époque où le dessin d'un caractère était gravé dans un poinçon. Celui-ci servait ensuite à fabriquer les matrices dans lesquelles étaient fondées les caractères.

Hardware

En informatique, sert à désigner le matériel (par opposition à software, équivalent des logiciels). Il comporte une unité centrale et des périphériques (l'écran et l'imprimante, par exemple).

« Hinting »

Processus d'ajustement intégré dans l'information sur le caractère, qui répartit automatiquement les points du caractère dans les petits corps pour pallier les problèmes de basse résolution, mais au détriment de la forme originale du dessin. La plupart – mais pas toutes – des polices numériques possèdent cette fonction, mais le développement du logiciel Adobe Type Manager a en partie diminué la nécessité du « hinting ».

Interlettrage

Augmentation de l'espace compris entre les différents caractères d'un texte composé.

Interlignage

Distance qui sépare l'alignement d'une ligne de caractères de l'alignement de la ligne précédente. Avant l'apparition de la photocomposition, on l'obtenait en insérant une bande de métal plus ou moins large, l'interligne, entre les lignes de caractères.

Justification

Largeur d'une colonne de texte, exprimée en points ou en millimètres.

Laser

Les lasers émettent des faisceaux lumineux suivant les informations données par le contour du caractère (qui peut être codé en Postscript, un autre langage de description de la page, ou en bitmap). Le faisceau laser enregistre une image sur une surface photosensible (dans le cas de la flasheuse) ou charge d'électricité statique le papier sur lequel viendra s'accrocher l'encre (dans le cas de l'imprimante). La première possède une résolution élevée, la seconde une résolution basse.

Ligature

Liaison effectuée entre deux lettres ou plus pour des raisons optiques (comme dans ff, ffl ou fi). Les ligatures étaient très répandues dans la composition chaude, mais elles le sont beaucoup moins dans la photocomposition car elles nécessitent un jeu de caractères plus important. Il semble cependant qu'on y revienne avec la typographie numérique.

Ligne de pied

Ligne (non imprimée) sur laquelle s'alignent les caractères. Les jambages inférieurs descendent sous cette ligne.

Linotype

Nom d'une firme, d'une machine et d'une typothèque. Linotype lança en 1886 le premier système de composition mécanique. Un opérateur tapait sur un clavier directement relié à une composeuse une ligne de caractères, au contraire de la machine Monotype qui ne composait qu'un caractère à la fois.

Lisibilité

En typographie, la lisibilité des caractères se distingue de leur netteté. La netteté a trait à la qualité de distinction entre les lettres, le fait qu'on les distingue bien les unes des autres. La lisibilité est la facilité avec laquelle un document se lit, sur laquelle influent l'interlettrage, l'interlignage et d'autres paramètres.

Lithographie

Technique d'impression qui fonctionne avec une image imprimante sur une plaque de métal (à l'origine en pierre, *lithos*, d'où son nom), dont certaines parties acceptent l'encre (zones imprimantes) et d'autres non (en vertu du principe que l'huile et l'eau ne se mélangent pas). La surface à imprimer est placée contre cette image lithographique. Voir Offset.

Logiciel

Appelé également programme (en anglais *software*). Il comporte les instructions et modes d'opérations d'un système particulier. Il existe ainsi des logiciels de traitement de texte, de mise en page, de graphisme, de création de caractères, de composition qu'il faut charger dans l'ordinateur pour pouvoir les utiliser.

Logo

(Abréviation de logotype.) Symbole graphique caractérisant une marque, un produit ou un organisme désireux d'avoir une identité visuelle auprès du public.

Marbre

Surface plane sur laquelle les caractères en plomb étaient posés avant d'être insérés dans le châssis pour l'impression ou le clichage.

Matrice

En composition chaude, nom donné au moule, en cuivre ou en laiton, dans lequel on fond le caractère. Elle contient l'empreinte des caractères frappés par le poinçon. En photocomposition, le terme désigne la grille qui porte le jeu de lettres d'un caractère.

Monotype

Firme, machine à composer et typothèque apparues dans les années 1890, peu après la Linotype. L'opérateur tapait les instructions sur un clavier, ce qui perforait une bande de papier qui servait ensuite à composer des caractères en plomb. Monotype est également connu pour avoir mis au point une intéressante typothèque ainsi que des techniques d'impression et de typographie.

Netteté, voir Lisibilité

Numérisation

Opération qui consiste à convertir un signal analogique en signaux numériques.

OCR

(Initiales de Optical Character Recognition, reconnaissance optique de caractères.) Ce dispositif permet de balayer (ou de lire) des caractères de façon qu'ils puissent être traités par ordinateur. Depuis la fin des années 1950, la question des caractères lisibles par les machines a pris une importance croissante. Elle a conduit à la création de caractères spécifiques, liés au développement de la technologie du scanner.

Œil

Partie imprimante d'un caractère, à distinguer de la valeur de corps en points. Deux caractères ayant le même corps peuvent avoir des valeurs d'œil différentes.

Offset

Procédé d'impression pour gros tirages à coût réduit. Technique planographique, où l'image est transférée de la plaque encrée sur un cylindre rotatif en caoutchouc, le blanchet, puis imprimée sur le papier.

Pantograveuse

Instrument capable de transférer un dessin par report du tracé de base. La pantograveuse de Linn Boyd Benton facilita la gravure des poinçons et permit le développement de la composition mécanique.

PAO

(Initiales de Publication assistée par ordinateur.) Terme générique qui recouvre l'utilisation de micro-ordinateurs, imprimantes à laser, scanners et logiciels de mise en page pour la conception graphique et la photocomposition. Elle fut rendue possible par l'apparition, au début des années 1980, d'ordinateurs à bas prix offrant une image d'écran wysiwyg, qui permit aux graphistes de travailler directement sur écran.

Photocomposition

Procédé de composition des textes utilisant le principe photographique par exposition de l'image d'un caractère sur un film photosensible. La photocomposeuse produit un film ou un bromure que l'on colle ensuite sur la page. Le document d'exécution qui en résulte, une fois corrigé et associé à d'autres éléments graphiques, est filmé pour donner des plaques destinées à l'impression offset.

Pica, voir Point

Pixel

(Contraction de picture element.) Plus petit élément sur l'écran du moniteur (et donc l'équivalent, à l'écran, des points par pouce de la sortie papier).

Poinçon

Barre métallique comportant à son extrémité le dessin original d'un caractère. Sert à réaliser la matrice dans laquelle seront fondus les caractères d'imprimerie.

Point

Unité de mesure typographique. En Europe, le point (dit point Didot) est de 0,346 mm. Aux États-unis et en Grande-Bretagne, il est appelé point pica et correspond à 0,351 mm.

Police

Ensemble des caractères (lettres et signes) d'un même corps, de même graisse et de même style, nécessaires à la composition typographique.

Police multiple master

Technique mise au point par Adobe Systems en 1992, qui permet la génération d'une grande variété de polices (étroitisé, large, maigre, gras, avec et sans empattement) à partir d'un seul caractère. Ce logiciel occupe une quantité de mémoire relativement peu importante ; il offre une gamme d'options très large sur des systèmes informatiques de petite taille et à un coût bien moindre que l'achat de toutes les polices.

Les premières, Myriad et Minion, ont été lancées en 1992.

PostScript

Langage informatique de description de la page, mis au point par Adobe Systems et largement adopté comme langage standard pour les logiciels. Il est indépendant des périphériques et des résolutions et exige simplement que le système soit compatible avec PostScript. On peut de ce fait l'utiliser sur une large gamme d'appareils. Les caractères sont décrits par une série de formules mathématiques, qui créent des courbes de Bézier. Celles-ci sont ensuite remplies par des points à la résolution du périphérique de sortie.

ppp

(Points par pouce.) Mesure de la résolution d'un périphérique de sortie (imprimante ou photocomposeuse). Les imprimantes matricielles ont une résolution basse, ce qui rend les points visibles et donne aux caractères et aux éléments graphiques un dessin rudimentaire. On obtient une meilleure résolution avec les imprimantes à jet d'encre et laser. Les progrès rapides dans la technologie des imprimantes ont fait qu'elles offrent pour la plupart une résolution d'au moins 300 ppp. Les systèmes de flashage pour une reproduction de qualité, dans l'édition par exemple, dépassent 2 000 ppp. La résolution d'un écran d'ordinateur personnel équivaut à 72 ppp.

Presse

Machine à imprimer, appelée ainsi parce qu'elle fonctionne traditionnellement en pressant une feuille de papier contre la surface qui comporte la zone imprimante, que ce soit l'image en relief des caractères en métal ou le blanchet en caoutchouc dans le cas de l'impression offset. On réalise une plaque et une impression séparée par couleur. Avec la presse à platine, l'image imprimante est posée sur une surface plane, le marbre, et l'on applique le papier dessus, alors que sur la presse rotative la forme imprimante est enroulée autour d'un cylindre rotatif sous lequel passe la surface à imprimer. La presse typographique est le plus ancien des procédés d'impression : elle remonte à l'époque de Gutenberg et à l'invention des caractères mobiles ; l'encre passée sur les caractères surélevés se dépose sur le papier.

Programme, voir Logiciel

Réserve

Effet qui consiste à faire apparaître un texte ou une image en blanc sur fond noir, de couleur ou tramé.

RIP

(Initiales de Raster Image Processor, générateur d'image tramée.) Dispositif (dit interpréteur) qui traduit le langage PostScript en commandes compréhensibles par une imprimante ou une photocomposeuse.

Scanner

Outil de balayage photo-électronique à haute résolution, qui permet de convertir (numériser) des images ou du texte en code numérique informatique.

Simili

Technique de reproduction photomécanique des images, grâce à l'interposition d'une trame, qui rend les différentes valeurs des dégradés sous forme de points de taille variable.

Stéréotype

Plaque de métal, réplique d'une plaque d'impression, réalisée en prenant une impression dans un carton lisse (dit « flan ») qui est ensuite inséré dans un moule où l'on injecte du plomb fondu. Le stéréo peut être plan ou cintré (pour les machines rotatives). C'était souvent le procédé utilisé pour transformer une page composée en plaque destinée à l'impression.

Transfert

Procédé commercialisé dans les années 1960 par les firmes Letraset et Mecanorma. Les caractères présentés en feuilles étaient transférés sur le papier par frottage, ce qui évitait de les faire composer. À l'origine, un humectage était nécessaire, ce qui rendait cette technique beaucoup moins pratique.

Tube cathodique

Élément essentiel de l'affichage télévisuel, qui joue également un rôle important dans le fonctionnement des appareils de flashage des caractères. Les premiers appareils de composition numérique utilisaient un tube cathodique pour générer l'image du caractère sous forme d'une série de pixels qui étaient exposés sur un film photosensible, comme pour la photocomposition. Depuis, le laser a remplacé le tube cathodique comme principale technique de photocomposition/flashage. Les tubes cathodiques ont également joué un rôle essentiel dans l'affichage (et donc l'évolution) des caractères d'écran pour la télévision et

l'ordinateur personnel. L'affichage à cristaux liquides et d'autres techniques d'affichage écran commencent à remplacer le tube cathodique, mais on attend encore l'arrivée d'un écran à très haute résolution.

Wysiwyg

(Initiales de What you see is what you get, ce que vous voyez est ce que vous obtiendrez). Dispositif informatique qui reproduit à l'écran une simulation des éléments graphiques tels qu'ils apparaîtront sur l'imprimante ou la photocomposeuse.

Notes

1910

1. Filippo T. Marinetti, traduit dans *Les Mots en liberté futuristes*, Lausanne, L'Âge d'Homme, 1987.
2. Filippo T. Marinetti, *Teoria e invenzione futurista*, Milan, Mondadori, 1968.

1920

1. Lászlo Moholy-Nagy, in *Staatliches Bauhaus*, Weimar, 1919-1923, traduit en anglais dans *Bauhaus 1919-1928*, catalogue édité par Herbert Mayer, Walter et Ise Gropius, The Museum of Modern Art, 1938.

1930

1. Le texte complet de ce discours du 18 avril 1959 fut réimprimé en anglais dans le magazine *Print*, vol. 18, no 1, 1964 ; également dans Ruari McLean, *Jan Tschichold: Typographer*, Lund Humphries, 1975.

1940

1. Jan Tschichold « Glaube und Wirklichkeit », *Schweizer Graphische Mitteilungen*, juin 1946, traduit en anglais sous le titre « Belief and Reality » dans Ruari McLean, *Jan Tschichold: Typographer*, Lund Humphries, 1975.

1950

1. Information donnée dans *Advertiser's Weekly*, citée par Kenneth Day dans *The Typography of Press Advertisement*, Ernest Benn, 1956.

1970

1. Adrian Frutiger, *Der Mensch und seine Zeiche*, Weiss Verlag, 1978 (traduction française : *Des signes et des hommes*, Éditions Delta et Spes, 1983).
2. Paula Scher, citée par Hugh Aldersey-Williams, *New American Design*, Rizzoli.

1980

1. Matthew Carter, *PC Computing*, janvier 1989.
2. Étude du Grafix National Conference citée dans *U&lc*, été 1991.
3. Matthew Carter, *Communication Arts*, janvier-février 1989.

1990

1. Ce texte provient du « FAQ » (questions fréquemment posées) du site emigre.com. Nous le reproduisons avec l'autorisation de Rudy VanderLans qui l'a cité dans un échange de courriers électroniques que nous avons eu en 2002 à propos du problème des copies illicites de caractères. Il a ajouté : « Actuellement, comme nous l'avons vu avec Napster et MP3, les gens voudraient que tout ce qui se trouve sur le web soit gratuit. Je ne vois pas bien quel système de licence pourrait satisfaire ce souhait et permettre aux créatifs de continuer à travailler ».
2. Unicode assigne un numéro unique à chacun des caractères appartenant aux différents alphabets, de façon à permettre une reconnaissance précise, quel que soit le système de l'utilisateur. Ce projet dépasse de loin la question des caractères : il cherche à définir une norme mondiale de programmation qui facilite les échanges d'informations. Différentes équipes de création de caractères (dont Microsoft, Adobe et Agfa Monotype) travaillent sur la mise au point de polices Unicode. Pour plus d'informations, consulter le site www. unicode.org.

Bibliographie de l'auteur

La lecture de cet ouvrage vous a peut-être donné envie de consulter des études plus approfondies sur certains mouvements, techniques ou graphistes, ou d'élargir vos connaissances. Une bibliographie exhaustive, couvrant tous les sujets et questions abordés dans ces pages, serait... fastidieuse, tant pour le lecteur que pour l'auteur. Voici donc une liste relativement brève et éclectique. Les ouvrages que nous recommandons sont parfois complémentaires, parfois contradictoires ; certains sont tout simplement nos livres préférés. Ils comportent souvent d'importantes bibliographies.

Livres

ABBOTT MILLER, J., *Dimensional Typography*, A Kiosk Report-Princeton Architectural Press, 1996. Étonnantes propositions de formes en trois dimensions à partir de caractères en deux dimensions.

BAINES, Phil, et HASLAM, Andrew *Type and Typography*, Laurence King, 2002. Un bon livre pour commencer et un guide pratique.

BRINGHURST, Robert, *The Elements of Typographic Style*, Vancouver, Hartley & Marks, 1992-1996. Très documenté (écrit par un typographe en activité) mais souvent exaspérant dans sa présentation des « règles ». A ne pas croire sur parole.

BRINGHURST, Robert, *The Elements of Typographic Style*, Hartley and Marks, 1997. Ouvrage assez didactique, bien écrit, qui prône les règles d'une orthodoxie de la fin du XXe siècle.

BRUCKNER, D.J.R., *Frederic Goudy*, New York, Harry N. Abrams, 1990.

DOWDING, Geoffrey, *Finer Points in the Spacing and Arrangement of Type*, Hartley and Marks, 1995. Une célébration des usages classiques à une époque de changements brutaux.

DRUCKER, Johanna, *The Alphabetic Labyrinth: The Letters in History and Imagination*, Londres, Thames and Hudson, 1995. Aperçus fascinants sur l'origine de la forme en typographie.

FRUTIGER, Adrian, *Type, Sign, Symbol*, Zurich, ABC Verlag, 1980.

GASKELL, Philip, *An Introduction to Bibliography*, Oxford, Oxford University Press, 1972. Texte intéressant sur l'histoire de l'impression typographique et la fabrication des livres.

GILL, Eric, *An Essay on Typography*, Londres, Dent, 2e éd., 1936.

KINROSS, Robin, *Modern Typography*, Londres, Hyphen Press, 1992. Un essai intelligent et argumenté sur ce qui est « moderne ».

LAWSON, Alexander, *Anatomy of a Typeface*, Lincoln (Mass.)-Londres, David R. Godine-Hamish Hamilton, 1990. Recherche historique sur de nombreux caractères classiques.

McLUHAN, Marshall, The *Gutenberg Galaxy: Making of Typographic Man*, Toronto, Toronto University Press, 1962.

MULLER BROCKMANN, Josef, *The Graphic Designer and His Design Problems*, Teufen AR (Suisse), Arthur Niggli, 1983. Peut-être le plus vénéré des maîtres du style suisse.

NEGROPONTE, Nicholas, *Being Digital*, New York, Basic Books, 1995.

PASSUTH, Krisztina, *Moholy-Nagy*, Londres, Thames & Hudson, 1985.

POSTMAN, Neil, *Amusing Ourselves to Death: Public Discourse in the Age of Show Business*, New York, Viking Penguin, 1985. Une analyse qui fait réfléchir et suggère que nous avons dépassé le stade des phrases assemblées (ou que nous nous en sommes éloignés).

RUDER, Emil, *Typography: a Manual of Design*, Teufen AR (Suisse), Arthur Niggli, 1967.

SPENCER, Herbert, *Pioneers of Modern Typography*, Londres, Lund Humphries, 2e éd., 1982. Quelques graphistes éminents élevés au rang de héros.

SPIEKERMANN, Erik, et GINGER, E.M., *Stop Stealing Sheep & Find Out How Type Works*, Adobe Press, 1993. Une présentation spirituelle des pratiques actuelles.

STONE, Sumner, *Typography on the Personal Computer*, Londres, Lund Humphries, 1991. Une lecture intéressante à la lumière des développements ultérieurs.

TRACY, Walter, *Letters of Credit: A View of Type Design*, Londres, Gordon Fraser, 1986. Un de mes principaux guides.

TSCHICHOLD, Jan, *Die Neue Typographie*, Berlin, 1928 ; facsimile reprint Brinkman & Bose, Berlin, 1987 ; traduction anglaise *The New Typography*, traduit par Ruari McLean, University of California Press, 1995. Un petit ouvrage très influent, qui résume les innovations des années 1920.

UPDIKE, D.B., *Printing Types*, 2nd ed., Cambridge, Mass., Harvard University Press, 1937 ; rééd. Dover Publications, 1980. Un panorama des siècles passés.

ZAPF, Hermann, *About Alphabets*, Cambridge, Mass., MIT Press, 1970.

Alfabeta: Lo Studio e Il Disegno del Carattere Aldo Novarese, Turin, Progresso Grafico, 1965-1983.

The Monotype Recorder: One Hundred Years of Type Making 1897-1997, Monotype Typography, 1997. Un autre point de vue sur la période et sur le sujet à travers l'histoire d'une grande entreprise.

Publications annuelles
Le Type Directors Club de New York et le Tokyo Typodirectors Club publient chaque année des annuaires bien faits et souvent stimulants. Cherchez aussi d'anciens Penrose Annuals qui, à partir de 1895 et pendant plus de 80 ans, ont présenté les innovations dans l'imprimerie.

Revues
Creative Review, 50 Poland Street, London, W1V 4AX, England. Plus d'articles sur l'actualité typographique que de conseils sur le crénage… mais le magazine et le CD-Rom sont une plate-forme autant qu'une source d'information. Notez notre partialité sur le sujet.

Emigre, 4475 D Street, Sacramento, CA 95819, USA. <www.emigre.com>. Une lecture indispensable – parfois ardue – pour le typographe contemporain.

Fuse, Unit 2, Whitehorse Yard, 78 Liverpool Road, London, N1 0QD, Angleterre. Toujours innovant dans ses « packs » thématiques contenant polices, affiches et revue. Distribué par Fontshop International. Ou <http://www.research.co.uk/fuse/fuse-home.html>

Idea, Seibundo-Shinkosha, 1-13-7 Yayoicho, Nakanoku, Tokyo 164, Japon. Les dernières nouveautés occidentales vues du Japon.

Octavo 1986-1992. Réalisé par le groupe de graphisme 8vo, qui n'en a publié que 8 numéros (le dernier était un CD-Rom), dont un article de collectionneur. À lire comme un manifeste pour le respect du modernisme.

Seybold. On trouve dans les rapports et conférences Seybold les commentaires d'experts sur l'évolution de l'édition numérique. <seyboldreport.com>

U&lc, 228 East 45th Street, New York, NY 10017, États-Unis. La revue promotionnelle de ITC/Letraset est aussi très lue, et ses articles très divers à la fois dans leurs sujets et dans leur graphisme.

Fabricants de caractères et entreprises de logiciels
Pour connaître l'éventail de caractères actuellement disponibles, les catalogues, CD-Roms et informations en ligne sont les sources principales ; elles sont souvent gratuites. Pour visualiser et télécharger des polices, les catalogues en ligne sont de plus en plus utilisés, avec des moteurs de recherche qui permettent de retrouver les caractères.

Monotype Typography, Salfords, Redhill, Surrey RH1 5JP, Grande-Bretagne.
Emigre, Inc. (mêmes coordonnées que le magazine ci-dessus).
FontShop International, Bergmannstrasse 102, D-10961 Berlin, Allemagne. <www.fontfont.de>
Adobe Systems, Inc., 1585 Charleston Road, PO Box 7900, Mountain View, CA 94039-7900, U.S.A. <www.adobe.com/prodindex/webtype/>
Microsoft. Pour consulter les importantes ressources documentaires de Microsoft sur la typographie, aller sur la page d'accueil « typography ». <www.microsoft.com/typography>
Apple Computer. <www.apple.com>. Cet important site web possède un moteur de recherche qui donne des milliers de réponses à des questions du style « typography » ou « TrueType ». Soyez précis.
The Foundry, Studio 12, 10-11 Archer Street, London, W1V 7HG, Grande-Bretagne. Concepteurs de la série de polices Architype, recréations numériques de caractères « d'avant-garde classique ».

Pour l'avenir
Site du World Wide Web consortium (W3C). On y trouve des liens vers d'importants articles, des informations sur l'histoire, l'organisation et la technologie du web, dont des renseignements sur l'hypertexte et Ted Nelson.

Pour en savoir plus
Depuis la dernière édition de ce livre en 1998, le web, qui était une des sources d'information, est devenu « LA » source d'information. Il constitue un bon point de départ pour toutes vos recherches, même si vous devez ensuite les poursuivre dans les librairies, les bibliothèques, les studios de graphisme… ou tout simplement dans la rue pour prendre des photographies.

Dans un moteur de recherche comme Google, tapez les termes qui vous intéressent (nom, caractère, mouvement, etc.) ou le titre d'un livre. Affinez la demande en fonction de ce que vous obtenez. Une recherche générale du style « ressources typographiques » donnait environ 26 000 entrées en août 2003… Il vous faut donc être précis. Il existe de nombreux sites d'amateurs de typographie, remplis d'informations souvent utiles, mais parfois trompeuses. Soyez prudent et amusez-vous bien.

Bibliographie de l'éditeur
BAUDIN, Fernand, *La Typographie au tableau noir*, Paris, Retz, 1984. *L'Effet Gutenberg*, Paris, Le Cercle de la Librairie, 1994.
DUSONG, J.-L., et SIEGWART, F., *Typographie, du plomb au numérique*, Paris, Dessain et Tolra, 2003.
FELICI, J., *Manuel complet de typographie*, Peachpit Press, 2002.
FENTON, Erfert, *The Macintosh Font Book*, Berkeley, Peachpit Press, 1991, 2e éd.
FRIEDL, F., OTT, N., et STEIN, B., *Typographie*, Könemann, 1998.
FRIEDMAN, Mildred, *et al.*, *De Stijl: 1917-1931 Visions of Utopia*, Minneapolis, Walkers Arts Center, et New York, Abbeville Press, 1982.
FRUTIGER, Adrian, *Des signes et des hommes*, Lausanne, Éditions Delta et Spes, 1983 (éd. originale, Weiss Verlag, 1978).
GAUTIER, D. *Typographie*, Pyramyd, 2001.
GOTZ, V., *Typographie pour les médias numériques*, Pyramyd, 2003.
GOUDY, Frederic W., *The Alphabet and Elements of Lettering*, Londres, Bracken Books, 1989 (éd. originale, 1918).
GRUNDBERG, Andy, *Brodovitch*, New York, Harry N. Abrams, 1989.
HELLER, Steven, et CHWAST, Seymour, *Graphic Style: from Victorian to Post-Modern*, New York, Harry N. Abrams, 1988.
HIGHTOWER, Caroline, *et al.*, *Graphic Design in America*, Minneapolis, Walker Arts Center, 1989.
HULTEN, Pontus, *et al.*, *Futurismo and Futurismi*, Venise-Milan, Palazzo Grassi-Bompiani, 1986.
HUTT, Allen, *The Changing Newspaper*, Londres, Gordon Fraser, 1973.
JACNO, Marcel, *Anatomie de la lettre*, Paris, École Estienne-Compagnie Française d'Éditions, 1978.
KALLIR, Jane, *Viennese Design and the Wiener Werkstätte*, Londres, Thames and Hudson, 1986.
KELLY, Rob Roy, *American Wood Type 1828-1900*, New York, Van Nostrand Reinhold, 1969.
KERRY, Patricia Frantz, *Art Deco Graphics*, Londres, Thames & Hudson, 1986.
LABARRE, Albert, *Histoire du livre*, Paris, PUF, 1990.
LECLANCHE-BOULÉ, Claude, *Le Constructivisme russe. Typographies et photomontages*, Paris, Flammarion, 1991.
LETOUZEY, *La Typographie*, Paris, PUF, 1970.
LISSITZKY, El, *About 2 Squares, Artists Bookworks*, Forest Row, East Sussex, 1990 (fac-similé avec traduction de l'édition originale, *Pro 2 kvadrata*, Scythian Press, 1922).
LISSITZKY, El, et ARP, Hans, *The Isms of Art*, Baden (Suisse), Verlag Lars Müller, 1990 (éd. originale, *Die Kunstismen*, Zurich, Eugen Rentsch Verlag, 1925).
LLOYD, Jones, AYNSLEY, Linda, et AYNSLEY, Jeremy, *Fifty Penguin Years*, Londres, Penguin Books, 1985.
MARINETTI, Filippo T., *Les Mots en liberté futuristes*, Lausanne, L'Âge d'homme, 1987. *Teoria e Invenzione futurista*, Milan, Mondadori, 1968.
MASSIN, *L'ABC du métier*, Paris, Imprimerie nationale, 1989. *La Lettre et l'image*, Paris, Gallimard, 1993.
McDERMOTT, Catherine, *Street Style: British Design in the 80's*, Londres, The Design Council, 1987.
McLEAN, Ruari, *Jan Tschichold: typographer*, Londres, Lund Humphries, 1975. *Typography*, Londres, Thames and Hudson, 1980.
MEGGS, Philip B., *A History of Graphic Design*, New York, Van Nostrand Reinhold, 1983.
MORAN, James, *Printing in the Twentieth Century: A Penrose Anthology*, Londres, Northwood Publications, 1974 (et tous les numéros de *The Penrose Annual* depuis 1895).
MORISON, Stanley, *Premiers Principes de la typographie*, Grenoble, Jérôme Millon, 1989 (traduction par Fernand Baudin de l'éd. originale de 1930).
MOURON, Henry, *Cassandre*, New York, Rizzoli, 1985.
MUSATTI, Riccardo, *et al.*, *Olivetti*, Ivrea, Olivetti, 1958.
OLINS, Wally, *Corporate Identity*, Londres, Thames and Hudson, 1989.
PEIGNOT, Jérôme, *De l'écriture à la typographie*, Paris, Gallimard, 1967.
PERFECT, Christopher, et ROOKLEDGE, Gordon, *Rookledge's International Typefinder*, Londres, Sarema Press, 1990, 2e éd.
PINCUS, Jaspert, W., BERRY, Turner, W., et JOHNSON, A.F., *The Encyclopedia of Typefaces*, Londres, Blandford, 1970, 4e éd.
RAND, Paul, *A Designer's Art*, New Haven et Londres, Yale University Press, 1985.
RICHAUDEAU, François, *La Chose imprimée*, Paris, Retz, 1977.
SCHWEIGER, Werner J., *Wiener Werkstätte: Design in Vienna 1903-1932*, Londres, Thames and Hudson, et New York, Abbeville Press, 1984.
SPENCER, Herbert, *The Liberated Page*, Londres, Lund Humphries, 1987.
SPIEKERMANN, Erik, *Rhyme and Reason*, Berlin, H. Berthold AG, 1987.
STEINBERG, S.H., *Five Hundred Years of Printing*, Londres, Penguin Books, 1955.
SWANN, Cal, *Language & Typography*, Londres, Lund Humphries, 1991.
THOMPSON, Bradbury, *The Art of Graphic Design*, New Haven, Yale University Press, 1988.
TISDALL, Caroline et Bozzolla, *Futurism*, Londres, Thames and Hudson, 1977.
TSCHICHOLD, J., *Essai sur la typographie*, Allia, 1994.
TRACY, Walter, *The Typographic Scene*, Londres, Gordon Fraser, 1988.
WALLIS, Lawrence W., *A Concise Chronology of Typesetting Developements 1886-1986*, Londres, Wynkyn De Worde Society-Lund Humphries, 1988.
Modern Encyclopedia of Typefaces 1960-1990, Londres, Lund Humphries, 1990.
WILLBUR, Peter, *Information Graphics*, Londres, Trefoil, 1989.
WOZENCROFT, Jon, *The Graphic Language of Neville Brody*, Londres, Thames and Hudson, 1988.
WREDE, Stuart, *The Modern Poster*, New York, The Museum of Modern Art, 1988.
ZAPF, Hermann, *Manuale Typographicum: 100 Typographic Pages With Quotations…*, Cambridge (Mass.), MIT Press, 1970.

Édition originale

©1998, 2004 Laurence King Publishing Ltd.
© 1998, 2004 Lewis Blackwell pour le texte
© 1998, 2004 Angus Hyland pour la conception graphique

Conception graphique : Pentagram

Tous droits réservés.

Pour l'édition en langue française :
© 2004 Éditions Flammarion, Paris.

Traduction de l'anglais : Claire Desserey
Édition : Anne-Claire Meffre
Relecture : Colette Malandain
Adaptation : Thomas Gravemaker

FA1292
ISBN 2080112929

Imprimé en Chine en 2004

Lewis Blackwell est l'auteur de plusieurs ouvrages remarqués sur le graphisme et la communication, parmi lesquels *The End of Print* (sur le travail de David Carson), *G1*, avec Neville Brody, et *Soon : The Future of Brands*, avec Chris Ashworth. Il est en outre – et c'est sa principale activité – directeur de la création chez Getty Images, la première agence photographique mondiale. Auparavant, il a dirigé la revue *Creative Review*, et il continue à écrire des articles et à donner des conférences dans le monde entier.

Angus Hyland a assuré la conception graphique de ce livre (et de nombreuses autres choses). Depuis avril 1998, il est associé du studio de création londonien Pentagram. Il est également l'auteur, avec Sharon Hwang, de la page d'ouverture du chapitre des années 1950.

Irma Boom, qui a conçu la page d'ouverture du chapitre sur les années 1920, travaille surtout dans l'édition. Elle a une conception très personnelle du travail du graphiste puisqu'elle s'implique aux différents stades de la conception, de la recherche, de l'écriture et du suivi éditorial. Entre 1991 et 1996, elle a assuré la conception graphique et l'édition d'un livre de 2136 pages célébrant le centième anniversaire d'une grande entreprise. Elle a dirigé son propre studio à Amsterdam, donne de nombreuses conférences et est professeur associé à l'université de Yale.

Cyan est un groupe de graphistes berlinois, fondé en 1992 par Daniela Haufe, Sophie Alex et Detlef Fiedler. Ils travaillent principalement pour des organismes culturels et gouvernementaux ; ils ont pour référence commune l'avant-garde du xxe siècle. Leur objectif est de « préserver l'idée selon laquelle la lecture est une occupation destinée à accumuler de l'expérience » et croient que « la lecture nécessite un engagement et une prise de conscience », ce qui les conduit à rejeter la communication « fast-food ». La double page d'ouverture des années 1940 est leur œuvre.

Naomi Enami vit et travaille à Tokyo. Il crée des images sur ordinateur depuis la fin des années 1980 (chapitre pour lequel il a souhaité réaliser l'ouverture). Auparavant, il a été directeur artistique de périodiques importants, dont les éditions japonaises de *Elle* et de *Marie-Claire*. Il possède également un studio de graphisme, Digitalogue.

Vince Frost dirige son propre studio, Frost Design, à Londres et à Tokyo. Il a remporté de nombreuses récompenses internationales, notamment pour la direction artistique de la revue *Big* et du magazine *The Independent*. Parmi ses clients récents, il compte le *Royal Mail*, Sony et Magnum. « Je m'intéresse beaucoup aux caractères en bois et en métal, à tout ce qui est poussiéreux et sale. Je préfère utiliser des caractères en trois dimensions plutôt qu'électroniques. Quand je reçois une nouvelle commande, je passe en revue des piles de casses de caractères oubliés. C'est un processus beaucoup plus physique. » C'était le cas aussi dans les années 1900, pour lesquelles il a conçu la page d'ouverture. En 1998, il était le directeur artistique de l'édition japonaise de *Vogue* lors de son lancement.

Paul Neale et Andrew Stevens ont fondé Graphic Thought Facility en 1990. Ils sont diplômés du Royal College of Art et travaillent à Londres. Leurs caractères préférés de tous les temps sont actuellement le logo Sony, le Schriebmaschinenshrift, le Bunny Ears, le Girl et le Souvenir Monospace. Ils ont assuré la direction artistique de l'ouverture du chapitre des années 1970, qu'a réalisée Lizzie Finn, graphiste indépendante.

Fernando Gutierrez est l'un des associés du studio Pentagram. Auparavant, il a été l'un des fondateurs du Studio Grafica à Barcelone. Jusqu'à récemment, il était directeur artistique du magazine *Colors*. Il a un jour assuré la conception graphique d'un numéro contenant 359 images et seulement 442 mots. Il a créé l'ouverture du chapitre sur les années 1910, qui, elle, ne comporte pas un seul mot.

Les couvertures de livres conçues par Chip Kidd pour Alfred A. Knopf ont été reproduites dans de nombreux magazines et lui ont valu de nombreux prix. Kidd a beaucoup écrit sur le graphisme et la culture populaire ; il est aussi l'auteur d'un ouvrage, *Batman Collected* (Titan, 1996), dans lequel il tentait de se débarrrasser de ses vieux démons. En vain : il est coauteur et concepteur graphique de *Batman Animated* (HarperCollins, 1998). Batman fut créé dans les années 1930, pour lesquelles Kidd fit la double d'ouverture.

M+M (Michael Amzalag et Mathias Augustyniak) travaillent à Paris depuis 1991 sur différents supports : livres, catalogues de mode, étiquettes, catalogues d'art, serviettes, affiches, pochettes de disques, publicité, magazines, cartes postales. « Nous passons notre temps à contaminer le monde avec nos idées. Nous recommandons chaudement à tous nos lecteurs d'utiliser le caractère Barthes/Simpson (dessiné en 1994 par M+M) pour décrire leurs pensées. » M+M a contaminé ce livre à travers la double page d'ouverture des années 1960.

Dirk van Dooren et Karl Hyde, à qui l'on doit la double page d'ouverture des années 1990, font partie de tomato, groupe d'artistes londoniens qui travaillent dans les secteurs du graphisme, du cinéma, de la musique et des médias. Hyde est aussi l'un des musiciens du groupe Underworld.

Remerciements :

J'adresse tous mes remerciements à de nombreuses personnes, dont celles qui étaient mentionnées dans la première édition de *Typo du xxe siècle*, auxquelles j'ajoute Linda Jorgensen de Monotype Typography, David Quay et Freda Sack de The Foundry, FontShop International, Fontshop UK, Stuart Jensen de Fontworks UK, Neville Brody, David Carson, et tout particulièrement l'éditrice de ce livre, Jo Lightfoot chez Laurence King, qui a beaucoup souffert. C'est déjà ce que nous disions la dernière fois... et elle a encore plus souffert. Même chose pour l'éditeur Robert Shore. Les erreurs éventuelles me sont probablement imputables.

En mémoire de Raymond Vincent Blackwell, 1925-1993, père et imprimeur.